生態資源

モノ・場・ヒトを生かす世界

山田 勇・赤嶺 淳・平田昌弘 編

昭和堂

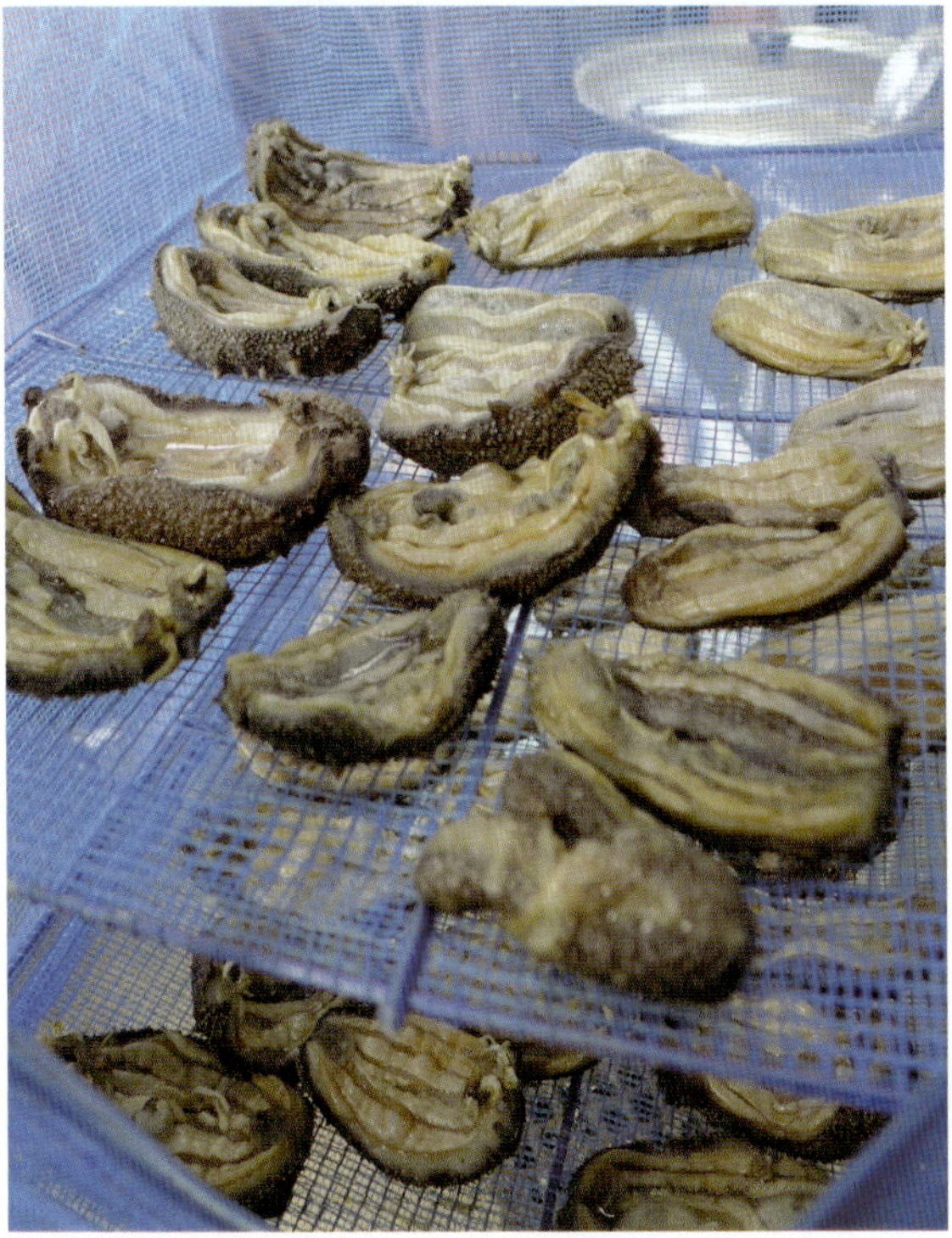

口絵１（上） 第６回能登なまこ供養大漁祈願祭（2015）（石川県七尾市）［第１章、42頁］

口絵２（下） 瀬川勇人さんの自家製乾燥ナマコ（石川県七尾市）［第１章、44頁］

口絵３（上）　ハタ類をとる漁船群（インドネシア、東ジャワ州）［第２章］
口絵４（下）　ブギス人のピニシ船（木造交易船）（インドネシア、東ヌサ・トゥンガラ州）［第２章］

口絵５（上）　サンゴ礁上に築かれた海民集落（インドネシア、南スラウェシ州）［第２章］
口絵６（下）　ウブドの市場は生態資源であふれている（インドネシア、バリ島）［第３章］

口絵７（上）　タラカンの半島部分のマングローブは開発されつくしている（インドネシア、タラカン島）［第３章］
口絵８（下）　石炭採掘が広がり、原生林が消えてゆく（インドネシア、サンクリラン周辺、東カリマンタン州）［第３章］

口絵9（上）　かつての原生林を油ヤシプランテーションに変える（インドネシア、マリナウ、北カリマンタン州）［第3章］

口絵10（中）　沈香木をこまかく砕いて、ボイラーに入れ、油をとる（インドネシア、マリナウ、北カリマンタン州）［第3章］

口絵11（下）　油ヤシの間に、沈香木が細々と植えられる（インドネシア、マリナウ、北カリマンタン州）［第3章］

口絵 12（上） 水路に生育するジュズダマの集団（インドネシア、タナ・トラジャ県）［第 6 章、182 頁］

口絵 13（右） ジュズダマのバッグとネックレスを販売する女性（インドネシア、タナ・トラジャ県）［第 6 章、184 頁］

口絵 14（下） 総苞を釣り糸でつないでカーテンを作る（インドネシア、タナ・トラジャ県）［第 6 章、185 頁］

口絵 15　イタリア北部アルプス地帯での放牧。夏のアルプスの宿営地でチーズを加工し、秋の終わりに下村に持ち帰る（イタリア、ヴェネト州）［第 7 章］

口絵 16　モンゴル遊牧民の放牧。牧童がウマに乗り、ヒツジ・ヤギ群の後から追って誘導する（モンゴル、ドンドゴビ県）［第 7 章］

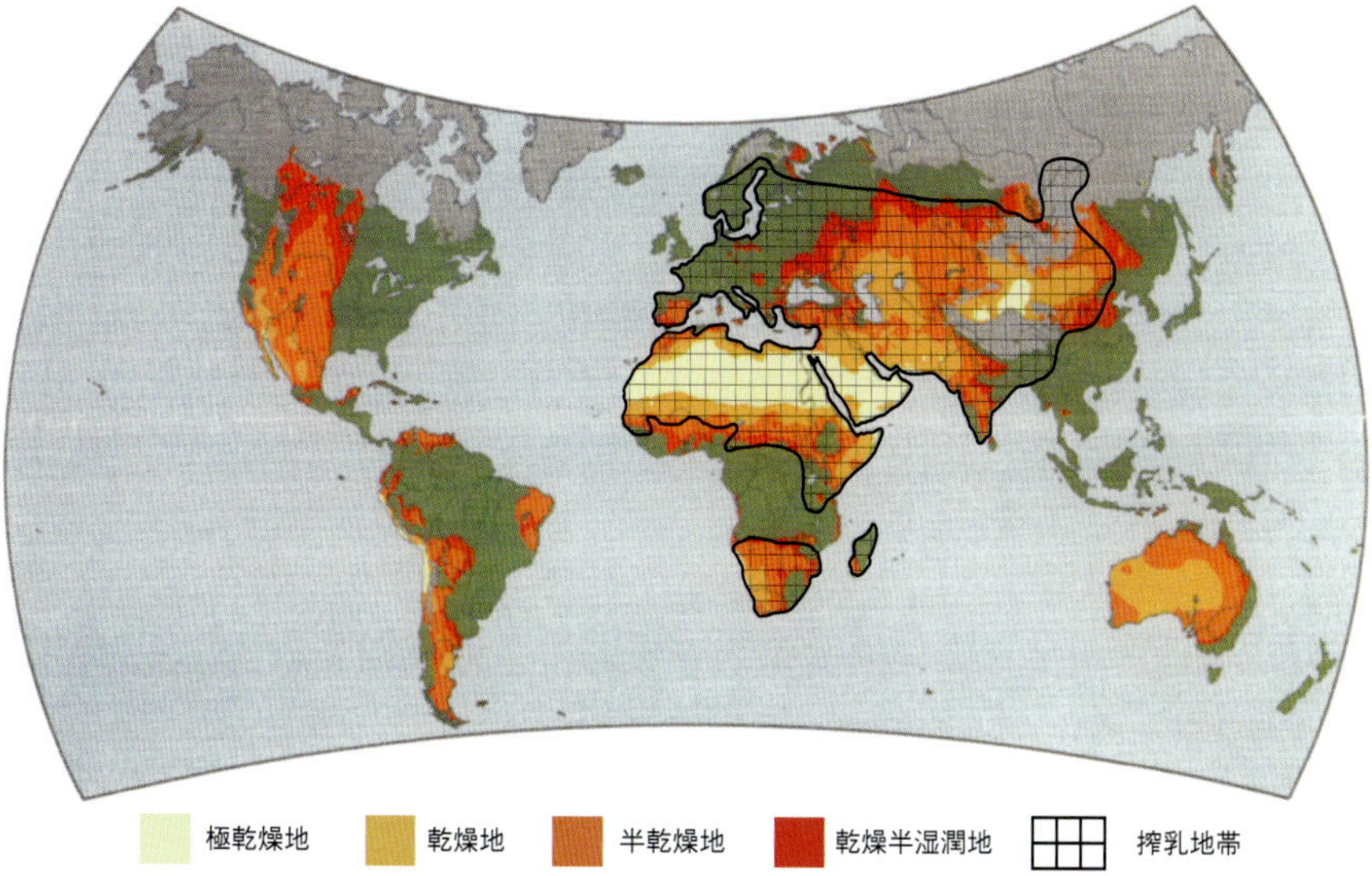

口絵 17　世界の乾燥地帯と伝統的搾乳地帯［第 7 章、206 頁］
出所：Middleton and Thomas, 1992；石毛（編）1973。

口絵 18　アラブ系牧畜民バッガーラの放牧。牧童がロバに乗り、先頭を行ってヒツジ・ヤギ群を誘導する（シリア、ハッサケ県）［第 7 章］

口絵 19　インドネシアでのスイギュウによる耕起。東南アジアでは、家畜は群れではなく、少頭数が各世帯で飼育されている（インドネシア、西スマトラ州）［第 7 章］

口絵 20（上）　秋になるとカヤを刈り、積み上げておく。来春には田畑への緑肥となる（高知県大豊町）［第 8 章］
口絵 21（下）　食料品などを乗せたトラックで集落を巡る移動販売。高齢で遠くへは行けないので、重要な買い物の手段になっている（高知県大豊町）［第 8 章］

生態資源

――モノ・場・ヒトを生かす世界

目次

第*1*部　海　アジア海域世界のヒトと資源のネットワーク

第4部　生態資源の未来

序章　生態資源を考える

山田　勇

1　資源をめぐる戦後の動き

わたしは、小さな頃から山や森に入るのが好きであった。まだゲーム機やコンピューターの類の何もなかった時代で、森のキノコ、タケノコ、小川のサワガニ、山の水晶などを探して、学校以外の時のほとんどを野や森ですごしていた。大学に入ってから現在にいたるまでの半世紀以上の間に、東南アジアの熱帯雨林からはじまり、アマゾンやアフリカの熱帯林を見た。熱帯林から温帯林、冷温帯林にひろがり、やがて世界の森だけでなく砂漠や高山地域まで、地球上の主だったところは見ることができた。

しかし、その多くの場は人間の手により生態系が攪乱され、人間に都合のよい木材や動物のみが採取されていた。そんななか、先住民の人びとと森を歩き、かれらの地に足のついた生活のなかに入ると、ごく自然に生態系の仕組みをこわさず循環的生活がいとなまれていることを知った。かれらは、自分たちのつつましやかな生活を維持していくために資源をとりすぎず、開発を進めすぎず、常に生態系の持つ保有力に順じた生活をしていた。そんな毎日の観察のなかからごく自然に生まれたのが「生態資源」という言葉であった。

この世界には、数多くの民族が、各地に散らばって住んでいる。もっとも集中しているのは温帯域であり、そこには何十億人という数の人びとがひしめいている。そして、この温帯域から周辺部へ離れるにつれ、人口は減少していく。

一方、この地球を形作る土壌や岩石、その上に生きる植物や動物などは、はじめは原始の姿を保ってきたが、人間というこの世でもっとも欲望の強い生き物によって、激しく攪乱されてきた。人間の側からみれば、それは生存のため、といえるかもしれないが、その過程で決してそれだけではない多くの無駄でやり過ぎた行為があった。たとえば戦争などはその最たるものであり、歴史上の数々の戦争を通し、実に多くの人びとが命を落とした。また戦争によってどれだけ自然が破壊されていったかは多くの史実が物語っている。

そして21世紀になって、こういった戦争に懲りた人間は、自分たちの足元を見据え、その現実に唖然とした。われわれの地球をとりまく資源の惨状にである。

第二次世界大戦が終わり、20世紀の長い戦争の後、世界の人びとは戦後の復興を目指した。とりわけ敗戦国となった日本は、すべてを失い、何もないところからまたはじめることになった。戦後の復興は日本人のもつ勤勉さのおかげで、他のどの国よりも早く効果的に復興していった。しかしその間にあらわれたマイナス面も大きかった。

その一つは公害である。いまでこそ公害なる言葉はほとんど使われなくなったが、１９６０年から70年代にかけての日本はまさに公害の先進国として世界でもとびぬけた環境劣国であった。世界でも有名になったミナマタ病に代表されるように、汚染物質のタレ流しは日常的にあり、川は汚れ、魚はすめなくなり、また空も重工業地帯から出る煙で汚れた。日本のみならず、イギリスではロンドンスモッグ、北欧では酸性雨の被害、海では石油流出など、ほとんど毎日のように、われわれ人間の活動による生態系の攪乱は進んでいったのである。

しかし、日本の場合、そのあまりのひどさへの反省から、環境に対する意識が高まり、すぐれた環境立法と高度な技術によって、逆に公害を封じ込め、克服することに成功し、隅田川にも魚が戻ることになったのである。

ただ、海外の場合は、もっと激烈であった。とりわけ、世界の熱帯雨林の伐採は戦後の自立を目指す熱帯の発展途上国にとって、もっとも手早く外貨を獲得する手段であったため、またたく間に豊かな森は攪乱されていった。

東南アジアの森は、世界でも有数の有用樹種であるフタバガキ科の樹種群を育ててきたが、１９５０年代のフィリピンにはじまり、その後インドネシア、マレーシアの良材は、ほんの20年の間にことごとく伐られてしまった。東南アジアというボルネオやスマトラなどの大島が並ぶ島嶼群は、昔から人の出入りがしやすい立地にあり、大径材を容易に運び出すことのできる川と海がひかえていた。多くの材は現場で伐られた後、川に流され、港から日本へ向けて送られたのである。

海の資源も同じような道筋をたどっている。南海は北洋と並び、海産物の豊かな世界であるが、ハタやマグロ、ナマコなど高価な海産物が地元民の口には入らず、香港や日本へと流れていった。とくにエビについてはマングローブの森を伐り、エビ池をつくることによって大量養殖が可能となり、そのほとんどが日本へ送られてきたのである。

この戦後の20世紀後半における日本へ持ち込まれた熱帯域の資源量は、おそらく、世界最大のものであろう。戦後、無から立ち直った日本はバブルという好景気に、コンクリートの高層建築を雨後のタケノコのように建て、日夜南海のエビやマグロに舌鼓を打っていたのである。

そんな時代は、しかし長くは続かなかった。バブルがはじけ、かつての好景気は去り、やがて世界中が地球の未来を心配しはじめてきた。温暖化の徴候を証拠に、多くの学者や政治家が動き、この世の暗い未来を予告した。人口はそれでも伸び続け、中国がいかに一人っ子政策をとろうとも世界の人口は１９９８年に60億人に達した。

人口と資源をめぐってはローマ・クラブの『成長の限界』や、アメリカの『西暦２０００年の地球』などという、警告の書が出版され、またレイチェル・カーソンの『沈黙の春』は世界中でベストセラーとなった。

そして20世紀が終わり、21世紀に入って、われわれは新たな局面を迎えている。それは、それまでの先進国と発展途上国という構図ではなく、世界中の国々が多くの意見を出し合い、それを調整するのに、ほとんど絶望的な努力を強いられている現状である。自由度は高まったが、その四方八方に飛散する多くの意見をまとめあげることは実に困難な時代に入ってきた。

一方で、かつての経済的な繁栄にもかげりが見え、アメリカもEUも日本も苦しい経済状況にある。中国のみが高い成長率をあげているが、内には多くの問題をかかえている。地球温暖化の話も、懐疑的な見方も出てきている。テロや内戦は一向に終わらない。毎日のニュースを見るだけでも、この世の未来がどうなるのか、先行きは暗い。

さらに2004年から、スマトラ沖の地震とツナミ、中国四川省の地震、そして2011年の日本の東日本大震災という未曾有の悲劇がおこった。地震、ツナミ、それに原発崩壊という三重苦のなかで、いま、日本は三陸の人びとだけでなく、誰もがその重荷を背負うことになったのである。その直後に上陸、襲来した台風12号による紀伊半島の被害も大きく、短時間に1800㎜という、ヨーロッパに降る一年の雨量よりもはるかに多い雨によって、深層崩壊というめったに起こらない厚い層の地滑りが起こり、大きな爪痕を残した。空中写真で見ると、美しく育ったスギの美林の一部が深くえぐられて、一方の谷に押し出されているのがわかる。営々と築いてきたスギの植林の歴史があっという間の一瞬に流れ去ってしまう無情な光景を見ることができる。むろん三陸地方はもっと悲惨であった。家は丸ごと流され、未だにゆくえもわからぬ方も多く、漁船や車はなくなり、田や畑は塩水で水浸しになり、海岸は沈下する。その上に放射能による被害である。行政の遅い対応に立ち上がった住民が自力で高圧水で除染しても一向に放射線量は減らない。家族同様に育ててきた牛や豚を見殺しにせざるを得ない人びとの苦悩は想像するに余りある。

そんななかで若い人びとのボランティア活動が地元の人びとに生きる力を与えた。夜行バスでやってきて一日働き、また夜行バスで帰る、という名古屋の中学生以上の若い人びと数百人の活動はすばらしいものがあった。一人では力がなえていくことも、二人、三人と寄れば、少しずつ力がわいてくる。すべてを失った人びとにとって、こういった支えはどうしても必要である。

情報化社会と現場

いまはよかれあしかれ情報化時代である。世界中で起こるあらゆる事象が、瞬時のうちにわれわれに伝わってくる。かつては知る必要もなかったものが、いまでは、否応なしにわれわれの日常生活に入ってくる。孤立して生きることは実にむずかしくなってきている。

しかし、そういった時代にあって、ココロの病いに苦しむ人も多い。若者から老人まで、いまの世に適応できないことを嘆いて、この世からかくれてしまう人は後を絶たない。それだけ見ても、この世はおかしいと思うのがふつうではないだろうか。

情報化時代で、いかに早く世界の事件をメディアを通して目にしても、実際に自分の目で見るのとはずいぶんと異なっている。東日本大震災の現場を訪れた人なら誰しも言うことであるが、テレビで流される映像では伝わってこない、人びとの表情、言葉、ガレキの重み、ニオイなどがある。いかに細かく描写しようとしても、受け取る側の気持ちがそれで100％納得させられるわけではない。映像を見る人びとは、自分の体験とそこから出た判断力によって、受け入れるだけである。

現場の情報をいかに伝えるかはたいへん大事なことである。福島第一原発が崩壊した時、最初の報道官の説明は「建屋がこわれた」といういかにも軽微な表現であった。多くの人がこれで一安心したが、ずいぶん後で見せられた映像はこわれたどころではなく、まさに完璧に崩壊していたのである。東京電力や国の、人心を驚かせたくないという配慮は常に後から裏目となって出てくる。逆にいえば、いまの情報網は、それほど甘くはないのである。できるだけ現場に長く入り、そこで見た、できるだけ真実に近い姿を、われわれ研究者は伝えなければならない時代に生きているのである。

2 生態資源と地域

生態資源については、すでに前著［山田2000］で述べているが、その概念の根本となるのは、ある地域に生きている資源であり、その資源は多様性と連関性をもつ複雑系からなり、基本的に人間による攪乱がなければ持続性を保つものである。生態資源のなかに人間をくみいれたことが特徴であり、わかりやすく示すと、図1のように示される。この図でAの生態環境資源は地球環境問題で扱われる大気や陸域、水圏などといった大きな世界の話である。またCの生物

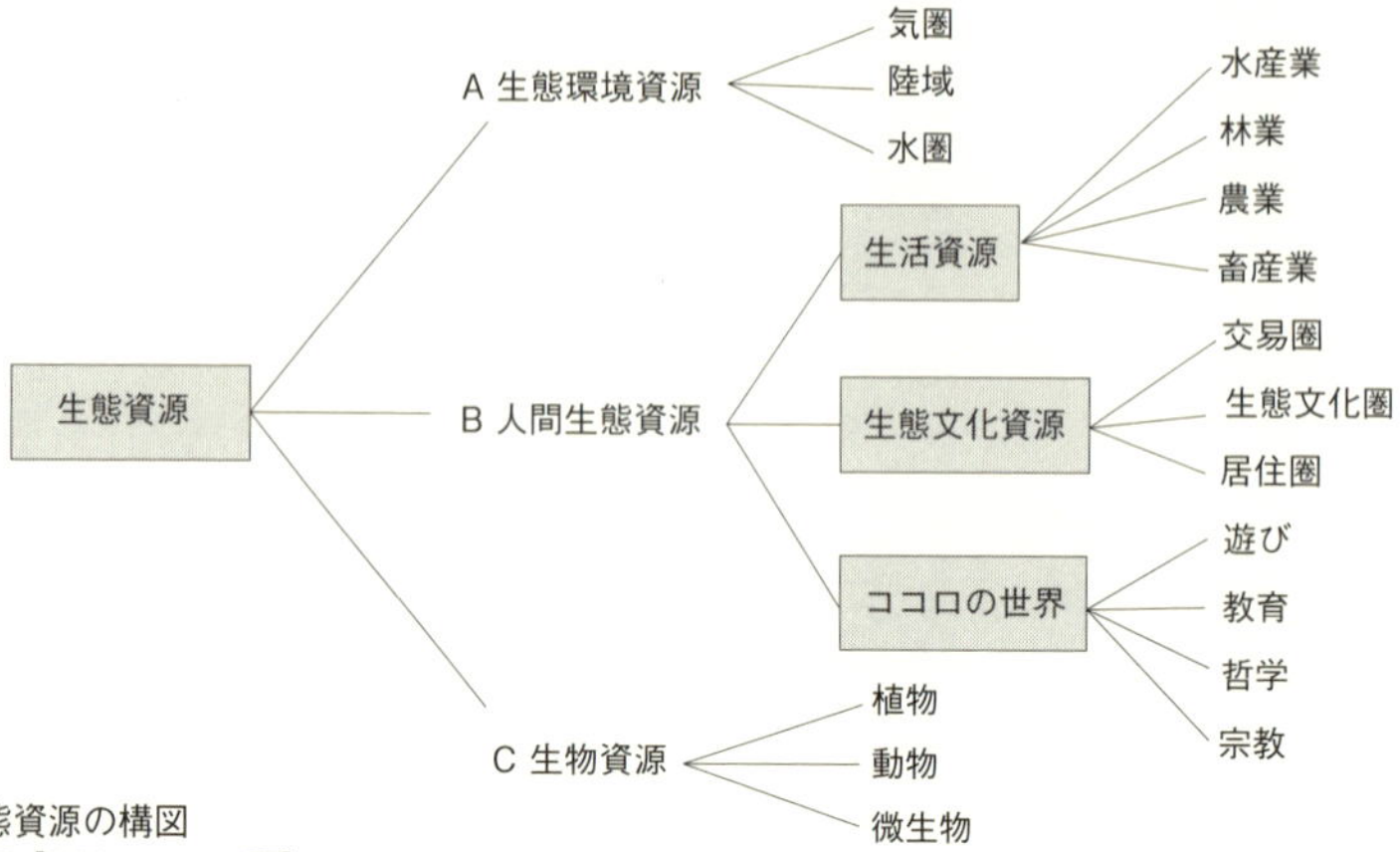

図1　生態資源の構図
出所：山田［2007、274頁］。

資源は生物多様性を示し、動植物菌類などの資源を扱う。

わたしが一番大事であると思い、かつ生態資源概念の中心となるのは、Bの人間生態資源の部分である。

これまで、世界の多くの研究者はバラバラに、それぞれの研究分野に特化して仕事をしてきた。その弊害が重箱のスミをほじくるようなと形容される、先行きの見えない研究の積み重ねへの反省から、文理融合や領域をまたぐ複合分野の必要性が問われてきた。

自然科学者は、自然の現象を追求するだけでなく、もっと周辺の科学も取り入れなければならない。しかし、これは言うはやすく現実にはむずかしい作業である。なぜなら、それぞれの分野の最先端の研究を遂行するだけでも膨大なエネルギーがいる。まわりの状況などに構っていれば、すぐ取り残されてしまうくらい、いまの科学研究のスピードは速い。化学分野の友人が、わたしが半年も日本を空けるのを聞いて、「半年も空けたらわれわれはもう終わりですわ」と言っていたのは真実である。

地域研究とフィールドワーク

しかしさまざまな研究分野のなかで、こういった最先端の動きにとらわれない、もっと広い視野からのアプローチこそが必要な分野がいくつかある。その一つが地域研究である。地域研究は比較的新しい学問であり、ある地域全体を理解するための総合的研究を目指し、いわゆるディシプリン的な、ある専門に特化された分野は二の次となる。むしろ、さまざまなディシプリンから踏み出して、新たな地域像を描き出す方向をとる。そのための統括的な手法が要求される学問である。

そこで使われる方法論はフィールドワークである。フィールドワークとはまさに言葉の表す通り、野に出て仕事をする学問である。現場に入りこみ、つぶさにそこにあるものを見て、研究を進めていく。それも、たとえば、虫だけを見るのではなく、虫も土も木も山も水も、そこに住む住民も含め、皆まとめて見ていくのがフィールドワークである。その時に使われる技術やディシプリンは、ディシプリンそのもののためではなく、より広い地域全体を知るための武器である。したがって地域研究を目指す人間は、フィールドワークをすることによって、自らのディシプリンや狭いカラを破って、統合的に対象を掴むことを迫られる。虫だけを追いかけて喜ぶマニアと違って、そのまわりに存在するすべての現象を視野に入れて研究していくことが求められる。

これは、しかし、それほどむずかしいことではない。当然のことながら、ある現場には、すべての森羅万象がそろっているのがふつうである。ごく自然にそのなかに入り、後は自分の定めた目標に向かっていけばよいのである。そういう意味で、フィールドワークをする人間は刑事に似ている。なにげない日常性のなかから、事件に関係ありそうな事柄を探り当てる姿勢はまさにフィールドワーカーに求められるものである。『刑事コロンボ』の主人公、コロンボはすぐれたフィールドワーカーである。映画の場面を見ていても決してわからない証拠の一つひとつが最後につながって一件落着となる。フィールドワークでいえば、数多くのデータを現場で集め、それを「ああでもないこうでもないと試行錯誤して」自分なりの結論に達した時がその事件が解決したのと同義である。わたしは「すぐれたフィールドワーカーになるには『刑事コロンボ』を見るべし」とすすめている。

フィールドワークは一か所で終わるものではない。同じような場所で、別の調査をし、比較することによって、もとのフィールドの地域像がより鮮明になる。比較の視点はどうしても必要であり、その数は多ければ多いにこしたことはない。

そして最後に残されたのがこの地球上でのその地域の位置づけである。一つの場の専門家になるのは、そうむずかしいことではない。誰でも2、3年、現場に入れば一通りのことがわかり、少しモノのいえる立場になる。しかし、そこから、その現場の情報をもって、世界をまわり、世界各地の状況と照らしあわせて、結局のところ、地球上での位置づけはどうなのだ、というところまで結論づけなければならない。この作業は大変である。いかに交通網が完備し、世界のスミズミまで行けるようになったとしても、現地の奥の奥までたどりつくには相当のエネルギーと時間を要する。うまくやらないと一生かかっても、この仕事をやり遂げることはできない。これまで数多くの地域研究者が出ているが、真の意味で最後の段階まで到達した研究者はまだほんの一握りしかいない。そのなかで高谷好一は「世界単位」という言葉で世界をくくる作業を展開している〔高谷2010〕。徹底した現場を見る目と、そこから引き出される独自の発想は他の追随を許さないところがある。

少し話が地域研究にかたより過ぎたが、生態資源の発想のウラには常に地域がはりついている。地域なくしての生態資源はあり得ない。生態と資源をいっしょにした理由は、「地域という場に存在する資源」ともいえる。

生態資源は場に限定された資源である。たとえばボルネオという地域にとってもっとも大きな生態資源は熱帯雨林であった。しかしいまやその大部分はオイルパームにかわってしまった。したがって場の状況によって様相が異なる。単なる固定化された資源ではなく、資源が動くことによってその場がいかに変わるか、あるいはその場がいかなる資源を生み出してきたかなどの総体としての意味がこめられている。

人の存在とココロの世界

生態資源の考え方のなかでは人〔ヒト〕の存在が重要である。人も資源の一つとしてここには組み込まれている。なぜなら資源を動かすのは人間であるが、その動向によって資源をとりまく状況が大きく左右されるからである。人の存在と資源とはこれまで相反するものと考える人が多かったが、わたしは、人を組み込むことによって、人を特殊化せず、地球上に存在する一つの資源としての位置づけを明確にしたのである。

もう一つの大きな点はモノ的な資源とは別に、ココロを中心とした精神的、象徴的資源を一つにまとめたことである。人が生きている世界に存在するさまざまな生態資源を通して、われわれは多くのことを感じ、考え、想いをこらす。

そして、その反映がもとの資源にかえっていき、そこで新たな作用が働き、資源は別の形となって昇化される。その担い手は人間であるが、資源がなければ人のココロの動きも存在しない。資源の場に接する人のココロがその場の要素によって、動くのである。

そして、その行きつく先は宗教的、精神的あるいはココロのゆとり的な世界である。そこには、ふつうの意味での資源というよりは、いわば宙に浮いたような世界ができあがる。あるいは夢想される。たとえば死後、人はどうなっていくのかという問いに対し、誰もまだ明確な解答を示していない。なぜならそれは資源のない、資源を超越した世界であるから、現世にいる人間にとって判断することはできないのである。いかにコンピューターが発達し、先を読めるようになっても、この死後の世界だけは、やはり未知のままで残される。そして、それがいいのである。人間はすべてを知ろうとし、すべてをとり尽くそうとし、すべてを自分のものにしようとする根本的な欲求がある。それはすべてが悪いことではないが、その多くは我欲にもとづくものである。人間の我欲の行きつくところは知れている。真の意味での精神世界は生態資源をすべてのりこえた究極の天空にあるのである。そういう場に限りなく近づこうとして、人は大聖堂を建て、ゴンパ（チベット世界の寺院）を建て、また瞑想にふける。あの世は生態資源の究極の世界であって、誰もが自由に考え接近するが、決して到達できない世界なのである。人間はその究極の世界に近づく手前で多くの人に出会い、地球上の生態資源を食い荒らし、使い果たしてきた。どこを見ても生態資源の先行きは予断を許さないものになってきている。

また、生態資源のなかで、先住民の人びとの存在も重要である。かれらの多くは、森や海の資源を自分たちの身体と同じように考えて大切にし、必要な分だけをとってきた。その一方で、都市に住むわれわれ都会人は資源を生態と切り離して考え、資源をとることによって生態を壊し続けてきた。この世に存在する資源はすべて本来は生態資源といえるのであるが、いまや単なるモノとしての資源としてしか扱われないものが多くなりすぎた。その結果は明らかであり、とり過ぎによる資源の枯渇であり、もっとひどい場合には資源地の崩壊である。原発事故などはこのもっとも極端な例である。

世界の動きのなかで

情報化はすなわちグローバル化であり、いまやグローバリゼーションの波が世界の果ての果てまで入り込んでいる。本来グローバル化は悪いことではなく、もしうまく作用すればそれまで得られなかった恩恵を地球のスミズミにまで分配できるはずのものである。しかし、現実は逆に、グローバル化によって地方の文化が侵略され、資源はとられ、生活や地域固有の文化や生態がないがしろにされているのが実情である。そして、常にその地域に住む人びとに大きなプレッシャーがかかっていく。そして最悪の場合は地域の崩壊と消滅につながっていく。こんな例は世界の先住民の現場へ出かければ、いくらでも見られる。また、日本でも過疎化の限界集落へ行けば、いかに地元が苦悩しているかを知ることができる。すべてをグローバル化と結びつけるわけではないが、いわゆる中央の波がヒタヒタと地方に押し寄せ、その波にアップアップしているのが地方の多くの現状である。

こういった状況は、もはや静的な資源だけを扱っていては解決できない問題であり、きわめてポリティカルな判断や状況が周辺に充満している。単に一つの資源をめぐる政治的かけひきだけではなく、もっと広く、世界全体の動きのなかで、生態資源をとらえていかなければならない。

このような現状を、もっともわかりやすく示すのが、ワシントン条約である。世界の絶滅危惧種を保護するために結ばれたこの条約は、生態資源と深い関わりをもっている。日本と関係する分野では、クジラやマグロやナマコなどの水産物、森では沈香も近年ではこれに組み入れられてきている。この条約の規制にかけられると、さまざまな制約が入ってきて、それまでのように自由に流通できなくなる。地元の人びとにとっては、生活の糧となる地域の特産物の採取を外部的な力で制御されると当然おもしろくない。したがって、ワシントン条約をめぐっては、さまざまな政治的なかけひきがおこなわれる。本書では、赤嶺が、ナマコを中心に、はじめはバジャウの言語研究から入り、いまはワシントン条約の交渉の現場にまで入り込んで報告している。また鈴木は違法伐採という、いま東南アジアの熱帯林のなかでもっとも生々しい状況を報告している。わたしの好きな沈香でも同じようなことが起こり、第3章でも述べているが、沈香業者の多くは一時は皆まったく弱気になってしまったが、その後、これまでにない高値をつけることによってこの難局を乗りきろうとしている。

資源には金がつきものであり、金をめぐって人は動く。それが政治の根本であり、大小の権力が交錯する。どんな現場にもボス的な存在がいて、かれらの仕事ぶりは、資源の今後を左右するくらい重要である。ネットワークのよしあしにより、資源の交易圏は決まってくる。

沈香の場合、シンガポールの卸問屋の人びとが、世界の沈香の中心にいる。沈香そのものは東南アジアの森のなかに生育しているので、それを探すために、先住民や地元の村民が駆り出される。かれらと直接交渉し、1～2か月分の食糧やタバコなどの必要物資や経費を前貸しする役目をになう小頭がいる。かれらのような存在が熱帯林のなかに何千人といるというのがまず大変おもしろい。かれらは目先がきいて動きが早い。まるで映画のシーンをみているように、かれらはボスのために働く。

ボスはカリマンタンやニューギニアの中都市に住んでいる。かれらのもとには各地から続々と沈香が集まってくる。それを仕分けし、現金で支払う。そして何トンかたまると、かれらはジャカルタを経由してシンガポールに送る。シンガポールの業者は世界の消費者とネットワークをもつ。一番大きな買い手であるアラブの商人から小物を扱うバングラデシュ、そして注文の多い日本まで、多くの顧客に売りさばいていく。シンガポールを中心に、沈香の関係者は張りめぐらされたクモの糸のように、世界につながっている。そしてその一本一本の糸の太さが異なり、時に切れたり、あるいは逆に太くなったりする。中国が豊かになったおかげで、一時とだえていた中国への道も再開した。ワシントン条約でマイナス方向に動きかけると、値をつりあげてもちこたえる。政治的な力学のバランスをうまくとった動きがここにみられるのである。

いま、世界は密に動いている。どんな資源も誰かが関与しているが、その一つひとつをときほぐし、人びととモノと場の関係をときほぐしていくのが生態資源をめぐるわれわれの役目である。

3　本書の構成と執筆者の紹介

この本のなかには、そういった資源をめぐって、現地で得た情報をもとにした10人の研究者の論考が並んでいる。はじめに東南アジア海域世界を描いている赤嶺淳と長津一史は、鶴見良行やその系統をひく村井吉敬の弟子といっていい。かれらはまた若い頃から京都大学の東南アジア研究センターに出入りし､両者の影響を直接受けた研究者である。

赤嶺淳は、フィリピン大学で学位を言語学で取得した後、国立民族学博物館地域研究企画交流センターでポスドク研究員を務め、名古屋市立大学に移り、鶴見良行のナマコ研究を引き継ぐかたちで、さらに調査を深め、『ナマコを歩く』を著した。この労作は、中国語や英語に翻訳されている。その後も名古屋市立大学の学生たちと日本各地のフィールドへ出かけ、その体験をそのまま冊子にまとめて、臨場感あふれる報告を出し続けている。彼の専門とするナマコや海産物は、ワシントン条約の規制がかかるものが多く、その条約の場に日本を代表する研究者として出席し、積極的に発言を続けている。現在は一橋大学に移り、東京を拠点に活動を続け、フィールドワークの継続とともに、世界各地でおこなわれるワシントン条約関係会議に出席し、研究者の一つの役割として、現場の漁民とその産物と、国際的な条約のギャップをとらえる橋渡し役という、大事な仕事を続けている。2017年3月に『鯨を生きる』という6名の鯨人《くじらびと》の聞き書きを出版した。

長津一史は、やはり鶴見、村井の影響を受けるとともに、京都大学大学院人間・環境学研究科で地域研究の学位を取得し、海洋民バジャウの研究をおこなってきている。彼の足跡は、東南アジア海域に広がるバジャウ村落のほぼすべてを訪ねて、調査をするという徹底ぶりで、村の現状調査のみならず、古い時代にさかのぼった詳細な歴史的事実をふまえ、バジャウ世界を浮きぼりにしている。東洋大学に籍を置いている間に、東京周辺の生業の紙の流通などにも関心を示し、若い学生たちと共同で何冊も報告書を出版してきている。

彼のフィールドは、十数時間も小舟に揺られてやっと到達するバジャウ世界でも辺境に位置するけれども歴史的に重要な地点であり、こういった地域での困難なフィールドワークを長年にわたって遂行してきている。

この二人がはじめて京都大学東南アジア研究センターの夏季セミナーに参加した時、わたしの研究室に来てくれ、その元気さに圧倒されたのを覚えている。その時の印象はいまも継続して、ちょうどわたしと二回り違う世代だが、いまやこの分野のもっとも中心的な研究者としてユニークな活動を続けている。

山田勇は定年後12年を経ているが、現在もフィールドに出かけている。当初は京都大学の森林生態学を専攻したが、学生時代から探検部に所属し、今西錦司や四手井綱英ら一派のフィールドワークの影響を強く受けた。戦後に独立した発展途上国の熱帯林伐採が地球環境に大きく作用することから、１９６５～95年頃の30年はほとんど熱帯林の仕事に集中し、東南アジアのみならず、南米やアフリカでも研究を続けた。

その後、地域研究の比較をおこなうために、森林だけではなく、人びとの生活や資源を含めた広い視野から、「生態資源」という視点から仕事を続け、現在にいたっている。一つの地域の専門家になることはそうむずかしいことではないが、常に他地域との比較を視野に入れなければ、たこつぼ的な研究になりがちである。そのような考えから、これまで１５０回の世界比較海外調査をおこなってきた。２０１２年に出版したのは『世界の森大図鑑』であるが、これをもとに、さらに世界の生態資源をめぐる人びとの動きについてまとめるべく、世界各地を歩いている。

内藤大輔は、このメンバーのなかではもっとも若い研究者であり、最近活発になり始めた森林認証制度をテーマとしている。ヨーロッパやアメリカにくらべ、東南アジアでなぜ認証制度がいきわたらないのかを各地の調査から明らかにし、それをふまえて、日本各地、とくに北海道のアイヌの人びとのもつ森林の認証制度にも関与している。アメリカのカリフォルニア大学やイエール大学で人類学の共同研究をおこない、インドネシアの国際森林研究センター（ＣＩＦＯＲ）にも籍を置き、また日本の総合地球環境学研究所や京都大学東南アジア研究所の大型プロジェクトにも関係して、幅広い調査をおこなっている。

鈴木伸二は近畿大学で野本寛一に民俗学を学び、金沢大学大学院で文化人類学を専攻した後、ＮＧＯマングローブ植林行動計画のベトナムプロジェクトに参加した。植林事業だけでなく、ホーチミン市、カンザー地区のエコパーク建設やエコツアーの企画、運営にも携わった。その間にディシプリンだけでは解けない問題に直面し、その後、京都大学大学院アジア・アフリカ地域研究研究科で地域研究を学ぶことになる。京都大学ではやはりベトナムのマングローブの研究をおこない、学位論文を提出し、その後龍谷大学や近畿大学に職を得て、現在にいたっている。

彼の関心は違法伐採にあったが、テーマがテーマであるだけに調査は困難をきわめた。しかし、彼のもつ独自のネットワークと、幅広い文献資料の検討から違法伐採の実情にせまることができた。実際に現場へ行ってみると、違法伐採の調査はいのちがけであることがよくわかる。わたしも何度も危険な目にあったが、避けて通れない重要課題であり、よく切り込んでくれたと思っている。彼独特のキャラクターが活きたといえるだろう。趣味の世界では茶道や、陶器づくりに熱中し、毎年作品を奥さんともども、出品している。出だしは遅かったが、着実に他人には書けない論文を発表し続けており、一冊の本にまとまるのが楽しみである。

落合雪野は、北海道大学農学部を卒業後、京都大学大学院農学研究科で阪本寧男の指導のもと栽培植物起原学を学んだ民族植物学を専門とする研究者である。滋賀県の染料植物アオバナ、東南アジアの雑穀やジュズダマ属植物などをとりあげ、人と植物の関係について調べている。また、東南アジア研究の視点からは、多分野の専門家と共同研究をおこない、『ラオス農山村地域研究』、『国境と少数民族』、『ものとくらしの植物誌』を出版した。さらに、フィールドワークで収集した資料をもとに、ラオスやインドネシアなどで展覧会を開催し、研究の成果を社会と共有する実践をおこなっている。大学院修了後、国立民族学博物館地域研究企画交流センター、京都大学東南アジア研究所、鹿児島大学総合研究博物館での勤務を経て、現在は龍谷大学農学部に在職し、食文化や染織文化に関する研究を継続しつつ、着実な歩みを続けている。

平田昌弘は、青年海外協力隊の時に入ったシリアにおける研究で、学位論文をまとめた。その後ユーラシア地域の乾燥地帯の遊牧民のなかで、ミルクを取り上げ、梅棹忠夫や中尾佐助の研究をふまえて、さらに調査を各地でつけ加え、『ユーラシア乳文化論』を出版した。今回はその後の中欧地域のフィールドワークのうち、ブルガリアを中心としたＥＵ下の牧畜の変容について論考をおこなっている。

彼のフィールドワークは、フィールドで得たデータをその日のうちに論文の下書き程度にまでまとめなおし、帰国して数週間のうちには完成論文が送られてくるというほど、フィールドの成果をあますところなく出版にもっていく見本のようなものである。最近では乳文化のみならず、発酵食品や伝統食品などの分野にも手を広げ、地域もエチオピアや南米各地など、全世界に広がっている。東北大学から京都大学大学院農学研究科に入り、そこで学位論文をまとめ、京都大学東南アジア研究センターでポスドクをした後、帯広畜産大学に移り、牧畜全体の研究と学生たちの指導にあたっていて、乳文化の研究に対して数々の賞を受けている。

市川昌広はもと大手コンサルティング会社を経て研究者になった、やはり少し変わった経歴をもっている。学生時代には日本のカモシカの調査をおこない、動物を追って山野をかけめぐっていた。京都大学の大学院時代には、熱帯の人びとの生活に焦点をあて、学位論文では、マレーシア・サラワク州のイバン人の生活について、詳細なフィールドワークをおこない、これまであまり調査のなかった歴史的な土地利用や湿地田などの研究をまとめた。その後２００３年から総合地球環境学研究所に籍を置き、サラワクプロジェクトの事実上の責任者として動き、何冊もの書籍や論文を発表してきた。その後高知大学に移り、現在は２０１５年に設立された地域協働学部の中心として、新しい地域像の創生を目指し、地元の大豊町の過疎の問題を扱っているが、そこには、常にサラワクと同じことが起こっているという問題意識があり、「熱帯里山」などという術語も生み出している。日本と東南アジアで起こっている過疎化、高齢化、人口減少の問題をいかに解決につなげていくかを当面の課題としている。

市川昌広と共同執筆者の松本美香は、愛媛大学で森林科学全般を学び、森林政策学・森林経営学を専門とし、学生時代には久万林業をフィールドに、林野補助金の経済波及効果の分析や林業関連産業の構造分析、森林資源の齢級構成の平準化モデルなど、幅広いテーマで地域林業の理解に取り組んだ。その後、株式会社愛媛地域総合研究所にて林野庁事業に関り、現在は高知大学にて、持続可能な森林利用を実現しうる林業構造および地域社会の在り方を探ることをライフワークとして、地元に密着した調査研究に取り組んでいる。また、得た知見を地元に還元するため、高知県の森林審議会をはじめさまざまな委員を担うとともに、高知県を中心に政策支援や経営支援、講演活動にも尽力している。

最後に阿部健一は、四国宇和島で育ち、京都大学農学部の農林生物学科を卒業後、青年海外協力隊を経て、京都大学東南アジア研究センター、国立民族学博物館地域研究企画交流センター、京都大学地域研究統合情報センターを経て、総合地球環境学研究所に所属している。世界各地の地域研究をおこない、同時に国連環境計画「国連子供環境ポスター」審査員・世界農業遺産科学委員等をつとめ、東ティモールのコーヒー栽培農家を支援するなど、研究のみならず、実践的活動を各地で手掛けている。昨今は研究所内に設置されていた自身のデスクを取り払い、内外を飛びまわっている。モバイルパソコンを持ち込むフィールドが、常在戦場ならぬ、常在研究の場なのであろう。

どの仕事も、研究者の長い現場での体験がもとになっている。そのフィールドワークは、よそからみると大変しんどい作業であるが、実はこんなに楽しい作業はない。楽しすぎてナカナカその成果をまとめる気にならず、すぐまた次のフィールドに出かけていくのがわれわれフィールドワーカーの心情である。この本に集まった論考を読んで、フィールドの楽しさから出てきた、現代世界を解く新たなカギを見つけていただければ幸いである。

参考文献

赤嶺　淳　2010『ナマコを歩く――現場から考える生物多様性と文化多様性』新泉社。

――　2017『鯨を生きる――鯨人の個人史・鯨食の同時代史』吉川弘文館。

アメリカ合衆国政府（編）　1980『西暦2000年の地球――アメリカ合衆国政府特別調査報告』逸見謙三、立花一雄（監訳）、1人口・資源・食糧編、2環境編、家の光協会。

落合雪野（編著）　2014『国境と少数民族』めこん。

カーソン、レイチェル　2004『沈黙の春』青樹簗一（訳）、新潮社。

高谷好一　2010『世界単位論』京都大学学術出版会。

平田昌弘　2013『ユーラシア乳文化論』岩波書店。

メドウズ、ドネラ・H他　1972『成長の限界――ローマ・クラブ「人類の危機」レポート』大来佐武郎（監訳）、ダイヤモンド社。

山田　勇　2000『アジア・アメリカ生態資源紀行』岩波書店。

――　2007「森林という生態資源」内堀基光（責任編集）『資源人類学　第1巻　資源と人間』271〜297頁、弘文堂。

――　2012『世界の森大図鑑――耳をすませ、地球の声に』新樹社。

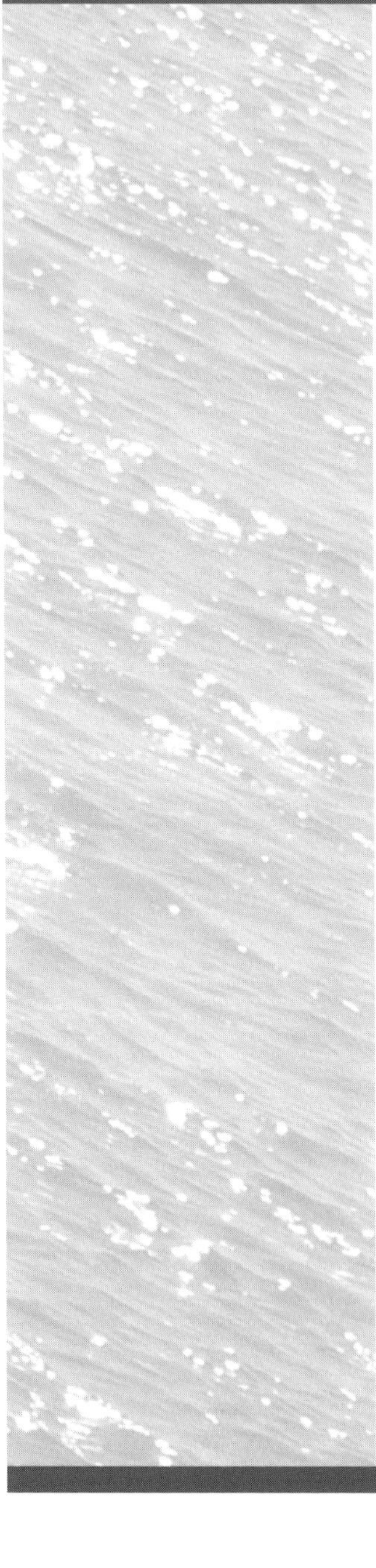

第1部

海

アジア海域世界のヒトと資源のネットワーク

第1章

「ナマコの知」をもとめて
——東アジアにおけるナマコ世界の多様性

赤嶺　淳

1　ナマコは絶滅危惧種か？

「各国の責任で管理すること」

2013年3月、バンコクで開催されたワシントン条約第16回締約国会議（CITES CoP16）でのことだ。ナマコ類の管理手法に関し、10年以上の年月を費やしていたった結論が、このシンプルすぎる結論であった［CITES CoP16 Doc. 64 (Rev.1)］。

中国料理の高級食材である乾燥ナマコは、日本や東南アジアから300年以上にわたって輸出されてきた「伝統」的商品である［鶴見1990］。だが、近年の成長著しい中国市場の需要拡大により、ナマコ類の持続可能性が懸念されてもいる。こうしたことから、ナマコ類の管理は、2002年より絶滅の危機に瀕した野生生物種の国際取引を規制するワシントン条約（CITES: Convention on International Trade in Endangered Species of Wild Fauna and Flora）の俎上にあった［赤嶺2010、2013］。

ナマコ類は、いわゆるベントス（底棲動物）である。マグロ類やクジラ類のように国境を越えて高度に回遊する動物でもないため、その管理は地域／国家単位で実施可能である。そのことを再確認したのが、ＣＩＴＥＳ ＣｏＰ16であった。とはいえ、それぞれの国家や地域の政治経済的事情もあり、いざ管理計画を実行にうつすともなると、ことは簡単ではない［Anderson *et al.* 2011; Friedman *et al.* 2011; Purcell *et al.* 2013］。事実、絶滅危惧種の目録（レッドリスト）を製作する環境ＮＧＯのＩＵＣＮ（国際自然保護連合）が、ＣＩＴＥＳ ＣｏＰ16のわずか4か月後にナマコ類6種を絶滅危惧種（endangered）に、そのほか9種をそれより一段階危機度の低い「危急」（vulnerable）に指定したように、ナマコ類の持続可能性は、依然として予断をゆるさない状況にある。

世界で知られる１２００種ほどのナマコ類のうち、66種ほどが食用として利用されている［Purcell 2010］。日本列島周辺海域では１８５種が確認されているものの［倉持２０１２：５頁］、食用とされるナマコ類はかぎられている。その代表が、体色によって赤ナマコや青ナマコ、黒ナマコなどと呼ばれるマナマコ（*Apostichopus japonicus*）である（以下、特別に限定する必要ないかぎり、マナマコをナマコと表記する）。冬の季語として知られるナマコは、冬至から正月にかけて各地で消費される、冬を感じさせてくれる食材である。メインディッシュとして食べるわけでもなく、酒の肴として楽しむ酒呑みも少なくないはずだ。

しかし、そんなナマコの浜値は、２０００年代半ばから急騰し、北海道の一部ではキログラムあたり５０００円を記録するケースも見受けられ、「黒いダイヤ」との異名をとるにいたっている。たしかに正月明けの築地市場の初競りで、大間（青森県）産のクロマグロの価格がキログラムあたり2万５０００円などと注目を浴びることはある。しかし、これは大間産生鮮クロマグロの、しかも初競りのご祝儀価格であって、冷凍クロマグロの平均的な相場はキログラムあたり３５００円から４０００円である。このことからも、昨今のナマコ・バブルの加熱ぶりが理解できるはずだ。

マナマコを絶滅危惧種と判断するに際し、ＩＵＣＮが問題視したのは、過去30年間に急激に個体群が減少したためである［Hamel & Mercier 2013］。たしかに、ここまで価格が高騰すると、いくらナマコ好きでも、おいそれとつまめるものではない。とはいえ……ＩＵＣＮが警告する「ナマコ危機」について実感がわかないのは、わたしだけであろうか？

昨今の黒ダイヤ・フィーバーは、中国人富裕層による「爆食」を前提としたものである。「ナマコといえば、酢ナマコ」しか想起しえず、乾燥ナマコなど見たこともなければ、聞いたこともない、現在の日本の消費者からすれば、驚くべきことかもしれない。しかし、乾燥ナマコを食す文化は、かつては中国から朝鮮半島、日本列島にまで広がっていた。

本章では、近年の黒ダイヤ・フィーバー現象を東アジアという地理的空間を舞台に相対化するとともに地域資源としてのナマコを再評価し、その持続可能な利用を促進していくことを目的に、日本列島を中心としたマナマコの利用史をふりかえり、生態資源管理に関する歴史的視点と広域的視野の必要性を指摘したい。具体的には、第2節において、東アジアにおけるマナマコ利用の歴史をふりかえり、日本におけるナマコ利用の特徴を整理する。第3節では、江戸時代における主要な外貨獲得商品であった乾燥ナマコの生産と輸出の様子を概観する。第4節で現代日本におけるナマコ生産の現状を確認したうえで、IUCNが問題とした過去30年間の漁獲減の理由について検証し、この種の問題を扱う際に考慮すべき時間軸の長短と社会環境の変化について言及する。つづく第5節で昨今のナマコ爆需に対応する過程で生じた「塩蔵ナマコ」生産の問題点を明らかにする。第6節で能登の事例を中心にナマコ食文化の多様性を再確認したうえで、最後に地域生態資源としてのナマコ類を持続的に利活用していくための課題と展望を述べたい。

2　東アジア史におけるナマコ食文化の多様性

一般にナマコを食べる文化は、今日の日本や韓国のように生（刺身）で食べる場合と、中国のように乾燥させたものを水に戻して調理するものとに大別できる。中国料理では、干シイタケや乾燥ナマコのような乾燥食品を総称して「乾貨《ガンフォ》」と呼ぶ。中国料理研究の第一人者で『乾貨《かんぶつ》の中国料理』の監修者である木村春子は、中国料理の特徴として、①料理素材のなかで乾貨の占める割合が高いこと、②しかも生鮮素材がないため仕方なく乾貨で我慢するのではなく、積極的に乾貨料理としてその特性を使いこなしていることの2点を指摘している［木村（監修）２００１：４頁］。②に関し、北陸大学薬学部で東洋医薬学を教授する劉園英は、「中医学でナマコというと乾燥ナマコを指し、生鮮ナマコは別の食材」と断言する[1]。つまり、「生鮮品を干したものが乾燥品」と素材の連続性を認めず、生鮮品と乾燥品とは、薬効がことなる別個の食材と認識しているのである。

中国で乾燥ナマコ（海参）の利用が普及したのは、16世紀末から17世紀初頭にかけての明末清初期のことである［篠田１９７４：２９０頁、荒居１９７５：38～39頁］。日本でいえば、ちょうど安土桃山時代から江戸時代初期に相当する。１６０２年に中国（明）で編まれた百科全書的随筆集の『五雑組』には、「ナマコは遼東の海浜でとれる。一名を海男子という。その形状が男子の一物のようで、淡菜（貝の名。ミル）と対する。からだを温め、血を補い、人参に匹敵するに足るものであるから海参と名づけた」とある［謝１９９８：90頁］。これが、中国の文献でナマコの薬効について確認できる初出である［Dai 2002: 21-23］。

この『五雑組』の記述を発展的に継承するのは、『本草綱目拾遺』（１７６５年）であり、同書には今日の中国におけるナマコ食文化を考察する際に重要な視点がほとんど網羅されている［木村（新註校定）１９７７：５８８～５９４頁］[2]。ここでは本章との関係で重要な①海参に刺参と光参の区別が明示されており、かつ、②遼東海域に産する大きな刺参の薬効がもっとも高いと考えられていること、の2点を確認しておこう［赤嶺２０１０、２０１４］。すなわち、中国では、疣足《いぼあし》（刺）のあるナマコを刺参《ツーシエン》、刺がないナマコを光参《クワンシエン》と呼び、一般に刺参の方が、光参より薬効がすぐれていると考えられており、刺参のなかでも、刺がより鋭く、より長く、その数も多ければ、それだけ薬効があるものとされているのである。

今日でいえば、大連を中心とする遼東半島沿岸部から、渤海をはさんで対岸に位置する青島や蓬莱など山東半島沿岸域を含む空間の遼東地域・遼東海域に生息する刺参＝遼参（遼東ナマコ）が、もっとも薬効が高いとされている。この遼参こそ、日本や朝鮮半島、ロシアの沿海州にも生息するマナマコなのである。そして、大連や青島などを要する遼東地域は、今日でも刺参信仰と表現できるほどに刺参消費のさかんな地域であり、同地域の旺盛な刺参消費欲が、黒ダイヤ・フィーバーの主因なのである（写真１）[3]。

次に『本草綱目拾遺』とほぼ同時代の、食に関するエッセイ集『随園食單』（１７９２年）を見てみよう。食通としても有名だった文人の袁枚《えんばい》は、「いにしえの「八珍」（珍重される八種の美味なもの）には、海産物の話は入っていない。しかし、昨今は世間がこれを珍重しているので、わたしも大衆に従わざるをえない。そこで海産珍味の項を設けよう」とし、「海鮮單」という章を設け、燕窩《イエンウオ》（ツバメの巣）、魚翅《ユイチー》（フカヒレ）、鮑魚《パオユイ》（乾燥アワビ）、海参（乾燥ナマコ）などを用いた料理を紹介している［袁1982：39～45頁］。海参に関しては、産地に言及していないものの、「刺のある上等なもの」――つまり、『本草綱目拾遺』のいう刺参――としている［袁1982：41頁］。

写真1　利尻島（北海道）のマナマコ。日本列島を北上すればするほど刺は鋭くなる。
出所：2012年6月、筆者撮影。

では、当時の日本列島や朝鮮半島では、どうだったのか？　まず、朝鮮半島の様子から見てみよう。さまざまな研究によると、ナマコは地理を解説した『新増東国輿地勝覧』「土産条」（1530年）に記載されており、遅くとも15世紀には朝鮮半島沿岸域でナマコが漁獲されていたことが知られている［姜2000：233～235頁、尹2005：424～425頁］。詳細は不明であるものの、地理的にも、ここでのナマコは遼東海域や日本列島とおなじマナマコだと理解してよい。

これらのナマコは、どのように加工され、消費されたのであろうか？　生鮮品だったのか？　それとも乾燥品だったのか？　はたまた体壁の刺の有無は問題とされていたのか？

これらの点について1670年頃にハングルであらわされた料理書『飲食知味方』で検討してみよう。本書は、両班という高級官僚をもてなすためのレシピ集で、朝鮮半島南部・慶尚北道の高名な儒家・李時明家に伝わるものである。そのなかに「なまこ（海蔘《ヘサム》）を扱う法」が登場する［鄭（編訳）1982：26～27頁］[4]。ここでのナマコは乾燥品である。同書では、「乾燥ナマコを真鍮釜の小さいものに容れて永く煮る。煮たものの腹を割って、はらわたは包丁で削りとり、よく洗ってからもう一度煮る。やわらかくなったら、雉肉、小麦粉、イワタケ、シイタケ、シメジ、マツタケなどを叩きざんでつぶし、これに胡椒をきかして、ナマコの腹に一杯つめて糸でくくる。釜に水を入れておき、この釜に入るくらいの大きさの容器に、ナマコを入れる。鶏を蒸す時のように釜を熱くして蒸す。蒸し上がったナマコは、糸をほどいて、切って用いなさい」と〔鄭（編訳）1982：26頁〕、戻し方も調理の仕方も具体的に指南されている。

他方、同書には「なまことあわび」という項目もあり、「ナマコは包丁で割り、包丁の刃で中身をこそげるようにしてよく洗う。これをやわらかく煮て、半量はそのまま乾燥させ、半量は細かくきざんで乾燥させる」とある〔鄭（編訳）1982：55頁〕。要は、乾燥ナマコの自家製造の方法を記しているわけである。しかし、ここで注目すべきは、半分をそのまま乾燥ナマコとし、もう半分は刻んで乾燥させるというように、用途のことなる2種類の乾燥製品に加工することを提唱していることである。というのも、後者は、1本のまま干したものとことなり、戻すのも簡単で、現在でも中国で海参絲《ハイシエンスー》（繊に切った乾燥ナマコ）として流通する製品そのものだからである(5)（写真2）。

写真2　海参絲。この用途には、カナダやアイスランド産のキンコナマコ（*Cucumaria frondosa*）が用いられることが多い。
出所：2008年11月、大連市（中国）にて筆者撮影。

『飲食知味方』を残した李家にかぎらず朝鮮王朝期には、ナマコやアワビが宮廷料理にも多用されていた〔金1995、1996、佐々木2002：218頁〕。たとえば、朝鮮宮廷料理研究の第一人者の金尚寶が著書『宮中飲食』で復元した宮廷料理48種のなかには、「海蔘」の名称を冠した料理として海蔘湯（ナマコスープ）と海蔘煎（ナマコちぢみ）の2品が収録されている。それ以外にも、料理名上は「海蔘」を冠してはいないものの、ナマコを用いる料理が10品も紹介されている（うちスープ5品、蒸し物2品、煎り物1品、炙り物1品、膾1品）〔金2004〕。レシピから判断するかぎり、いずれも乾燥ナマコを戻して調理したものである。

では、生鮮ナマコの利用はなかったのか？　控えめながらも、『飲食知味方』には、生鮮ナマコの利用法も記載されている。「ナマコを水で直接煮る場合は、いったん煮たものを水に浸けておいてから切る。これを醤油と油をまぜて炒めて味付けして用いてもよいし、生ナマコのまま切って、酢醤油につけて酒のさかなにしてもよろしい」〔鄭（編訳）1982：26頁〕。

以上、断片的な資料から判断せざるを得ないが、朝鮮王朝期のナマコの利用法としては、生鮮ナマコも食していたとはいえ、圧倒的に乾燥ナマコの存在感が高かったことが想像できる。

最後に日本の様子を、『料理物語』（作者不詳、1643年刊）で見てみよう。生海鼠《なまこ》は「海の魚之部」73項目中45番目に登場する。食物史家の平野雅章による口語訳では、「なます、脹煎り《ふくらい》、こだたみ、すこ、糸造りにして煎り酒をかけるとよい。わた子はなし物。このこは生のまま煎り酒。わたは吸い物。いりこは汁、削り物、煮物、青和え、水和え、いろいろに用いる」とある〔平野（訳）1988：26頁〕。なます（膾）は問題なかろう。脹煎りとは、ナマコを大きく切り、だし溜まりを沸騰させ、（客に）出す直前に入れて、そのまま盛る料理で〔平野（訳）1988：141頁〕、こだたみ（海鼠湛味）は、ナマコを薄切りにして、酒に浸してから塩と味醂で調味しただし汁に浸してワサビ和えにしたもの〔平野（訳）1988：26、111頁〕、すこ（酢海鼠）はナマコの酢の物である〔平野（訳）1988：27頁〕。[6]　以上は、いずれも生鮮ナマコの料理法である。

わた子が、直後につづく「このこ」（卵巣）や「わた」（腸）と、どのように区別できるのか、不明である。しかし、ここでの「なし物」が塩辛を意味している以上〔平野（訳）1988：168頁〕、わた子とは、発酵食品である「コノワタ」だと推定できる。他方、「わた」を用いる吸い物については、「適当な大きさに切り、薄味噌にだしを入れて吹きたったとき、わたを入れて吸い合わせ、そのまま出す」としていることから〔平野（訳）1988：158頁〕、腸を発酵させずに調理したものであろう。そもそも、「このわた」とは、「コ」（ナマコ）の腸（わた）を意味しているわけで、発酵や塩辛を含意しているわけではない。かつては腸も別途料理していたものが、発酵させた保存食としてのコノワタが現在まで継承され、それが製品名としても流通しているわけである。しかし、『料理物語』の「わた」が、発酵食品でないとすると、鮮度保持の必要性から流通が制限され、非常に贅沢な食材であったことが推測できる。

さて、イリコ（乾燥ナマコ）の用途として紹介された、汁、削り物、煮物、青和え、水和えについて紹介しよう。①汁物は、野菜や動物の干物などの味噌汁もしくはすまし汁の「あつめ汁」をさす［平野（訳）１９８８：１１６頁］。②削り物は、花ガツオのように削って食べるもので、別名「そぎもの」とも呼んだ［平野（訳）１９８８：15頁］。水で戻したとはいえ、イリコに味がない以上、日本料理研究家の奥村彪夫が仮定するように、戻したナマコを薄く削り、味噌や醤、酢などの調味料をつけて食べていたものだと推量できる［坪井１９８５：71～77頁］。③煮物は、雑煮のほか、繊に刻んだイリコを、よく湯煮して、小鳥、鴨などをたたいて入れる。山芋も入れ、だし溜まりで煮たものを「ぞろりこ」と呼んだ［平野（訳）１９８８：１４１、１８０頁］。この「ぞろりこ」などは、朝鮮の『飲食知味方』で紹介された料理と類似している点が興味深い。④青和えとは、米のとぎ汁に浸してやわらかくしたイリコの和え物である。たまり味噌と出汁を煮込み、茹でた青豆をすり潰し、裏を漉して、塩、砂糖、みりんで味付けしたものにイリコを和える、というように手の込んだ料理である［平野（訳）１９８８：14、１２８頁］。⑤水和えは、なますの一種である。カツオ節に梅干を混ぜて酒に入れ、火にかけた調味料（煎り酒）の薄いもので和えたものである［平野（訳）１９８８：27、１２７頁］。

こうしてみると、現代の感覚では、「ナマコ料理＝すこ」という、非常に限定されたものであることに気づかされる。換言すると、生鮮ナマコにしろ、乾燥ナマコにしろ、わたにしろ、17世紀の調理人たちが鋭意継承していたナマコ料理の知識と技術の多様性は驚くべきものであった。別にナショナリストを気取るつもりはないが、同時期の中国や朝鮮よりも、より多様性に富むナマコ料理が日本には存在していたわけである。しかも、ここで指摘しておきたいのは、こうした料理知識の蓄積は、単に贅をきわめたグルメ志向による「おいしさ」の探求心のみに支えられていたわけではなかったことである。

江戸時代には、中国の明代（１３６８～１６４４）に発達した本草学の影響を受け、さまざまな食材の性格が、体系性をもって科学的に認識されるような知的環境が誕生していた。しかも、17世紀には、中国本草からの脱皮が模索され、まさに和風「漢方」が確立しつつあった。その先駆的著作が、１６９５年に医者・人見必大が上梓した『本朝食鑑』12

巻である。これは中国本草の翻訳ではなく、日本産食材に対して科学的な考察を加えた労作であり、本書の登場によって日本の本草学が独自の道を歩みはじめたとされる〔島田1976〕。たとえば捕鯨史家の森田勝昭は、中国では食用されないため、中国本草では一瞥もされなかった鯨類の分類が、『本朝食鑑』では、今日の科学的見知に照らしても遜色ない水準で記載されていることを評価している〔森田1994：213頁〕。

森田の指摘は、中国では消費されない、生鮮ナマコやわた（ナマコの腸）についてもあてはまる。『五雑組』や『本草綱目拾遺』などの中国の本草書が乾燥ナマコにしか言及していなかったためか、日本の本草書も、ある段階まではそうした記述を踏襲している。ところが、17世紀以降に刊行された本草書では、生鮮ナマコはもとより、腸の発酵食品であるコノワタ、卵巣を乾燥させたコノコについても言及されるようになる。たとえば、『料理物語』と同年に刊行された『和歌食物本草』は、おそらく生鮮ナマコと乾燥ナマコの両方を記述した最初の例であろう(7)。同書は、イリコ（乾燥ナマコ）を「からだを温める」としたうえで、「虫を殺して、気を鎮める。腎を強化し、痰をのぞく。イリコこそ、疳気の薬である。柔らかくなるまでよく煮て、酒や溜まりで食べるとよい。イリコを常日頃から食べておくとよい。いろいろな病気のときにも悪くならない。腹部の痛みや腫れのときにもよい」と記述している〔天野・花輪2012：184頁、半田2004：22～23頁〕。他方、生鮮ナマコの性質を「からだを冷やす」とし、「病気のある人にはよくないが、虫を殺す効能がある。またナマコは腎の薬ともなるので、少し食べれば精液が増す。ナマコこそ痰の毒である。したがって、食べ過ぎれば、肺が弱くなり、声がしわがれてしまう」と説いている〔天野・花輪2012：184頁、半田2004：198～199頁〕。虫を殺す作用と腎の働きを強化する機能は両者に共通しているものの、生鮮ナマコの効用は限定的で、同書が乾燥ナマコの機能をより高く評価していることがうかがわれる。

ここでの「虫」とは、疳《かん》の虫のことである。中医学／漢方では、ストレスを感じたり、神経が高ぶったりするのは、体内に生息するとされる「疳の虫」が蠢くためであり、それを退治すれば、虫がおさまると考えられている。生のものであろうと、干したものであろうと、ナマコは、その「疳の虫」退治に効くというのである。つぎに腎について説明しよう。中医学／漢方では、五臓（心・肺・肝・脾・腎）は、「物体」としての臓器を指すばかりではなく、「機能」としての臓器をも表象している。つまり腎は泌尿器としての腎臓と、生殖や成長・発育、ホルモンの分泌、免疫系などの機能をあわせもつ「生命の源」としての臓器をもイメージしているのである（したがって、腎が作り出す「腎精」が精液となる）。最後に毒である。毒とは文字通りに身体に毒として作用する薬物であると同時に、体内に悪い物（体毒）を作り出す薬物をもさす。「痰」は体内にできる悪い水（毒）の一種で、粘度があるため、排泄するのがむずかしい。興味深いのは、生鮮ナマコを食べると、そうした毒を体内で作りやすくなるので要注意であるが、他方、乾燥ナマコはその毒の排泄を助けるというように、生鮮ナマコと乾燥ナマコで正反対の機能をもつと考えられていたことである。

　コノワタの初出は、1661年に刊行された『閲甫食物本草』である。同書はコノワタ（海鼠腸）について、「気味鹹微寒、無毒、聚痰。脾胃虚寒者不可食」（からだを冷やして水分代謝を悪くする。痰を整える。胃腸が弱い者は食べてはならない）としている［天野・花輪2012：186頁］。非常に簡素な記述であるが、記述の濃淡ではなく、記述の有無——コノワタの効用が本草書に記載されていること——が、日本の本草学、ひいては東アジアにおけるナマコ食文化史にとっては重要なのである。しかし、記述は濃いにこしたことはない。『閲甫食物本草』のわずか30余年後に刊行された『本朝食鑑』では、コノワタは独立した項目として377字を費やした漢文で解説され、産地として能登や尾張、三河（佐久島）をあげるなど、具体的な記述となっている［天野・花輪2012：189〜190頁、人見1980：323〜324頁］。

　しかも、『本朝食鑑』は、乾燥品、生鮮品、コノワタ、コノコの四つを区別した最初の本草書でもある［人見1980：321〜329頁］。ただし、コノコ（鼠子）については、コノワタについて説いたくだりで「一種、腸の中に赤黄色の糊のようなものがあり、鼠子というが、これは珎とはしない（めずらしくない）」と［人見1980：324頁］、頼りない。他方、ほぼ同時代の『和漢三才図会』（1712）でも、コノコは『本朝食鑑』同様コノワタの欄で紹介されているとはいえ、「腸の中に赤黄色の糊のようなものがあり、これを海鼠子《このこ》という。また佳いものである」［寺島1987：248頁］と肯定的である。(8)

　島根県隠岐郡海士町で乾燥ナマコを製造加工している宮崎雅也さんによれば、「時期によってことなるものの、隠岐諸島では生殖巣がもっとも大きくなった3月頃、350〜400kgの生鮮ナマコから6〜7kgの生鮮コノコが採れ、そ

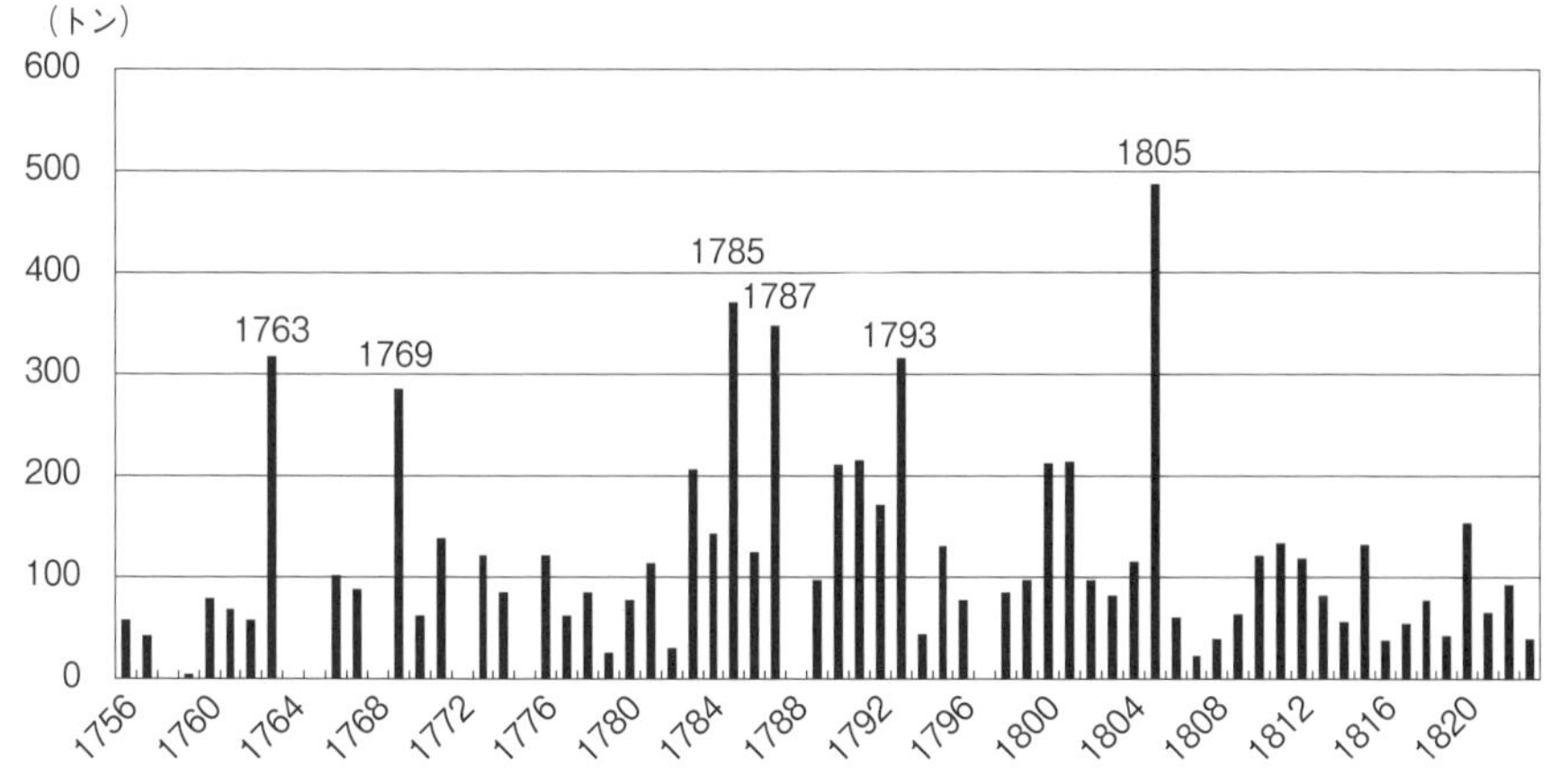

図1　日本産乾燥ナマコの清への輸出高（1756～1823年）
出所：永積［1987］より筆者作成。

れらを乾燥すると1kg程度の干コノコとなる。このとき、塩を加えてから一昼夜水を切って製品となったコノワタ3・5～4kgが生産できる」という。生鮮ナマコの重量に対し、コノコが0・25%、コノワタが1%と、その稀少性がわかるというものだ。『本朝食鑑』にしても『和漢三才図会』にしても、コノワタにくらべ、コノコの記述が薄くなっているのは、その稀少性ゆえのことだと思われる。

3　江戸時代における乾燥ナマコの対清輸出

図1は、『唐船輸出入品数量一覧』から作成したもので［永積1987］、長崎から当時の清国へ輸出された乾燥ナマコの輸出高を示している。同書は、対日貿易のライバルであった中国船が日本から持ち帰った商品（つまり日本からの輸出品）についてオランダが調べた資料を、近世外交史家の永積洋子が整理した労作である。記録のない年もあるように『唐船輸出入品数量一覧』は、完璧ではありえない。また、元史料では斤（600g）やピクル（60kg）、カテー（同）といった重量単位ではなく、容器とされた俵の個数が記されているなど、問題がなくはない。しかし、徳川幕府は俵物貿易が公式に開始された1697年に1俵（丸）の重量を120斤と定めていることから［荒居1975：63頁、1988：386頁］、本章では1俵を72kgで計算した。

一見して、乾燥ナマコの輸出に関し、1763年、1769年、

1785年、1787年、1793年、1805年といった、いくつかの山があることに気づかされる。その最初のピークである1763年にイリコの輸出量は317トンを記録した。この年は、中国から金銀の輸入が開始された年である。これ以前、金銀は、日本から中国への輸出品であった。ところが、国内の産出量が減ったため、逆に中国から輸入するようになった歴史的転換点が1763年であった。こうして輸入されるようになった金銀の代金として俵物の必要性が高まり、幕府は否応なく、従来の倍近い約80万斤（480トン）の俵物を確保する必要に迫られた［荒居1988：73頁］。

そのため、1763年を契機として、俵物は強制生産の様相をみせるようになっていった（つまり、この年までは幕府としては、とくに生産を強制する必要もなく、したがって俵物の輸出量自体も少なかった）。具体的には、1763年以降、幕府は俵物の増産を奨励する御触書を継続的に出すともに、1764年以降、長崎俵物問屋（長崎俵物請方商人）に浦々を廻浦させ、俵物の生産と集荷を督励させるようになった。かれらは、原料のナマコの生息状況を調査しただけではなく、その漁撈方法を普及させ、かつ乾燥ナマコの製造法も伝授した。幕府は、長崎俵物問屋へ前貸銀を貸与し、俵物の買いつけがスムーズとなるよう配慮した［荒居1975：169～170頁］。グラフ中第二の山となっている1769年は、その前貸銀を従来の1000貫目から1800貫目に増額した年であり、同年における乾燥ナマコの輸出増は、こうした努力が実ったものと理解できる。

1785年に徳川幕府は、それまでの長崎俵物問屋8名に俵物の全国集荷を独占的に請け負わせていた、いわゆる「一手請負方制」から、幕府による直轄集荷に切り替え、専売制を敷いた。それにともない、俵物や原料の密売買が禁止されるようになった［荒居1988：22頁］。同年にグラフ期間中第2位の371トン、また2年後の1787年に同3位の348トンを記録したのは、まさに直轄集荷システムが機能したことを意味している。

日本漁業史または近世海産物貿易史の泰斗・荒居英次は、1785年にはじまる俵物の幕府直轄集荷時代を前期（1785～1805）、中期（1806～1840）、後期（1841～1865）の3期に分類したうえで［荒居1975：217頁］、前期の10年ほどは幕府の施策が実効性があったと評価している［荒居1975：283頁］。事実、前期20年間の後半にあたる1793年以降は、乾燥ナマコの輸出は不振に陥っている。こうした状況を受け、幕府は俵物取調廻浦役人を九州・四国・四国の各地へ派遣し、生産の奨励につとめ［荒居1975：237、288頁］、1805年には江戸期最高の487トンを輸出するにいたった［荒居1975：237頁］。

しかし、その後は、度重なる幕府の介入も、それほど効果をあげえなかった。これは、1757年に幕府が乾燥ナマコの輸出価格に公定価格化（定式値段）を導入したため［荒居1975：45頁、1988：21頁］、原材料の生鮮ナマコや製品としての乾燥ナマコの価格が規制を受けたのに対し、時代がくだるにつれて諸物価が高騰するなかで、ナマコの価値が相対的に下落したためであり、ナマコの生産意欲が年々沈滞していったからである［荒居1988：21頁］。

乾燥ナマコが、もともと日本でも食されていたことは、『料理物語』や『本朝食鑑』で確認したとおりである。しかし、だからと言って俵物貿易は、国内市場で消費された余剰品が中国に輸出されたわけではなかった。年々、増大する一方の金銀、絹、薬、書籍などの輸入対価として中国に輸出するために、幕府の権力を総動員した結果、かろうじて成立しえた官製貿易だったのである。たとえば、1785年に俵物の集荷を幕府直轄化したことで、俵物の密売は禁止され、生産奨励と同時にその取締の厳格化をもたらした［荒居1988：399頁］。しかし、そのような環境下でも、天保期（1830〜1844）になると、抜け荷（密貿易）が多くなるほどに幕府による公定価格・貿易統制は有名無実化してしまっていた［荒居1988：400頁、田島2014、山脇1965］。

長崎が海外貿易の拠点であった事情から、初期においては九州や山口など、近隣諸国で生産奨励がなされたものの、幕府は次第と、当時の版図外であった蝦夷地での生産奨励につとめるようになった。幕府が蝦夷地に目をつけたのは、二つの理由があった。ひとつは、アイヌを労働力として使役できたこと、もうひとつは蝦夷地産マナマコの刺が際立っており、そのことを中国側が高く評価していたため、である［鶴見1990］。

4　現代日本におけるナマコ生産と貿易——IUCN批判にかえて

マナマコは、南西諸島をのぞく日本列島のどこにでも生息している。『ナマコの眼』の著者の鶴見良行は、長崎俵物問屋に俵物の集荷を独占的に請け負わせるようになった1744年の、日本列島におけるマナマコの産地を五つに分類している（図2）［鶴見1990：349頁］。その分類は、現在でもあてはまる。たとえば、最新の全国統計（2006年）で100トン以上のマナマコの水揚げがあったのは19都道府県であり、そのうち17都道府県が鶴見の示した5文化圏内にある。このうち北海道の2725トンは、全国生産の26％を占め、続く青森県が17％、山口県が10％と、上位3道県で全体の53％を占めている。さらに上位5道県の生産高は6502トンとなり、63％を占める。上位10道県では8260トンを生産し、全体の80％を占める（表1）。

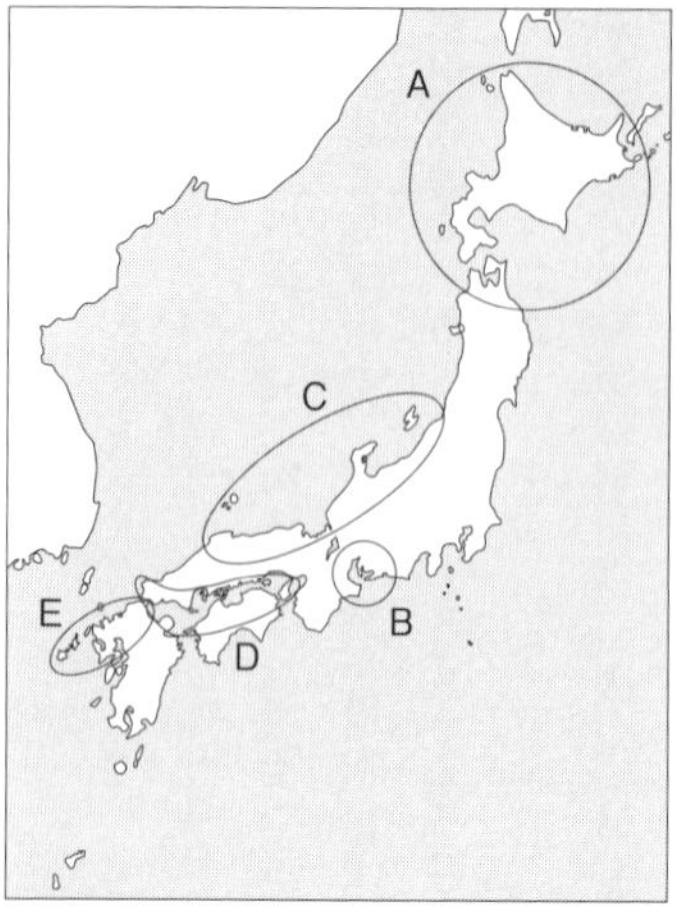

図2　日本における5つのナマコ文化圏
出所：鶴見［1990: 349 頁］を一部改変。

IUCNがマナマコを絶滅危惧種に分類した理由は、1960年代以降における水揚げ量の急激な減少にあった。IUCNは、この間の水揚げ量が、ロシアでは80％、中国では95％、韓国では40％、日本では30％減少したと見積もっている［Hamel and Mercier 2013］。そこで日本におけるナマコの生産高の推移を見てみよう。図3は、農商務省の生産統計と水産庁による『漁業・養殖業生産統計』をもとに、1894年から2006年までのマナマコの漁獲統計を統合したものである。残念ながら小泉政権（2001～2006年）下の構造改革において生産統計が整理された結果、マナマコの水揚げは2006年を最後に集計されなくなってしまった。したがって、2006年の1万3344トンが、現在、入手しうる最後の数字ということになる。

図3からは、①1万3023トンの漁獲を記録した1968年が、

表1　日本における5大ナマコ文化圏のナマコ生産高（2006年）

刺参のタイプ	ナマコ文化圏	主要都道府県	生産高（トン）	順位
関東参	A　北日本		4458	
		北海道	2725	1
		青森県	1733	2
関西参	B　伊勢・志摩		555	
		三重県	340	9
		愛知県	215	11
	C　能登		992	
		新潟県	400	6
		石川県	363	8
		島根県	104	18
		京都府	125	16
	D　瀬戸内海		2661	
		山口県	1005	3
		兵庫県	525	4
		愛媛県	395	7
		大分県	260	10
		広島県	203	12
		徳島県	152	15
		岡山県	121	17
	E　九州北部		616	
		長崎県	514	5
		福岡県	102	19

出所：農林水産省『漁業・養殖業生産統計』より筆者作成。

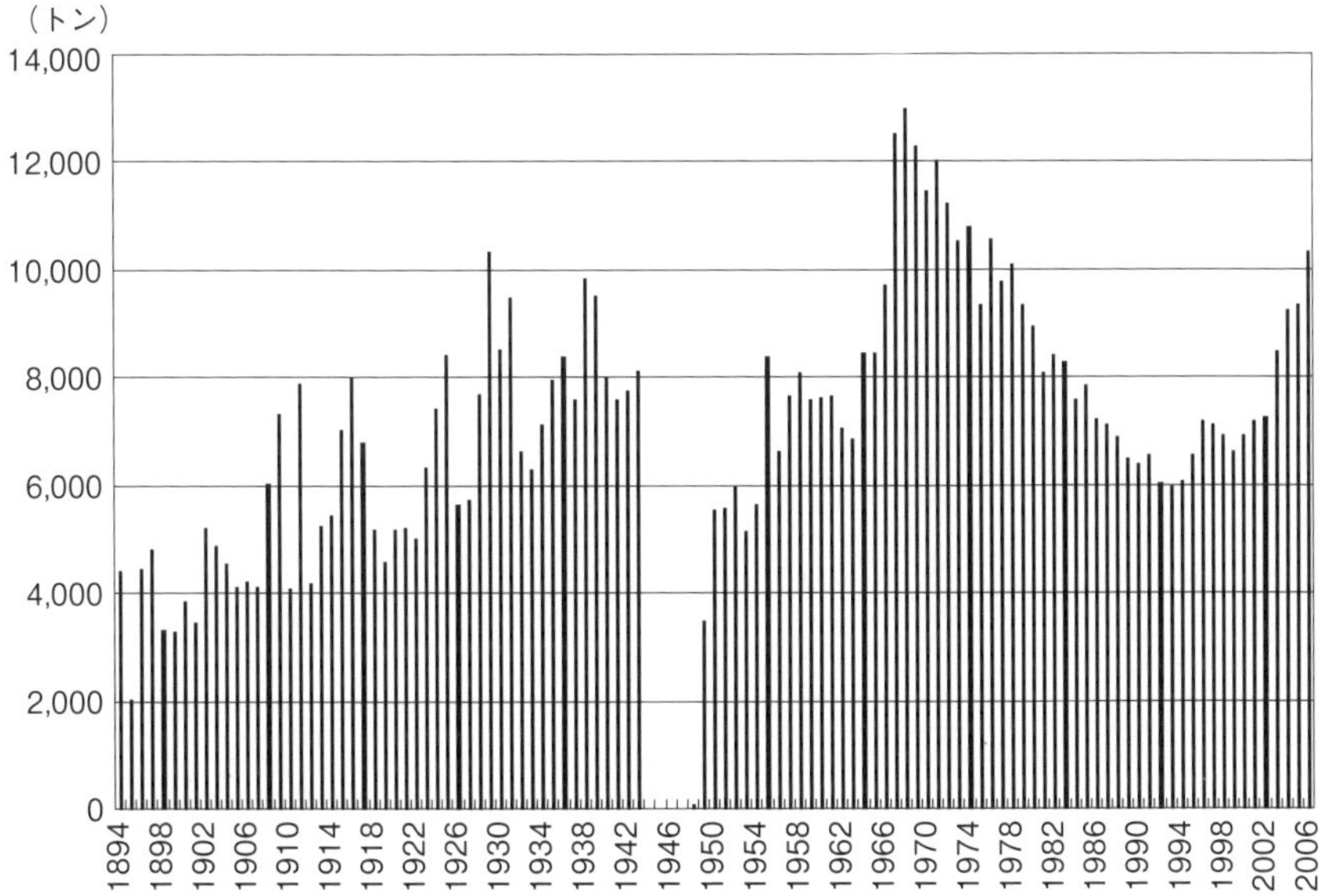

図3　日本におけるナマコの生産高（1894～2006年）
出所：『農商務省生産統計』ならびに農林水産省『漁業・養殖業生産統計』より筆者作成。

過去１００年間における最高値であり、②近年の最低値は１９９２年から１９９４年までの６０００トン前後と、③この30年間で50％以上も漁獲量が減少したことがわかる。この意味で、ＩＵＣＮの分析は、決して間違ってはいない。しかし、注目すべきは、その後、生産が回復傾向にあることである。かえすがえすも２００７年以降の全国の生産統計がないのは残念である。とはいえ、２００７年以降も北海道と青森県は独自に統計をとっており、２０１３年の水揚げはそれぞれ、２３４３トンと１４８５トンと微増傾向にある（図４参照。なお、右軸は、北海道と青森県の生産を際立たせるため、最高を３５００トンに設定している）[9]。２００６年に、この２道県だけで全国生産の43％を占めていたことを想起すると、両道県に並行して日本全体の生産傾向も「微増」と推察できる。

１９６０年代は、高度経済成長の最中であり、労働力不足による漁獲努力不足や沿岸開発などにより、日本の漁業が衰退していく時期に相当する。１９９０年代初頭に底をうち、その後の水揚げが上向いていることを考えると、１９６８年以降のマナマコの漁獲減少の要因の一部は、過剰漁獲というよりも、海域環境の変化とともに都市部への人口流出といった漁獲努力量の低減にも求めることができよう。

他方、１９９３年に水揚げが底をうち、その後、ゆるやかに回復してきたことについて、その理由は定かではない。もちろん、「中国による爆需」と解釈することも可能である。しかし、現象としての「爆需」が顕著となるのは、２０００年代初頭のことで、それまでに10年ほどのブランクが存在している。

この10年間のナマコ事情は、地域によってさまざまである。日本は１９９１年初頭にバブル経済が破綻した。バブル経済期には、「何でもいいから、めずらしいものを送ってほしい」と中央市場から声をかけられたという地方の水産関係者は少なくない。荷を送る先から、注文が舞い込むという加熱した時期であった、と（懐かしそうに）回顧する。そのような環境下、コノワタとコノコは、美食家に求められた。瀬戸内でも能登でも、「コノワタとコノコの売り上げだけで、ナマコの原料代、加工代、人件費などのすべてをまかない」、加工業者が「殻」と呼ぶ乾燥ナマコの売り上げは、そっくりそのまま純利益になったと聞いた。悪いことにバブル経済崩壊後の不景気に輪をかけるように、１９９０年代には健康志向から減塩ブームが生じ、コノワタも敬遠されるようになっていった。１９９０年代初頭の水揚げ量の低迷は、

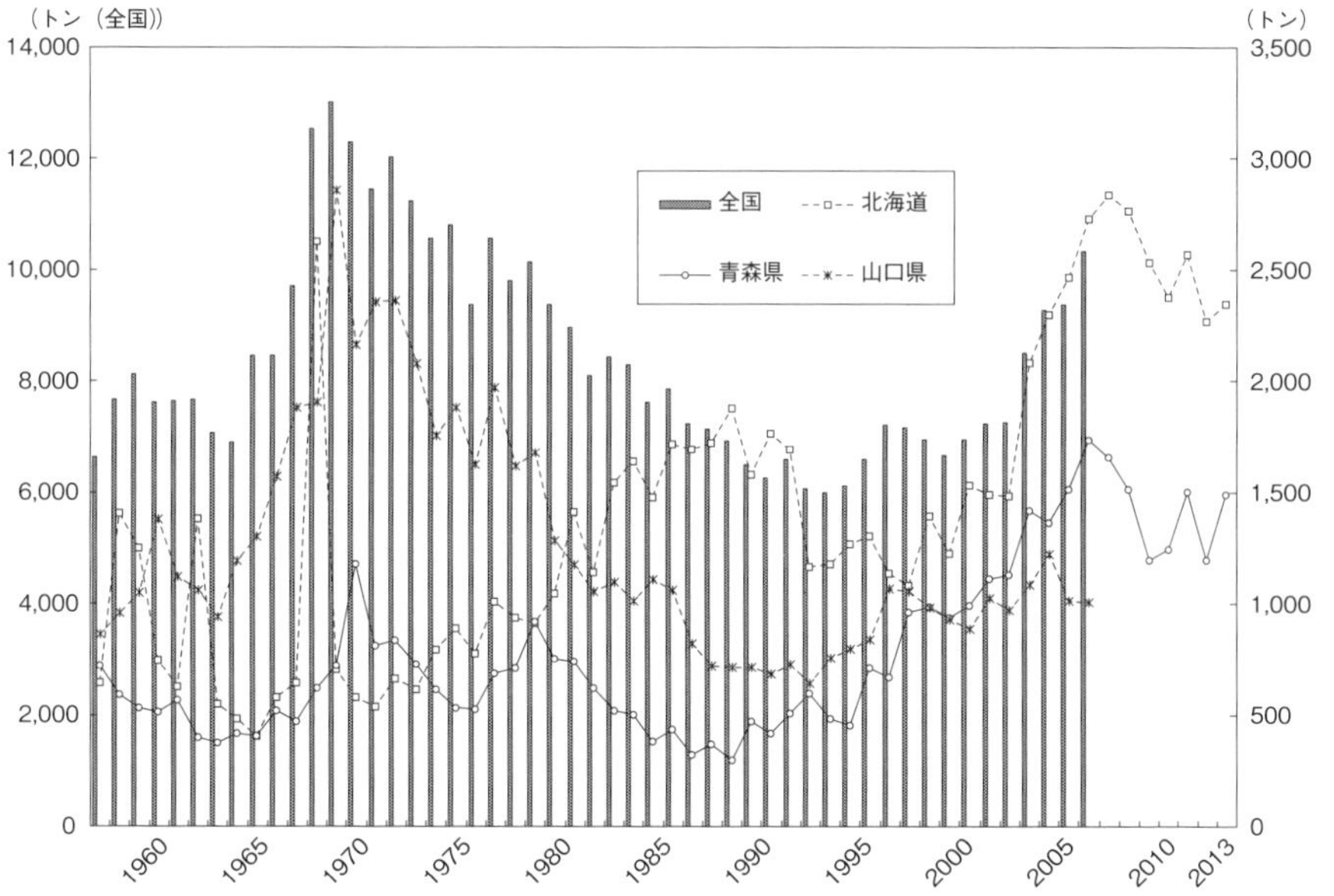

図4　全国のナマコ生産高と北海道、青森県、山口県の生産高
出所：農林水産省『漁業・養殖業生産統計』、『北海道水産現勢』、『青森県海面漁業に関する調査結果書』より筆者作成。

日本市場の低迷からナマコの浜値も下がり、ナマコ漁を休漁する漁業者が増えたため、とも察せられる。水揚げ量の減少は資源量の問題だけに帰するのではなく、市場との対話の結果でもある。

図5は、北海道は利尻島の仙法志漁業協同組合の生鮮ナマコの価格の推移である。このグラフは、1993年以降のマナマコ需要の傾向を例示してくれている。北海道では、春から夏にかけてがナマコ漁のシーズンである。日本市場では、基本的にナマコは、正月を軸とした冬期の食材であり、それ以外の時期には、生鮮品としてのナマコの需要は、ほとんどない。したがって、春から夏にかけて北海道で漁獲されるナマコのほぼ100％が、輸出されていると考えてよい。しかも、北海道でナマコ加工をおこなう業者によれば、北海道のナマコは腸が切れやすいために、コノワタの加工はむずかしいといい、現在、北海道ではコノワタの生産はない。図5からは、仙法志漁協で2000年以前に生産されたナマコの価格が、バブル期も含め、いたって安定していることがわかる。とくに本土の業者がコノワタやコノコの生産に熱をあげていた1980年代後半から1990年代初頭も含めて、である。その分、

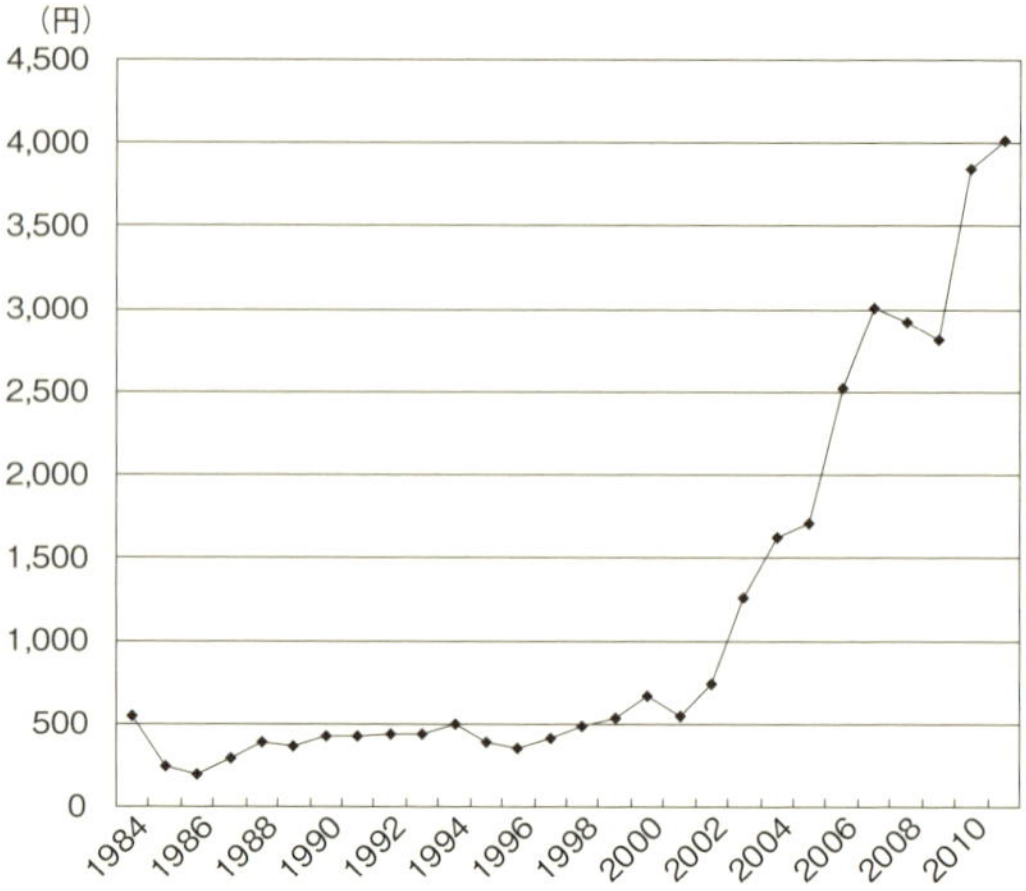

図５　仙法志漁業協同組合におけるマナマコのキログラムあたりの平均単価（1984～2011年）
出所：『北海道水産現勢』より筆者作成。

バブル経済崩壊後の浜値も、やや下がったとはいえ、それほど大きな影響は受けていない。つまり、仙法志漁協の場合、バブル景気とは無縁に乾燥品を香港・台湾へ輸出するために操業していた、ということになる。他方、２００１年以降の価格上昇が顕著である。たとえば、２００２年と２００３年の間には、平均単価は１・７倍にもなっているし、２０１１年と２００１年を比較すると、その差は７・４倍にもなっている。これこそが、黒いダイヤを求める中国の爆需によるものである。

香港の貿易統計を図６に示す。香港が日本から輸入した乾燥ナマコは１９９７年以降、着実に伸びている。２００１年と２００４年は例外として、それ以外の年は１９９６年以降、平均単価も、上昇しつづけている。１９９０年代後半、バブル経済崩壊の後遺症に日本経済全体が沈んでいた頃、幸運なことに、その窮地を救ってくれたのが、中国のナマコ需要だったというわけである。

ここで２００７年に着目してみよう。香港が輸入した乾燥ナマコは急増しているにもかかわらず、平均単価は激減している。２００７年、香港は日本産乾燥ナマコ５８４・５トンを輸入した。これは、前年（３１９・６トン）の１・８倍に相当する。他方、２００７年に香港が輸入した日本産乾燥ナマコの平均単価は、２０７５香港ドル（２６０米ドル）と、前年の２６７１香港ドル（３４０米ドル）から20％も減少している。平均単価の下落は、２００９年が顕著で、１６６７香港ドル（２１０米ドル）にも下がり、２００６年から40％も減じたことになる。

しかも、リーマン・ショック後に急激に進んだ円高は記憶に新しいはずである。三菱ＵＦＪリサーチ＆コンサルティングによると、対米ドルの為替相場は２００６年の平均で１１７・38円、２００９年の平均が94・57円（いずれも円を外

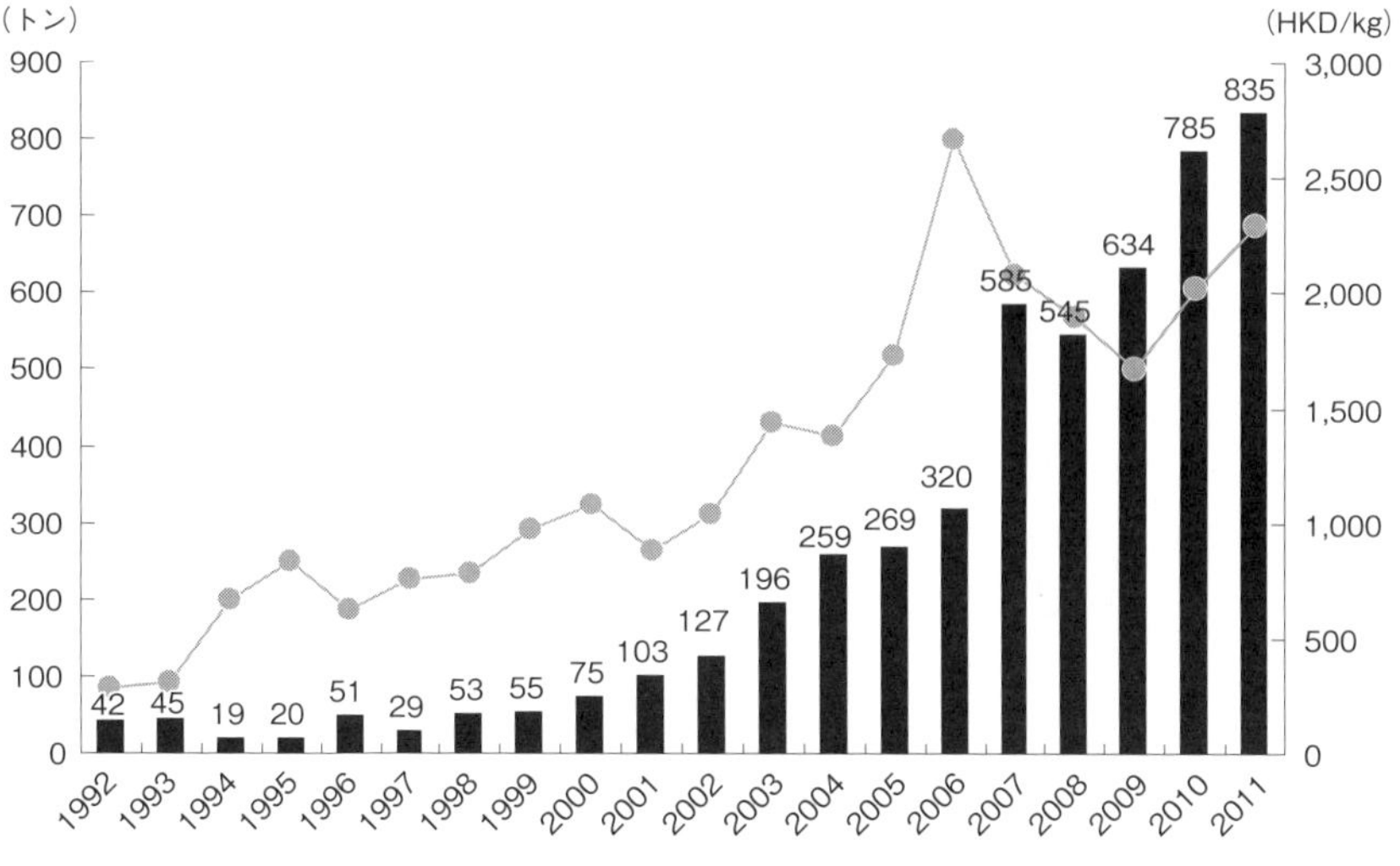

図6　日本産ナマコの香港の輸入高と平均単価（1992～2011年）
出所：*Hong Kong Monthly Digest of Statistics* より筆者作成。

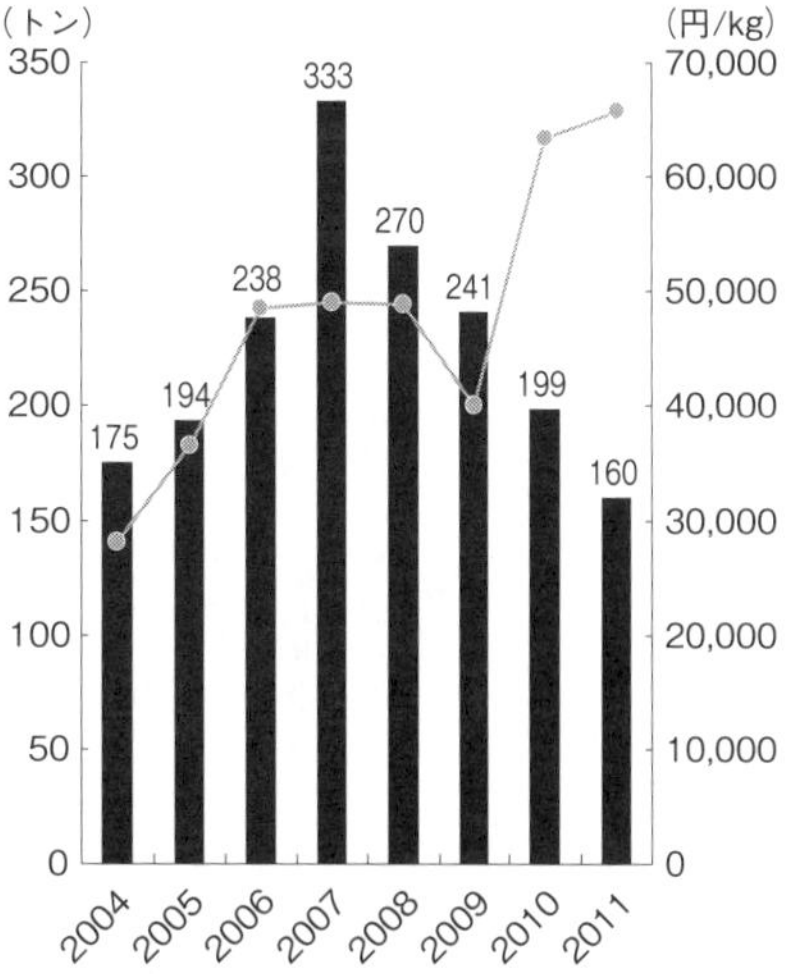

図7　日本から香港へ輸出された乾燥ナマコの輸出高と平均単価（2004～2011年）
出所：『財務省貿易統計』より筆者作成。

貨に交換する際のTTS）と、この3年間で19・4％も円高が進んだ計算となる[10]。ナマコの取引は、通常、円建てでおこなわれるため、円高と平行して香港の輸入価格も高騰してもよさそうなものである。しかし、現実は、その逆であった。

需要と供給の原則からすれば、こうした価格の下落は、ナマコの供給過多に帰することができる。仮に歩留まりを5％と多目に見積もったとしよう。2000トンの生鮮ナマコから製造される乾燥ナマコは100トンにすぎない。しかし、実際には、歩留まりは、3～5％であり、2006年に比較し、2009年のように314トンも、あらたに乾燥ナマコを製造するには、最低でも６０００トンから1万トンの生鮮ナマコの水揚げが必要となる。しかし、２００６年の時点で1万トン超の水揚げを達成しているわけで、この数字にさらに６０００トンも上積みする体力はない。それは、現在より3倍も漁業就業者がいた１９６０年代でさえ、1万３０００トンしか生産できていないからである（しかも、当時とは漁撈技術に変化がないうえに、現在の就業者は高齢者が圧倒的に多い）[11]。

この現実は、どのように解釈しうるのか？　実は、ここまで香港の統計を無批判に「乾燥ナマコ」と捉えていた。しかし、香港の貿易統計の項目０３０７―９９３０は、「ナマコ類、乾燥、塩蔵、もしくは塩水に浸けたもの」（Beche-de-mer, dried, salted or in brine）と定義されている。したがって、厳密にいえば、この０３０７―９９３０で示されるナマコ類は、乾燥品だけではなく、塩蔵品、さらには塩水に浸けた状態で取引されるものまでも含んだものとなる。当然ながら、塩蔵品は乾燥品よりも水分量が多くなる。塩水に浸けたものなら、なおさらである。実際に、日本から香港へ輸出されるナマコ類のうち、乾燥品がどの程度を占め、塩蔵品もしくは塩水漬け製品がどの程度の量にのぼるのかは、明らかではない。しかし、香港の貿易統計からは、２００７年より、日本から輸出されるナマコのうち、塩蔵品もしくは塩水漬けナマコ（両者をあわせて「塩蔵ナマコ」と呼ぼう）の比重が急増するようになったことがうかがえる。

図7は、日本の財務省による、日本から香港へ輸出された乾燥ナマコの統計である。財務省の貿易統計にナマコ類が選定されたのは２００４年のことである。それは、２００２年にワシントン条約でナマコ類の国際取引が問題となり、国際貿易をモニタリングする必要が生じたためである。財務省の貿易統計では、項目１６０５―90―９３０は、「乾燥ナマコ」のみを示すことになっており、ここには塩蔵ナマコは含まれていない。日本側の統計（図7）と香港側の統計（図6）を比較すると、香港側の数字の方が常に大きいことがわかる。したがって、両者の差こそが、塩蔵ナマコの分だと仮定できる。

それ以外の興味深い事実にも気づかされる。２００４年から２００６年にいたる両統計の差異は、およそ80トン（それぞれ84、75、82トン）と安定している。ところが、２００７年以降、両者の差異が顕著となるのである。たとえば、２００７年は２５２トン（前年比３００％増）であるし、２０１１年には６７５トン（２００６年比８２０％増）にまで拡大している。このデータからも、香港がより多くの塩蔵ナマコを日本から輸入するようになったのは、２００７年以降のことだと結論づけてもよいだろう。

財務省貿易統計によれば、２００９年をのぞき、日本から輸出された乾燥ナマコの平均単価は上昇している。２００９年の突然の下落は、リーマン・ショック後の中国経済の低迷に求めることができる。このことは、逆に、中国市場が、塩蔵ナマコばかりではなく、一定量の乾燥ナマコを欲していることも意味している。２００８年と２００９年のフィールドワークにおいて、わたしは、北海道と青森県で多くの加工家が、完成品ではなく、半完成品とも表現すべき塩蔵ナマコの製造に転向したことを耳にした。しかし、その一方で、２０１０年以降ともなると、今度は「乾燥品が足りなく、困っている」との、あべこべな実情をも耳にしたものだ。

マナマコを加工して作られる乾燥ナマコのうち、もっとも高価なのは、北海道と青森県のものである。それらは、香港などで「関東参」と呼ばれる、日本列島北部という地理的に限定された海域でしか生産できないものだ。国内外のナマコ商人たちは、そのような限定された地域にしか産出しない、わずか４０００トンの、乾燥重量にして１２０トンたらずの「プレミアム・ナマコ」の確保に血眼になっている。黒ダイヤ・フィーバーは、まさに、このプレミアムに起因する。たとえば、北海道産の乾燥ナマコは２０１２年11月には、キログラムあたり11万円にまで上昇した。これらが、複数の流通段階を経て、最終的に中国国内の小売市場で販売される際にはキログラムあたり25万円から30万円にまでに跳ねあがるのも、うなずけなくもない。

5　塩蔵ナマコの問題点

現在、北海道や青森県にかぎらず、塩蔵ナマコの生産が主流となっている。乾燥ナマコに干しあげるには相当の技術を必要とするが、「塩蔵」品の加工は資金力さえあれば新規参入も容易である。生鮮ナマコの価格が急騰した結果、不良品が出るリスクの高い乾燥ナマコの加工ではなく、圧倒的にリスクも低く、かつ資金の回転が速い塩蔵ナマコの生産が、加工業者にとって合理的に感じられるのも無理はない。

こうした塩蔵ナマコは、香港経由で中国に輸出された後、再度、乾燥ナマコに加工される〔廣田2014〕。内臓を取り出し、一次ボイルしたナマコの歩留まりは15～20%となる。それらを買いつけ、中国に運べば、重量が軽くなっている分だけ送料もかからない。さらには一次ボイルするまでに必要となる人件費も省略することができる。輸送費は、乾燥ナマコ製造で原料費につぐ費用とされるほど割高であり、生鮮品重量の75～80%を回避できるうえ、圧倒的に人件費の廉価な中国で高次加工をすれば、より多くの利益を生むことが可能となる。

こうしたナマコ産業の構造変化自体は、なにも、特筆すべきことではない。しかし、乾燥ナマコから塩蔵ナマコへと加工の中心が推移した結果、漁期以外の操業という密漁が横行したり、シーズン中であってもサイズ規制の網をくぐりぬけた極小ナマコまでもが漁獲されるようになった、といった声を少なからず耳にするようになったことも、これまた事実である。

このような違法行為は、ただ単に黒ダイヤ・フィーバーに順応した価格高騰によるものではなく、塩蔵ナマコ特有の事情が存在している。乾燥ナマコの場合、香港の問屋さんと長年にわたって培われてきた信頼関係をもとに商売が確立しており、ネットワークの細部は公開されずとも、だいたいの商品の流れはおさえることが可能である。第一、品質の高い乾燥ナマコの製造加工は、だれにでも可能なわけではなく、密漁しえたとしても、加工技術から足がつきやすい。しかし、こと、新商品である塩蔵ナマコでは、たいていの水産加工業者で対応できるうえ、国内流通どころか、日本から輸出された商品が現地でどのようにして流通しているかも、まったく不透明なのである。こうした不透明な流通事情のあちこちに、密漁を含む、さまざまな問題が介在する余地があるのである。本章の冒頭で触れた「各国の責任で管理すること」が自明でもある一方で、その実践ともなると困難となるのは、こうした複雑な事情によっている。

6　ナマコ狂いの人びと

わたしは、2010年5月に『ナマコを歩く』という単著を上梓した［赤嶺2010］。「ナマコおたく」を自認し、15年ほどの歳月をかけ、東南アジアと日本のナマコ産地を歩き、また、香港や上海、大連、ソウルなどのナマコの「メガ消費地」を訪問しながら、刺参にかぎらず、光参にも着目してナマコ文化の歴史と多様性を明らかにできた、と自負していた。

しかし、である。まだ拙著が印刷にも入らない、2010年2月にとんでもない記事を発見したのである。暇つぶしに研究室のパソコンで「ナマコ」を検索して遊んでいたときのことだ。「三月に初のナマコ供養　七尾の神社、知名度向上へ」という見出しのインターネット配信記事を目にしてしまったのである［北國新聞2010］。同記事によれば、「能登なまこ加工協同組合」なるものが存在し、ナマコ供養祭は同組合の主催だという。ナマコ供養という衝撃はもちろんのこと、研究上注目してしかるべき、こうした団体の存在を知らなかった自分を恥じいった。わたしは、興奮をおさえつつ、記事にあった能登なまこ加工協同組合長の杉原省さんに電話し、供養祭に参列したい旨を伝え、快諾を得た。

はたして能登は、興味のつきない場所であった。そのおもしろさは、①奈良時代から乾燥ナマコをつくってきた歴史をもつこと、②沸騰する中国市場への乾燥ナマコの輸出だけに依存せず、日本市場での地域ブランドの確立に向けて努力していること、③ナマコを産業活性化の軸にすえ、コノワタやコノコなどの伝統的ナマコ加工食品に加え、ナマコうどんやナマコ石鹸など現代的なものも含め、多様なナマコ製品群の生産を活発化させようとしていること、にある。そうしたさまざまな活動のシンボルとなるのが、能登なまこ加工協同組合による、能登なまこ供養祭なのである（写真3）。

供養祭については、別稿で論じたので繰り返さない［赤嶺2013］。ここでは、②について補足するにとどめよう。地域ブランドである「能登なまこ」たる品質や管理方法などを同組合が認定する認証制度を2012年度より開始し、「能登なまこ」だけではなく、「能登なまこ」を扱う店も認定している。その記念すべき料理店の第1号が、同じく石川県

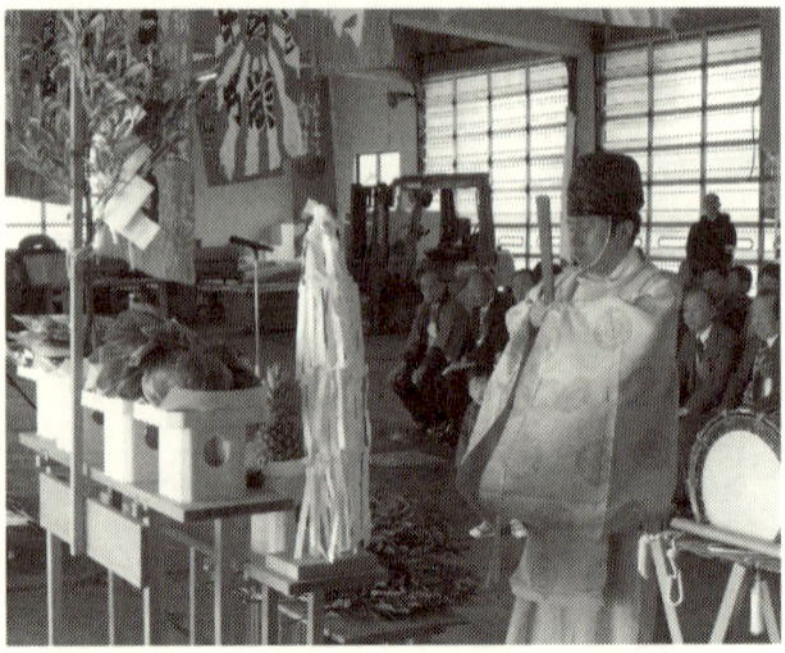

写真３　第６回能登なまこ供養大漁祈願祭。出所：2015 年３月、七尾市にて筆者撮影。

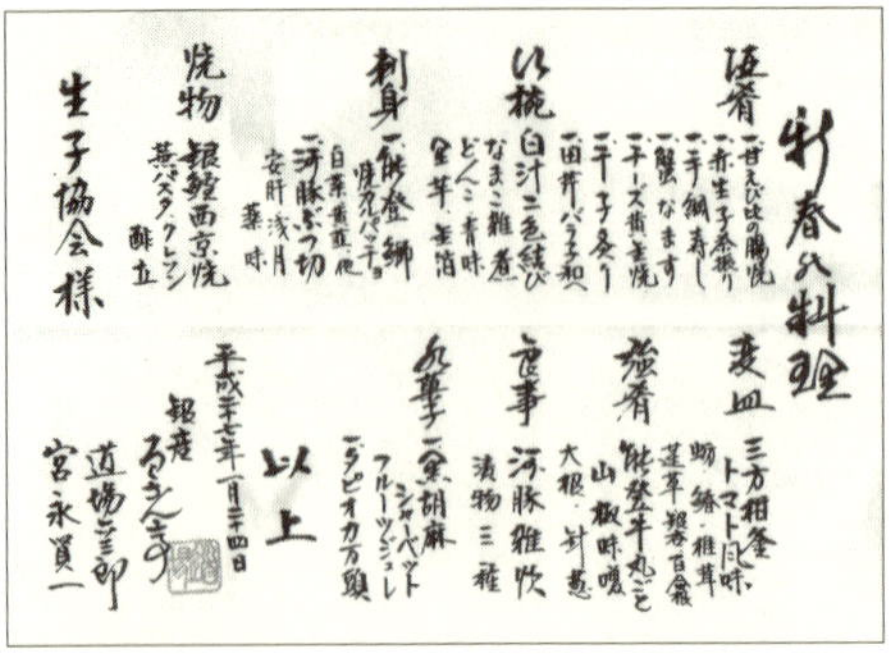

写真４　銀座ろくさん亭　道場六三郎氏監修「能登なまこを味わう」特別献立。

出身の和食の鉄人・道場六三郎氏が経営する銀座ろくさん亭である。さらに道場氏は、２０１３年より「能登なまこ」を利用したメニューの開発に取り組んでいる。すでに紹介した『料理物語』（１６４３）の再現にとどまらず、鉄人の経験と発想を豊かに織り交ぜたナマコ、イリコ、コノワタ、コノコ料理の数々である（写真４）。

能登なまこ加工協同組合の取り組みは、刺の有無では北海道や青森県産のマナマコにかなわないからこその、苦肉の策だともいえる。他方、ナマコ産地としての歴史的ブランド力を自認し、生鮮ナマコはもとより、コノワタやコノコなどの伝統的ナマコ食品の価値を再認識する過程で、「能登なまこ」を産出する七尾湾という里海をも再評価していこう、とする運動でもある。その運動の中心にいるのが、ナマコ狂い（holothurian enthusiast）ともいえる組合長の杉原さんである。

能登のナマコ狂いは、もちろん、杉原さんだけではない。能登島（石川県七尾市）で島宿を経営する瀬川勇人さんも、その一人である［赤嶺・森山編２０１２］。瀬川さんによれば、能登島には冬に獲れたナマコを乾燥ナマコ（キンコ）に加工し、秋のお祭りのときに戻して食べる習慣があるという。これまで日本各地のナマコ産地を歩いてきたものの、「乾燥ナマコを自家製造し、祭事に食べる」習慣など聞いたことがなかった。[12] 半信半疑だったわたしは、瀬川さんにそのナマコ料理を作ってもらった。「圧力鍋を使えば、簡単に戻せるんですよ」と、10分ごとに圧力釜を止め、手でナマコの戻り具合をたしかめながら、30分ほどで自家製の乾燥ナマコを手早く戻すと、瀬川さんは醤油煮込みを作ってくれた。

中国料理でナマコ料理の代表格は紅焼海参《ホンシャオハシェン》である。色からイメージができるように「紅焼」とは、「醤油煮込み」を意味する中国語である。紅焼海参は、ナマコの磯臭さを消すために白葱の香りをうつした葱油で炒めて煮込むことが多い。こうしたことから、葱焼海参《ツォンシャオハイシェン》と呼ばれたりもする。薄く飴色の焦げめがつき、トロトロとなった白葱の甘さもまた、ナマコの味をひきたててくれる（写真5）。ところが瀬川さんは、油を一滴もたらさず、ネギも用いず、文字どおり醤油と酒を加えたたっぷりの出汁で煮込むだけだった。瀬川さんは、子どもの頃から叔母が作るナマコの醤油煮込みが好きだった。料理人となってから、醤油煮込みのレシピを叔母に尋ねたものの、なぜだか、叔母は作り方を教えてくれなかった。「キンコ（乾燥ナマコ）の作り方から戻し方、料理の仕方まで、それぞれの家庭のものなんでしょうね」と瀬川さんは笑う。

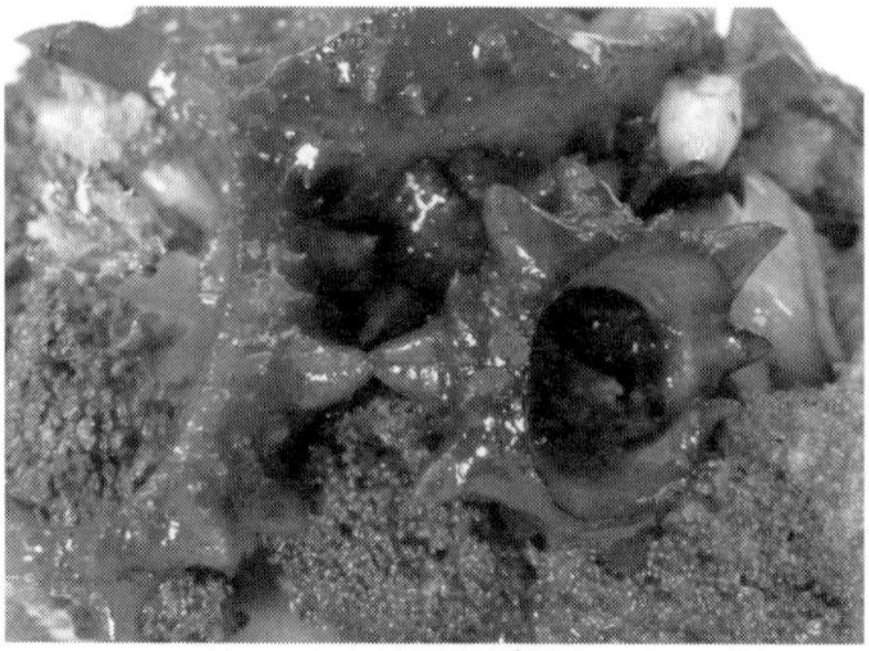

写真5　葱焼海参。
出所：2007年10月、広東省広州市で筆者撮影。

　叔母の作った醤油煮込みの味を目指すべく、瀬川さんが試行錯誤を重ねてきた料理は、わずかに磯香を残しており、歯と舌にまとわりつくモチモチ感がたまらなかった。これまで中国はもちろんのこと、神戸や横浜をはじめ、ソウル、マニラ、ジャカルタ、バンコク、クアラルンプール、ニューヨーク、パリの中華街など、いろんな機会にナマコ料理の相伴にあずかってきた。それぞれが用いるナマコの種もことなり、いずれにも優劣をつけられるようなものではない。しかし、瀬川さんのナマコ料理は、磯らしさを徹底的に消去する中国料理とは風味も食感もことなっていて、「こんな料理が存在するのか！」とあらためてナマコ料理の多様性に惹かれた一品であった。

　瀬川さんのこだわりは、まだある。「ナマコ料理は、漆塗りの器に盛るんです」と、わたしにも輪島塗の漆器で給仕してくれた。「昔からそうだった」としか説明してくれないが、こんなところにも、能登島の人びとのナマコにかける思いがすけてみえるというものだ（写真6）。

　この料理と瀬川さんのナマコ熱に魅せられたわたしは、翌シーズンの末期に、瀬川さんが乾燥ナマコを製造する様子を見学させてもらった。1斗缶（20kg）に用意されたナマコは36個であった。コノワタとコノコを取りのぞいたナマコを、

写真７　瀬川さんの自家製乾燥ナマコ。
出所：2015 年３月、筆者撮影。

写真６　瀬川勇人さん特製の「キンコの醤油煮込み」。
出所：2012 年２月、筆者撮影。

瀬川さんは、いきなり熱した鍋で煎りつけた。「パン、パン、パン」と乾いた音がし、鍋底に水玉が躍っていたかと思うと、すぐにナマコから黒い水が滲みでてきた。「ナマコだけで煮るんです」と瀬川さんは呪文のように繰りかえした。全部のナマコの成分だけなんです。水を入れてはいけません。ナマコからでた水分でヒタヒタとなっていた。全部のナマコを鍋に入れ終わる頃には、鍋はナマコからでた水分でヒタヒタとなっていた。すると瀬川さんは強火にし、鍋に蓋をした。4、5分茹でたかと思うと、瀬川さんは蓋をはずし、火力を弱め、アクをすくいはじめた。アクを取りおえると、ナマコを1個ずつトングで取り出した。全部のナマコを鍋に入れてから取り出すにいたるまで、わずか10分である。茹であげたナマコは、2段になった塩干魚製造用の網に収容し、軒先に吊した。3月中旬の、「この寒風が大切なんです」という。3日間ほど寒風にさらせば、後は冷蔵庫で保管すればよい（写真7）。

煮やすくするため、瀬川さんは大胆にも腹部をまっすぐに裂いていた。そして、背中の方を鍋底にくっつけるように煎っていった。だから、完成品は、「ナマコの開き」であって、香港などの店頭に並ぶ丸細いものとはことなっている。不格好といえば、不格好ではある。しかし、これは、あくまでも自家消費用の乾燥品である。見てくれではなく、「能登島のナマコから自分で加工する」ことに意義がある。当然ながら、中国市場が注視する刺の有無など、瀬川さんにとっては問題ではない。地元の「能登なまこ」こそが、すべてなのである。

瀬川さんのナマコ狂いぶりは、自家製の乾燥ナマコにとどまらない。スライスした生鮮ナマコを酢に漬け、冷蔵庫で長期保存してもいる。毎日、酢の様子を観察し、酢がにごってきたら「酢を替えてやれば、いくらでも日持ちする」という。これも、能登に伝わる知恵のひとつである。実は、わたしは、北海道の利尻島で似た経験をしたことがある。2003年のこと、インタビューして帰ろうとしたところ、「先生、持ってけ」と渡されたのが、酢漬けの生鮮ナマコであった。スライスではなく、脱腸したものを、そのまま酢に漬けたものだった。ビニール袋に詰められた酢漬けナマコは、刺どころか、原型を想像するのがむずかしいほどにダレていた。色も全体にピンクがかっていて、原型を想像できない物体にすぎなかった。しかし、帰宅後、指示されたとおりに醤油で煮つけてみると、あら不思議。だらりとした刺がツンと蘇り、ナマコのミニチュアそのものに整形されてしまったのである。

わたしは、長年、この保存技術が気になっていた。利尻島には、北陸や東北からさまざまな人びとが移ってきた歴史がある。インタビューした利尻島の漁家が、どこにルーツを持つ家系であったのかは、迂闊なことに訊いていない。瀬川さんの件以降、「石川あたりの技術か」と考えていたところ、秋田市でも同じ保存法を見つける機会があった。南氷洋捕鯨への出稼ぎ者へのインタビューに秋田県を訪問した際、秋田市民市場において、「味付けナマコ」と称する、スライスした生鮮ナマコを酢漬けにし、醤油や唐辛子、夏みかんの皮などで風味をつけた商品を発見したのだ（100g 900円）。2015年8月31日のことで、すでにナマコ漁の漁期は終わっていた。冬から、冷蔵保存したものだという。生鮮ナマコを酢漬けで保存するという技術は、能登にかぎらず、日本海沿岸に伝わるものなのかもしれない。乾燥ナマコとはことなる在地の保存法があること、そのこと自体にわたしは驚いているし、その広がりを愉快に感じている。

7 「ナマコの知」をもとめて

瀬川さんも、杉原さんも、日本各地にあまたいるナマコ狂いのひとりにすぎない。わたしがナマコ研究をつづけることができたのは、そうした人びとのおかげである。業界全体を覆う経済至上主義と対峙し、自分なりの歩み方を模索することは容易ではない。しかし、みずからの地域に誇りをもち、そうした地域に育つナマコを愛してやまない人びとの実践に学びたい。

もうひとりだけ、ナマコ狂いを紹介したい。北海道の上ノ国町（檜山郡）の加藤卓也さんは、なんと、養殖／増殖用の稚ナマコ生産に取り組み、苦節11年目にして、ようやくビジネスとして採算があうようになってきたという。無謀とも形容しうる加藤さんの冒険を支えているのは、利尻島をはじめとした北海道の若手漁業者である。稚ナマコの放流に関しては、遺伝子資源の攪乱などを問題視する意見もある。しかし、漁業者からすれば、自分たちの地域資源であるナマコを持続的に活用していくため、考えつく管理方策は、なんでも挑戦してみたい、というのが本音でもある。自分たちが採取した親ナマコを加藤さんに預け、その赤ちゃんを万尾単位で購入している。その費用には、自分たちのナマコの売上げの一部を積み立てたものをあてている。利尻島漁協の鬼脇支所によれば、速効性の成果が見えにくいなか、3年つづけてきて、ようやく成果を実感しつつあるとのことである。海のものとも、山のものともわからないリスクを承知で、藁にもすがる気持ちでおこなってきた結果が報われつつあることを、わたしは、嬉しく思っている。

本章で繰り返し言及したように「黒ダイヤ・フィーバー」は、ここ10年強の現象である。近年では、中国経済の先行き不透明観も手伝ってか、北海道と青森県以外の浜値は、かなり安定しつつある。いまこそ、地域の将来を見据え、それぞれの事情にみあったナマコの活用策を模索する時期ではないだろうか?

考えてみれば、『料理物語』の時代、瀬川さん同様に、刺の有無など気にすることはなかった。むしろ、コノワタやコノコなど、ナマコの多面的利用法の開発にこそ、調理人の英知は注がれていた。わたしは、隠岐諸島のイタリア料理店で、乾燥ナマコを戻し、細かく刻んで混ぜ込んだティラミスを食したことがある。見た目も、ちょうどタピオカのような食感で、その意外性に脱帽させられた。ボラの卵巣を乾燥させた烏魚子《からすみ》に似たコノコの風味を考えると、コノコもパスタやピザに応用できることは間違いない。問題は価格だ。しかし、これは、島内で生産された乾燥ナマコのうち、傷がついたり、形がねじれたりした、いわゆるB級品の有効活用策ともなるであろう。隠岐の食材をふんだんに用いた

本格的海鮮イタリアンでナマコ料理なんて、なんと贅沢な話ではないか⁉

さらにナマコ空間を、東アジア全体に広げてみよう。コノワタは、はたして日本列島独自のものなのか？　朝鮮半島の人びとの食生活に欠かすことのできない食品が、キムチと塩辛（ジョッカル）である。アジアにおける魚醬の分布を比較研究した文化人類学者の石毛直道とケネス・ラドルは、韓国の代表的な塩辛をリストアップしているが、そのなかでも全羅南道と慶尚道からナマコの内臓の塩辛（いわゆるコノワタ）があげられている［石毛・ラドル1990：121頁］。

わたし自身は、朝鮮半島南部の漁村地域でフィールドワークをおこなったことはない。どうしても韓国風コノワタを食べたく思い、ソウル市内の複数のデパ地下のキムチ・塩辛店を訪ね、コノワタを探してまわったものの、残念ながら、未だ試食する機会を得ていない。このことは、海女《ヘニョ》の里とも呼ばれる済州島でも同様であった。嗜好的にコノワタが韓国の食文化になじむことは想像にたやすいはずだ。ここが文献研究の限界でもあるわけであるが、17世紀中葉に刊行された『飲食知味方』などの古典に記録されなかっただけで、朝鮮半島にもコノワタの発酵食品は存在した（あるいは、している）ものと考えている。いずれ、半島南部を調査し、明らかにしてみたい。そうした行為を通じ、日本と朝鮮半島との文化史的つながりが見えてくるに違いない。

中国と日本をつなぐであろう韓国のナマコ文化は独自の方向性を見い出してもいる。それは、フィリピンやインドネシアに産するタマナマコ（*Stichopus horrens*）や、水温の低い北半球に生息するキンコナマコ（*Cucumaria frondosa*）を細く切って乾燥させた海参絲を戻してエビ類や貝類といっしょに食べる三鮮《サムソン》料理が人気を博しているのだ［赤嶺2010］。この現象は、わたしが知るかぎりでは韓国だけのものである。また、韓国は、中国の遼東地域と接しているものの、『本草綱目拾遺』が説くような「刺の有無」を絶対視する傾向もない。

それはいったいなぜなのか？　中国人研究者は、ナマコ食文化の起源が中国であることを疑ったりなどしない。だが、本章で示したように東アジア全域にわたり、それぞれに多様なナマコ食文化が存在してきた、という歴史的事実ではないだろうか。どこかにピンポイントな本拠地があり、それらが伝播した過程で変容していったのだろうか？　こうした問題を考えるには、まだまだ各地に眠るナマコに関する「在地の知」を掘り出していく必要がある。

8 資源利用の多様化と付加価値化

「中国のバブルはいつ、はじけますか」

調査で訪れた浜で必ず訊かれる質問だ。2003年頃から顕著となったナマコ・バブルは、2008年の北京オリンピックで、遅くとも2010年の上海万博をピークに崩壊するのではないか、と噂されていた。しかし、北京オリンピックを控えた2007年以降、従来の乾燥ナマコに加え、塩蔵ナマコの比重が高まったとはいえ、大局的に見れば、今日にいたるまで、「ナマコ・バブル」は崩壊してはいない。

とはいえ、楽観視は危険である。たとえば習近平国家主席による汚職追放キャンペーンにより、かつて遼寧省と大連市の開発を主導した共産党幹部が2012年に失脚したように、この事件が、ナマコ爆需の震源地である大連市経済に悪影響をもたらす可能性は否定できない。また、公務員の綱紀粛正を目的とした「倹約令」が中国文化ともいえる「宴会」需要を爆減させてもいる。

中国経済にかぎらず、不安定なグローバル経済の将来を見通すことなど困難である。しかし、そのことを断ったうえで、今後のナマコ需要を左右しかねない社会経済的事情を二点、指摘しておこう。ひとつは、食の安全性である。偽物が氾濫する中国の食品市場では、「食の安全」が確保されないため、高額な食材の消費が控えられる傾向にある［Fabinyi & Liu 2014a, 2014b］。この点において、ナマコ——とくに日本から輸入される塩蔵ナマコ——も、トレーサビリティを含め、食の安全性・透明性を高めていく必要がある。いな、トレーサビリティを確立できれば、資源管理を推進するには追い風ともなるはずだ。

もう一点は、中国の食文化のあり方をめぐる問題である。1970年代・80年代の反捕鯨キャンペーンを想起させる世界的な反フカヒレ・キャンペーンが1990年代中葉から展開されてきた［Techera 2012; Dick & Jefferies 2013］。キャンペーンの主張の真偽はともかく、食の安全性への疑念や倹約令の影響もあり、中国におけるフカヒレ消費は低迷している。しかし、中国式宴会には、その宴会の格を印象づける主菜が必要である。そうしたことからフカヒレが敬遠されるにつれ、ナマコ類の需要が高まっているという［Eriksson & Clarke 2015］。わたしは、この話を２０１４年12月に訪問したシンガポールのフカヒレ問屋で聞き［赤嶺２０１５］、合点したものである。むろん、この現象は、本章で紹介してきた日本産ナマコに限定したものではない。むしろ、日本産ナマコの伝統的市場である大連や青島などの遼東地域では、刺参だけが特別扱いされ、フカヒレをはじめとした高級海産物が軽視されてきたため、反フカヒレ・キャンペーンの影響は、もともと軽微である。そうだとするならば、今日、水面下で静かに生じつつある「ナマコ爆需」のうねりは、むしろ、遼東地域のみならず中国全土を覆うことになるかもしれない。そうすれば、刺参・光参といった種類を問わず、世界のナマコ需要は逼迫し、ワシントン条約による管理が再び検討されることになるであろう。

オオカミ少年にはなりたくはない。しかし、ファッション同様、食文化という、保守的であるようでいてその一方で斬新さももとめられる、つかみどころのない現象が対象である以上、「取引禁止」という最悪の事態を想定しながら、ナマコの資源管理を推進していく必要がある。大切なのは、ナマコ類資源の存続なのではなく、「ナマコを利用する」文化の持続可能性だからである。

野生生物の管理は、慎重すぎるくらいがよいのかもしれない。しかし、拙速な判断は禁物である。利用を跡づけるには、それなりの時間軸が必要だ。なにも完全なデータを必要としない。断片的なデータであっても、それらを積み重ねていくことで、資源利用の実態を把握することは可能となるはずだ。目指すべきは、アジアという広域リージョンの史的動向を視野に入れつつ、能登のような個別地域の固有性にこだわった「スローフード」的な運動である。また、紙幅の関係から、今回は割愛せざるをえなかったものの、ナマコは伝統的な食用以外にも、美容・健康分野での活用が期待されてもいる［赤嶺２０１４、Akamine 2015a］。第一、冒頭に紹介したように中医学でナマコと言えば乾燥ナマコだった中国において、とくに遼東地域においては生鮮ナマコが食されるようになってきた。それは、サラダから油で炒めた料理まで多様である。こうしたナマコの利用法の多様化が、今後のナマコ需要にどのような影響を与えうるのだろうか？

わたしもナマコ狂いのひとりとして、急変するナマコ需要の変動を観察しつづけるとともに、在野に眠る「ナマコの知」を丁寧に発掘し、その現代的意義を再評価していく責務を痛感している。そうした行為の一つひとつが、ナマコ資源利用の多様化と付加価値を高め、その持続可能な利活用に貢献できると信じたい。

［付記］本章は、すでに発表した Akamine［2015b］に加筆修正したものである。

注

（1）2015年3月20日に石川県七尾市で開催された全国なまこサミット2014において、劉氏がパネリストで参加した「輝きはなまこと共に」にてご教示いただいた。なお、劉氏は、「ナマコは目もなにも、ほかの機能がないので、刺がナマコの機能を代表するのではないか。そうだとすると刺は、鋭い方が、より高い機能を示すのではないか」との私見を述べられていた。

（2）中国の本草学史上、もっとも充実した薬学に関する著作とされるのは、『本草綱目』（李時珍編、1596年）である。『本草綱目拾遺』は、編者の趙学敏が文献を渉猟するかたわら生薬の採集・栽培の見聞と臨床経験にもとづき、『本草綱目』に所収された161種について記述を補訂するとともに同書に未収録であった716種を増補したもので、『本草綱目』以後の薬学書の集大成といわれる傑作である［鈴木1988：552頁］。『本草綱目』も『本草綱目拾遺』も、生薬学者の木村康一が監修を務め、春陽堂書店から刊行された『新註校定國譯本草綱目』全15冊（1973～1978）で読むことができる（『本草綱目拾遺』は、第13冊～第14冊）。蟲部の2項目に登場するナマコ（海參）は、『本草綱目拾遺』第11巻「鱗介・蟲部」に収められている。

（3）マナマコは、中国の渤海あたりから、朝鮮半島、南西諸島をのぞく日本列島、沿海州周辺に生息している［Yang *et al.* eds 2015］。ナマコ類は体重の約90%が水分である。そんなブヨブヨしたナマコを金属音さえするほどに乾燥した状態に仕上げるには、煮たり、燻ぶしたり、天日に干したりして水分を抜かねばならない。水分がなくなるまで煮つめることを煎熬《せんごう》というが、ナマコを煎熬して、乾燥させたものを日本史ではイリコ（煎海鼠／熬海鼠）と呼んでいる。こうしたイリコは、8世紀以降、贄《にえ》や調《ちょう》として朝廷に貢納されていたし［網野2000：128頁、鬼頭2004：120頁］、10世紀初頭に編纂された『延喜式』でもイリコは散見できる［澁澤1992］。

（4）韓国では朝鮮人蔘との対比でナマコも海蔘と「參」に草冠を用いて表記するため、ここでの料理名の漢語表記には、蔘を用いることとする。

（5）後者の刻んで干したナマコの調理法について、『飲食知味方』は、「きざんで乾燥させたものは、油入りの醬油に小麦粉をうすくといて、胡椒・山椒で味つけした汁（スープ）で用いる」とある［鄭（編訳）1982：55頁］。

（6）海魚の部の「生海鼠」の箇所では言及されていないものの、「万聞書《よろずききがき》の部」に「ふりこ」と称し、「ふりこ（振り海鼠）は、塩と灰を入れたすり鉢でこねまわし、ナマコの表皮を摺り除いて白くしたものである」との記述もある［平野（訳）1988：193頁］。これは、生鮮ナマコの料理法であろう。

（7）この箇所の記述の多くは、『ナマコ学』に寄せた北里大学東洋医学総合研究所の天野陽介研究員と花輪壽彦教授による、漢方医学書に記載されたナマコに関する記述のレビュー論文［中国医学・漢方］に負っている［天野・花輪２０１２］。『和歌食物本草』と『閩甫食物本草』の該当箇所の訳出にあたっては、天野・花輪訳を参照しつつ、わたしが適宜、文章を補った。『和歌食物本草』の和訳については、眼科医の半田喜久美氏による『寛永七年刊和歌食物本草現代語訳』も参照した［半田２００４］。なお、訳出も含め、中医学／漢方に関しては、上海中医薬大学への留学経験をもつ薬剤師・金子勝氏に教えを請うた。

（８）中医学者の天野陽介氏と花輪壽彦氏は、９８４年に医家・丹波康頼が編纂した医学書『医心方』に転載された、隋代の『崔禹錫食経』を引き、「（ナマコの）腸は痔の治療に大変有効である」と報告している［天野・花輪２０１２：１８３頁］。しかし、『崔禹錫食経』は現存しないうえ、当時の中国の文献でナマコを「海鼠」と書いたかどうかも疑わしい。ほかの土肉や沙噀などといった漢語表記例の同定をはじめ、生鮮ナマコなのか乾燥ナマコなのかも含め、文献考証は、今後の課題である。本章では、中国対外貿易史の大家・戴一峰厦門大学教授の説を採用し、中国の本草学史上、海参の初出を『五雑組』とした［Dai 2002: 21-23］。『五雑組』にあるようにナマコを「海の人参」＝「海参」と捉える発想こそが、『本草綱目拾遺』が評価する刺参や遼参の根底にあり、それが、今日の日本における黒ダイヤ・フィーバーに強い影響を及ぼしていると考えるからである。

（９）北海道のナマコ生産高は『北海道水産現勢』、青森県のナマコ生産高は『海面漁業に関する調査結果書』から入手可能である。

（10）為替レートのデータは、http://www.murc-kawasesouba.jp/fx/index.php で入手した。

（11）農林水産省による『漁業就業動向調査報告書』によると、漁業就業者数は１９６８年が59万３８３０人、２００６年が21万２４７０人であった。なお、この調査が初めて実施された１９６１年の漁業就業者数は69万９２００人であったのに対し、最新の２０１４年は17万３０３０人と、過去53年間で漁業者の数は４分の１にまで減少している。

（12）その後、わたしは、『能登島町史』資料編において、年代は定かではないものの「佐波《さなみ》では捕獲したナマコをキンコに加工した。キンコにするには腹を割り、内蔵を出した身を藁火で炊いた湯に入れて湯がし、それをイロリの上のスノコで干した。湯がす湯は藁で焚くと柔らかくなるのでキンコ作りに適していたという。（中略）こうして加工されたキンコは祭りや正月等のモノ日用の貴重な食物として保存された」（括弧内筆者）とする記述を目にし［能登島町史専門委員会（編）１９８３］、いまや瀬川さんだけが実践しているとはいえ、「能登島のナマコ文化の厚み」に驚嘆させられた。

参考文献

赤嶺　淳　２０１０『ナマコを歩く――現場から考える生物多様性と文化多様性』新泉社。

――――　２０１３「能登なまこ供養祭に託す夢――ともにかかわる浜おこしと環境保全」『グローバル社会を歩く――かかわりの人間文化学』赤嶺淳（編）、20～71頁、新泉社。

――――　２０１４「ファーストフード化するナマコ食」『ナマコ漁業とその管理――資源・生産・市場』廣田将仁・町口裕二（編）、水産総合研究センター叢書、１～26頁、恒星社厚生閣。

――― 2015「変貌するシンガポールとマレーシア（サバ州）におけるフカヒレ事情――2014年度の混獲生物調査から」『GGTニュースレター』102、1～3頁。
赤嶺　淳、森山奈美（編）　2012『島に生きる――聞き書き　能登島大橋架橋のまえとあと』グローバル社会を歩く②、グローバル社会を歩く研究会。
天野陽介・花輪壽彦　2012「中国医学・漢方」『ナマコ学――生物・産業・文化』高橋明義・奥村誠一（編）、179～201頁、成山堂書店。
網野善彦　2000『「日本」とは何か』日本の歴史00、講談社。
荒居英次　1975『近世海産物貿易史の研究――中国向け輸出貿易と海産物』吉川弘文館。
――― 1988『近世海産物経済史の研究』名著出版。
石毛直道、ケネス・ラドル　1990『魚醤とナレズシの研究――モンスーン・アジアの食事文化』岩波書店。
木村康一（新註校定代表）　1977『新註校定國譯本草綱目』第14冊、春陽堂書店。
木村春子（監修）　2001『乾貨の中国料理』柴田書店。
鬼頭清明　2004『木簡の社会史――天平人の日常生活』講談社学術文庫1670、講談社。
倉持卓司　2012「分類と形態」『ナマコ学――生物・産業・文化』高橋明義・奥村誠一（編）、1～17頁、成山堂書店。
佐々木道雄　2002『韓国の食文化――朝鮮半島と日本・中国の食と交流』明石書店。
澁澤敬三　1992「『延喜式』内水産神饌に関する考察若干」『澁澤敬三著作集』第1巻、平凡社、491～536頁。
篠田　統　1974『中国食物史』柴田書店。
島田勇雄　1976「解説」『本朝食鑑　1』東洋文庫296、277～308頁、平凡社。
鈴木　博　1988「中国食文化文献解題」『中国食文化事典』中山時子（監修）、540～554頁、角川書店。
田島佳也　2014『近世北海道漁業と海産物流通』清文堂。
坪井清足（監修）　1985『平城京再現』新潮社。
鶴見良行　1990『ナマコの眼』筑摩書房。
寺島良安　1987『和漢三才図会　7』島田勇雄・竹島淳夫・樋口元巳（訳）、東洋文庫471、平凡社。
永積洋子（編）　1987『唐船輸出入品数量一覧1637～1833年――復元　唐船貨物改帳・帰帆荷物買渡帳』創文社。
能登島町史専門委員会（編）　1983『能登島町史』資料編第2巻、能登島町。
半田喜久美　2004『寛永7年刊和歌食物本草現代語訳――江戸時代に学ぶ食養生』源草社。
人見必大　1980『本朝食鑑　4』島田勇雄（訳注）、東洋文庫378、平凡社。
平野雅章（訳）　1988『料理物語――日本料理の夜明け』教育社新書　原本現代訳131、教育社。
廣田将仁　2014「流通と消費」『ナマコ漁業とその管理――資源・生産・市場』廣田将仁・町口裕二（編）、水産総合研究センター叢書、27～46頁、恒星社厚生閣。

北國新聞　２０１０「3月に初のナマコ供養　七尾の神社、知名度向上へ」『北國新聞』２０１０年2月14日（インターネット版、２０１５年３月31日参照）。
森田勝昭　１９９４『鯨と捕鯨の文化史』名古屋大学出版会。
山脇悌二郎　１９６５『抜け荷――鎖国時代の密貿易』日本経済新聞社。
鄭大聲（Jeong, Dae-seong）（編訳）　１９８２『朝鮮の料理書』東洋文庫４１６、平凡社。
姜仁姫（Kang, In-hui）　２０００『韓国食生活史――原始から現代まで』玄順恵（訳）、藤原書店。
金尚寶（Kim, Sang-bo）　１９９５『朝鮮王朝宮中宴會食儀軌飲食の實際』ソウル：修学社。
――― １９９６『朝鮮王朝宮中儀軌飲食文化』ソウル：修学社。
――― ２００４『宮中飲食』ソウル：修学社。
謝肇淛（Xie, Zhao Zhe）　１９９８『五雑組　５』岩城秀夫（訳）、東洋文庫６２９、平凡社。
袁枚（Yuan, Mei）　１９８２『随園食單』中山時子（監訳）、中国料理技術選集、柴田書店。
尹瑞石（Yun, Seo-seok）　２００５『韓国食生活文化の歴史』佐々木道雄（訳）、明石書店。
Akamine, Jun. 2015a. Potential for sustainable use of sea cucumbers in Malaysia: Toward inclusive dialogue for sustainable sea cucumber conservation in Malaysia. *Proceedings of the 13th API Regional Workshop in Hiroshima, International Conference Center Hiroshima on Nov. 10, 2014*, pp. 162-180.
――― 2015b. *Astichopus japonicus* fisheries, trade, and foodways in Japan. In Yang Hongsheng, Jean-François Hamel and Annie Mercier eds., *The Sea Cucumber* Apostichopus japonicas. London: Elsevier, pp. 399-421.
Anderson, Sean C., Joanna Mills Flemming, Reg Watson and Heike K. Lotze. 2011. Serial exploitation of global sea cucumber fisheries. *Fish and Fisheries* 12: 317-339.
Dai, Yifeng. 2002. Food culture and overseas trade: The trepang trade between China and Southeast Asia during the Qing dynasty. In David Y. H. Wu and Sidney C. H. Cheung eds., *The Globalization of Chinese Food*. Anthropology of Asia, Honolulu: University of Hawai'i Press, pp. 21–42.
Dick, Kelsey and Cameron Jefferies. 2013. Food for thought: Effecting shark conservation through marine protected areas and enhanced collaboration with international organizations. *Journal of Environmental Law & Practice* 24: 223-255.
Eriksson, Hampus and Shelley Clarke. 2015. Chinese market responses to overexploitation of sharks and sea cucumbers. *Biological Conservation* 184: 163-173.
Fabinyi, Michael and Neng Liu. 2014a. Seafood banquets in Beijing: Consumer perspectives and implications for environmental sustainability. *Conservation and Society* 12(2): 218-228.
――― 2014b. Social trust and luxury seafood banquets in contemporary Beijing. *Asian Anthropology* 13(2): 92-105.

Friedman, Kim, Hampus Eriksson, Emmanuel Tardy and Kalo Pakoa. 2011. Management of sea cucumber stocks: patterns of vulnerability and recovery of sea cucumber stocks impacted by fishing. *Fish and Fisheries* 12: 75-93.

Hamel, Jean-François and Mercier, Annie. 2013. Apostichopus japonicus. The IUCN Red List of Threatened Species. Version 2014.3. Downloaded on May 10, 2015.

Purcell, Steve. 2010. *Managing Sea Cucumber Fisheries with an Ecosystem Approach*. FAO Fisheries and Aquaculture Technical Paper No. 520, FAO, Rome.

Purcell, Steven W., Annie Mercier, Chantal Conand, Jean-François Hamel, Veronica M. Toral-Granda, Alessandro Lovatelli and Sven Uthicke. 2013. Sea cucumber fisheries: Global analysis of stocks, management measures and drivers of overfishing. *Fish and Fisheries* 14: 34-59.

Techera, Erika J. 2012. Fishing, finning and tourism: Trends in Pacific shark conservation and management. *The International Journal of Marine & Coastal Law* 27: 597-621.

Yang Hongsheng, Jean-François Hamel and Annie Mercier eds. 2015. *The Sea Cucumber* Apostichopus japonicus, London: Elsevier.

第2章

ひと・海・資源のダイナミクス
――東南アジア海域世界におけるバジャウ人と商業性

長津一史

1　東南アジアの海民と資源と商業

本章では、東南アジア海域世界における生態資源、とくに海産資源の利用とその社会的意味を、持続と変化双方の位相に着目しながら考えてみたい。

東南アジア海域世界には、東南アジアの大陸部沿岸と島嶼部をあわせた地理空間が含まれる（図1）。海域「世界」と呼ぶのは、この地理空間では海を媒介として結びついた社会文化的な圏域が歴史的に持続してきたと仮定しているからである。東南アジア海域世界は熱帯多雨林が卓越する多島海である。この海域に住む人間集団の多くは、同じようなパターンで海域の生態環境に適応し、その適応過程で類似した生活様式を築き、さまざまな社会文化的な特徴を共有するようになった。東南アジア研究では、そうした人間集団を「海民」または「海人」と呼んできた［立本1996：190～199頁］。

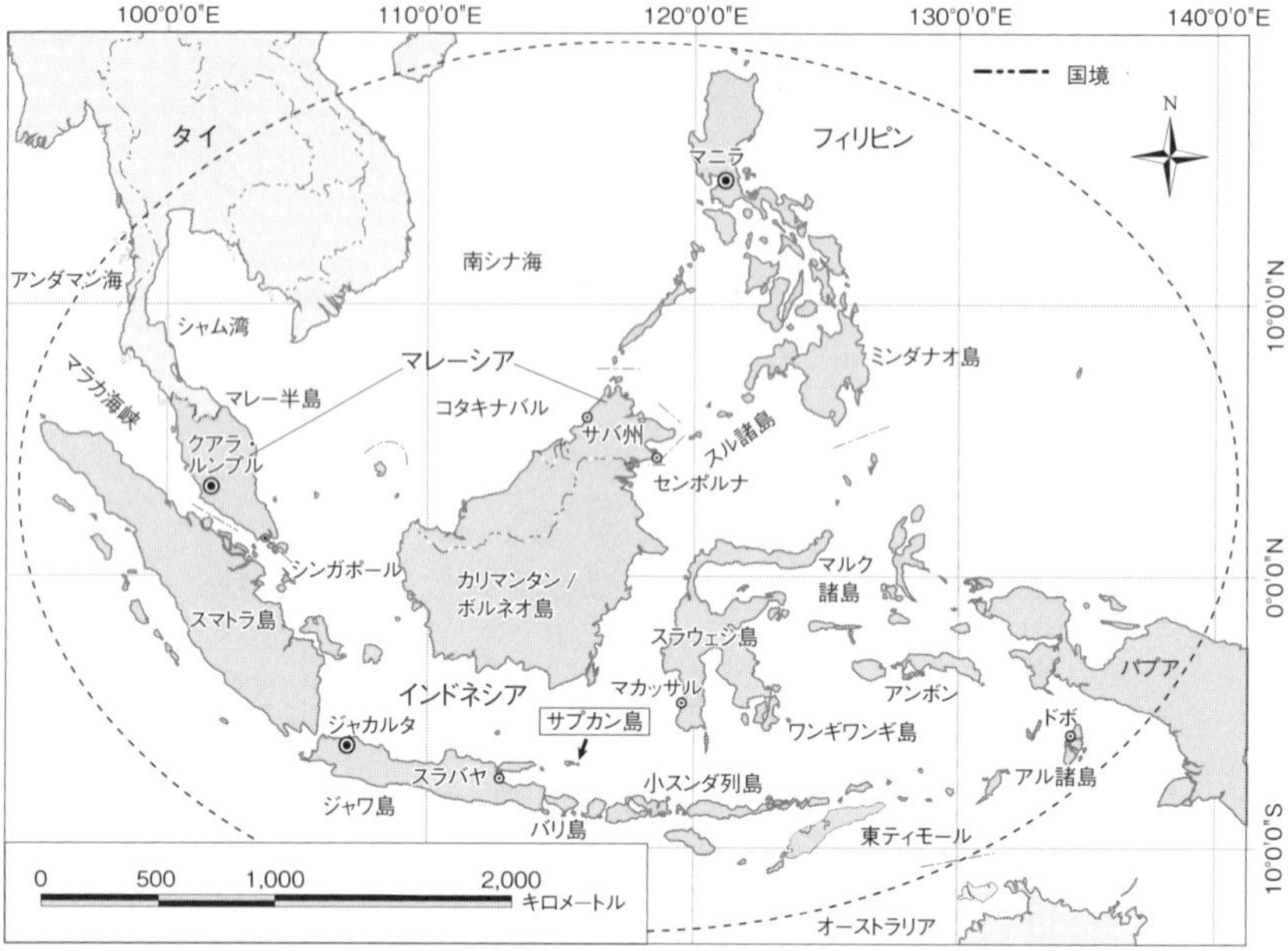

図1　東南アジア海域世界（破線）と本章に関連する地名。
出所：筆者作成。

東南アジア海域世界の社会文化的特徴を理解するために、これまで「移動分散型社会」［鶴見1987］、「フロンティア社会」［田中1993］、「ネットワーク社会」［立本1996］などの概念が提唱されてきた。これらの概念を用いた先行研究は、東南アジア海域世界が、恒常的な人口のフローと、それに起因する文化的混淆の遍在、社会的流動性の高さ、商業志向性の強さを特徴とする地域であることを指摘してきた［立本1996：201〜208頁］。

これらの特徴のうち本章で注目したいのは、商業志向性の強さである。東南アジアの人びとはもともと自給自足の生活を営んでいたが、西洋による植民地化以降、市場経済に巻き込まれ「伝統的生活」を失った――わたしたちは、しばしばこのように考えようとする。しかし、この見方は妥当ではない。東南アジア海域世界では、植民地化以前から、交易を前提とする生活が広い範囲で一般的になっていた。その交易は、原初的な段階から中国やインドなどの外部世界と結びついていた。

15世紀前半の鄭和の大航海を契機として、東南アジアでは中国との朝貢交易が活性化した。やがて西洋植民地勢力の参加もあいまって、東南アジアは17世紀半ば過ぎまで続く「交易の時代」を経験した［Reid 1988］。東南アジアの海は、19世紀末から20世紀にかけて、植民地国家とそれを引き継いだ国民国家の統治下に置かれ、また国境により分断された。それでも交易は、在地住民の経済生活の基盤であり続け、いまもその重要性を失っていない。また、東南アジアの海民にとって商業志向性は、社会文化面の規範においても中心に定位されてきた。こうした点をふまえていえば、東南アジアにおける海の生態資源の持続的・未来可能な利用を構想するためには、地域住民にとっての交易や商業の社会文化的な意味に目を向ける必要がある(1)。

東南アジアの交易では、さまざまな自然資源が利用されてきた。なかでも干ナマコなどの域外輸出を目的とする「特殊海産物」［鶴見１９８７］は、古くから香辛料や香木とならぶ重要な交易品目であり続けてきた［Ptak and Rothermund eds. 1991］。特殊海産物の採捕とその商業的利用は、東南アジア海域世界、とくにその海民社会の生成・持続・再編を考えるうえでの鍵である。東南アジアでは特殊海産物をはじめとする海産資源はどのように利用されてきたのか、海産資源の利用は海民社会の生成といかに関係してきたのか——本章では、これらの問いを東南アジアの代表的な海民集団の一つであるバジャウ（Bajau）人に焦点を置いて探っていく(2)。

本章の民族誌的記述は、１９９５年から２０１５年までのあいだに、フィリピン・スル諸島、マレーシア・サバ州、インドネシア・スラウェシ島の全州、東・南カリマンタン州、東ジャワ州、西・東ヌサ・トゥンガラ州、マルク州の沿岸・島嶼のバジャウ人集落でわたしが継続的におこなってきたフィールド調査にもとづいている(3)。

2 海民としてのバジャウ人

海民とは、狭義には、漁民、海洋交易者など海を生活の基盤とする人たちを指す。他方、東南アジア研究では、東南アジア海域世界に通底する社会的、文化的な特徴を捉えるための広義の概念としても海民という語を用いてきた。この広義の海民は、海に関わる生業を基準とする人間集団のカテゴリーというよりは、先に述べた東南アジア海域世界の生

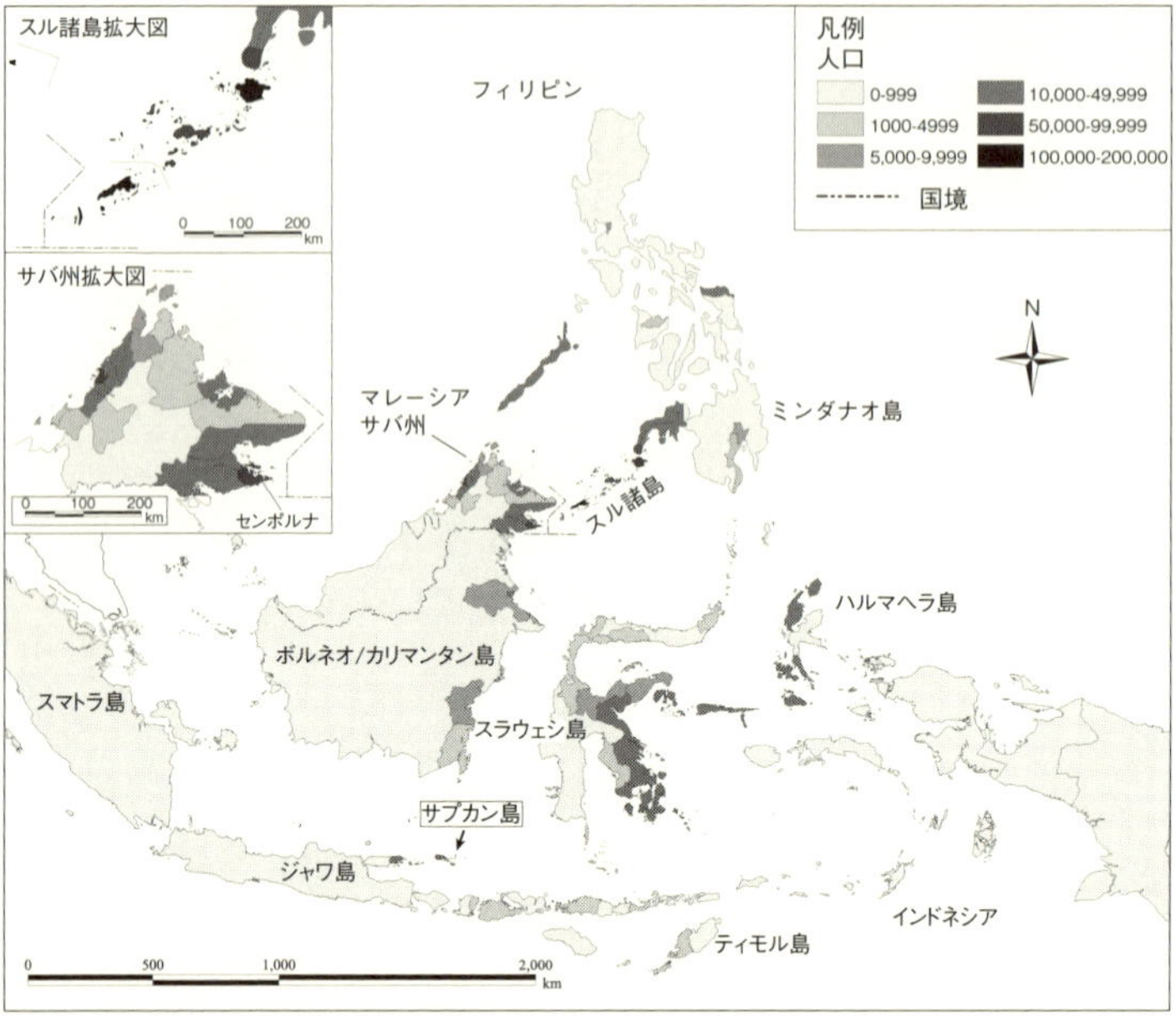

図2　島嶼部東南アジアにおけるサマ人の人口分布（2000年）。
注：　フィリピンは州（province）、マレーシア・サバ州は郡（daerah）、インドネシアは県（kabupaten）を単位とする。
出所：各国の2000年センサスおよびインドネシア中央統計局における電子版センサス、海図等の調査に基づき筆者作成。

態的基盤に発達した典型的な生活様式を措定して、それにあてはまる人びとを指示するためのカテゴリーである。

　広義の海民の典型としては、南スラウェシを拠点とするブギス（Bugis）人やマレー半島およびスマトラ島南西を拠点とするマレー（Malay, Melayu）人があげられることが多い。ブギス人はスラウェシを中心とする島嶼部東南アジアの東部において、マレー人はマラカ海峡沿岸域を中心とする同西部において、政治経済的な主流集団を形成してきた。先に述べたように立本成文［1996］は、これらの東南アジアの海民の生活様式の特徴として、離散移住傾向の強さ、商業志向の卓越、臨機応変なネットワークによる社会圏の形成の三つをあげている。

　本章で取りあげるバジャウ人の一部は、1950～70年代まで船上生活を営んでいた。他のバジャウ人も多数は、海を生活の基盤としてきた。人口規模は約100万人と比較的小さいが、スル海域やマカッサル海峡、フローレス海のような小海域、またそうした小海域が交差する海域では、バジャウ人は社会的、経済的にきわめて重要な役割を果たしてきた［e.g. Warren 1981］。

バジャウ人の居住地は、フィリピン、マレーシア、インドネシアの3か国に跨がる。2000年の各国のセンサスによれば、3か国全体のバジャウ人の人口は107万7020人を数える。その分布を地図上に示すと図2のようになる。図が示すように、かれらの人口（集落）の分布範囲は、南北で約2000km、東西で約1300kmに及ぶ。約100万人程度の人口規模の民族が、これほど広域に拡散している例は、東南アジアでは他にみられない［長津2012］。

かれらの生活様式には、立本が指摘した海民としての特徴が顕著にみられる。いまみたように、居住地はフィリピン南部から東部インドネシアにいたる広い海域に及ぶ。この海域においてバジャウ人は、数世紀にわたり離散移住を繰り返してきた。離散・移住の主な動因の一つは、中国向けの輸出海産物の採捕であった。このように、かれらの生業はきわめて商業志向の強いものであった。移動を常態とするかれらの社会は、ネットワークが見いだされることによって、ネットワークに連なる人びとが期待するように編成・再編されるような柔軟なネットワークを基盤とするものであった［長津2004］。

従来の東南アジア研究においてバジャウ人は、船上居住という一部にみられた居住形態ゆえに、海洋環境への特殊な適応を遂げた狭義の海民集団とみなされることが多かった［立本1996、秋道1998］。しかし、いま述べたような生活様式のあり方に着目するならば、バジャウ人もまた、ブギス人やマレー人などと同様の広義の海民とみなすことができる［長津2009］。

3 海産資源利用の歴史過程

1　バジャウ人の漁業と海産物のカテゴリー

バジャウ人が利用してきた海産資源の内容と、それらが商品化されてきた歴史過程を概観してみよう。

わたしは、1990年代半ばにフィリピン・スル諸島のバジャウ人の漁撈活動に関する調査をおこなった。かれらが話すバジャウ語では、サンゴ礁を意味するトゥッバ（t'bba）という語は、同時に「漁場」を意味した。調査地のバジャウ人は、サンゴ礁を主な漁場として、9種類の網漁、3種類の釣り漁、2種類の突き漁、筌漁、植物の毒を使った魚毒漁、罠漁などをおこなっていた。漁業は主に、数人の家族ないし近い親族の成員を単位とし、1～2トン、5～8mの、刳《く》り舟を基盤とする小型の木造船を用いておこなわれていた。

スル諸島に限らずバジャウ人の漁撈活動は、多くの場合、サンゴ礁を漁場とする小規模かつ多様な漁法で構成される［長津1997］。ただし、インドネシアのスラウェシ島南東岸に住むバジャウ人は、しばしばサンゴ礁を越えた外洋でもサメ延縄漁やマグロなどの手釣り漁をおこなう（写真1）。それでもかれらの操業単位が小規模であることは、他の地域のバジャウ人とかわらない。

写真1　マグロをとるバジャウ漁民。
出所：インドネシア・ミナハサ州、筆者撮影。

バジャウ人が利用してきた海産資源は、歴史的にみて、大きく在地消費用の海産物と「特殊海産物」の二つにわけることができる。在地消費用の海産物とは、輸出もされるが、主に居住地周辺またはその近隣市場で消費される海産物を指している。以下では「在地海産物」と呼ぶ。特殊海産物は、東南アジア研究者・鶴見良行が提唱した用語である。それは、採捕者が住む土地では一般的に利用されることがなく、もっぱら東南アジア以外の地域、とくに中国に輸出することを目的として採取・加工される海産物を指す［鶴見1987］。

ただし、現地での利用の程度を基準に在地海産物と特殊海産物を区別することは、現在では必ずしも容易ではない。というのは、後にみるハタ科の魚やトラフジャコのように、もともとは在地市場のみで流通していたが、1980年代以降、流通技術の革新や新たな需要の高まりを受けて、もっぱら輸出目的で漁獲されるようになった海産資源が増えているからである。これらは主に冷凍加工品かあるいは活魚として輸出される。

そこでこの章では、19世紀以前から装飾品として域外に輸出されてきた海産物、乾燥加工された食品として域外に輸出されてきた海産物、そして1980年代以降に冷凍食品、鮮魚ないし活魚として域外に輸出されるようになった海産物を区別し、それぞれを装飾用特殊海産物、乾燥特殊海産物、生鮮冷凍特殊海産物と呼ぶことにする。

以下、これまでに述べた海産物の類型とそれらが商品化された時間軸を念頭におき、装飾用特殊海産物、乾燥特殊海産物、在地海産物、生鮮冷凍特殊海産物それぞれの内容、商品化の過程、その利用の生態環境へのインパクトを記す。

2　装飾用特殊海産物と乾燥特殊海産物

装飾用特殊海産物と乾燥特殊海産物は、もっぱら中国との交易に用いるために採捕されてきた。前者を代表するのは、シロチョウガイ（*Pinctada maxima*）を母貝とする天然真珠とタイマイ（*Eretmochelys imbricata*）の甲羅、つまりベッコウ（鼈甲）である（写真2）。後者を代表するのは、熱帯産ナマコ（*Holothuriidae* spp.）（写真3）、サメのヒレ（フカヒレ）、アナツバメ（*Aerodramus* spp.）の巣である。

写真２　タイマイとベッコウ。
出所：インドネシア・マルク州、筆者撮影。

写真３　ナマコを干す女性。
出所：インドネシア・フローレス島、筆者撮影。

装飾用特殊海産物は、遅くとも10世紀までに、東南アジアから中国に向けた朝貢交易の品目になっていた。南宋時代に著された『諸蕃志』（1225年）は、ブルネイ（渤泥、現在のブルネイ）やミンドロ島（麻逸、現在のフィリピン中部）が、真珠やベッコウの産地であることを伝えている。元朝時代の『島夷誌略』（1351年）は、スル（蘇祿）諸島の真珠が最高級品に属し、中国でとりわけ珍重されていることを記している［Wang 2008］。

写真４　塩干海産物。右端が魚の浮き袋。
出所：マレーシア・コタキナバル、筆者撮影。

装飾用の特殊海産物としては、他にサラサバテイ（*Trochus niloticus*）、ヤコウガイ（*Turbo marmoratus*）、シロチョウガイの貝殻がある。これらは古くから中国や日本で螺鈿細工に使われ、19世紀後半からは西洋や日本で高級ボタン材として用いられた［山口１９９８］。

他方、食材利用を目的とする乾燥特殊海産物が中国向け交易において重要な位置を占めるようになるのは、17世紀末以降のことであったと推測されている。熱帯産ナマコをはじめとする乾燥特殊海産物は、清朝時代の中国で宮廷料理などの高級食材として広まった。その需要を受けて、東南アジアからの輸出が急増したのである［赤嶺２０００］。ナマコ以外には、フカヒレ、ツバメノス、スルメ（干しイカ）、干したトコブシ（アワビの仲間）の身、魚の浮き袋（魚鰾・魚肚）などが、中国向けに輸出された（写真４）。

フィリピン南部、スル諸島の例をみてみよう。18世紀半ばから19世紀半ばにかけてスル諸島では、イスラーム王権国家のスル王国（Sulu Sultanate）が、地域の内外を結ぶ交易により隆盛をきわめた。ナマコはその交易におけるもっとも重要な商品の一つであった。１８３５年には、約６００トンの干ナマコがスル王国からマニラに輸出され、そこからさらにマカオや広東に再輸出された。ナマコの輸出と引き換えに、スル王国には銃火器やアヘンが輸入された［Warren 1981: 60-65］。

３　バジャウ人と装飾用・乾燥特殊海産物

装飾用特殊海産物と乾燥特殊海産物は、15世紀以降、島嶼部東南アジアの各地に成立したイスラーム王権国家や、16世紀以降、東南アジアに進出した西洋の植民地勢力にとって、長らく経済的価値の高い交易産品であり続けた。

バジャウ人は、遅くとも16世紀には、これらの特殊海産物の採捕に従事するようになっていた［Sopher 1977（1965）］。

先に例としてあげたスル王国でナマコを採捕していたのもバジャウ人である。バジャウ人はナマコやタイマイ、サメの漁場を求めて東南アジア島嶼部の広い範囲に拡散した。かれらのナマコを求めての出漁は、18世紀前半にはオーストラリア北岸にまで達したとされる［Macknight 1976］。

装飾用特殊海産物と乾燥特殊海産物の価値は、1990年代以降、シンガポール、台湾、香港、中国南部の華人圏の経済成長を背景にますます高まっている。これらの地域からの需要を受けて、ナマコやフカヒレの採捕を目的とするバジャウ人らの出漁は、以前にまして頻繁になった。わたしが知るかぎり、東南アジアでナマコやフカヒレの採捕がとくに活性化したのは、漁場開拓の余地が比較的広く残されていたインドネシアにおいてである。スラウェシ東岸に住むバジャウ人のあいだでは、マルク諸島や小スンダ列島、ティモール島などの海産物資源の未開拓地が残るインドネシアの東部・南部地域に向かう出漁が急増した。南東スラウェシ州のワンギワンギ島からオーストラリアとの国境海域の漁場、アシュモア礁（Ashmore Reef）にいたるサメ延縄漁を目的としたかれらの出漁の増加は、インドネシアとオーストラリアのあいだの外交問題にさえなっている［Stacey 2007］。

ナマコやサラサバテイなど、サンゴ礁の底棲生物（ベントス）については、1970〜80年代頃から、採捕方法にも変化が生じた。従来バジャウ人らは、サンゴ礁の浅瀬で銛を使って突くか、あるいは素潜りでナマコやサラサバテイなどを採捕していた。それが1980年代以降は、コンプレッサー（空気圧縮機）を用いた潜水漁で採捕することが多くなった。この漁法では、従来、利用することがなかった水深20〜40mの海底で獲物を採捕することができる。資源の採捕空間がこのように拡大し、また採捕の方法もより容易になったため、各地でサンゴ礁の底棲生物資源の減少ないし枯渇が確認されるようになっている(4)。

4　在地海産物とその商品化

バジャウ人のあいだでは、特殊海産物のほかに「ふつうの魚」、つまり在地海産物の採捕も同時におこなわれてきた。かれらが採捕する魚種の多くはサンゴ礁棲である。それはかれら自身の食料になり、またコメやサゴヤシ澱粉や衣類な

表1　19世紀前半にスル諸島中部ホロ島の市場で流通していた魚種

【英語名のみで記載された魚種】ガンギエイ、シタビラメ、ハタの仲間、メバル、カツオ、エビ、カキ、サメ、アオウミガメ
【バジャウ語で記載された魚種】サワラ、オニカマス、マトフエフキ、アイゴ属、ミヤコベラ、ハマフエフキ、クサビベラ、タカサゴ属、ヒラニザ、テングハギ、グルクマ、イタチウオ、サメ、ヒメフエダイ、ヨコシマクロダイ、キツネフエフキ、マグロ属、マルソウダ、ギンガメアジ、イカ、コウイカ、アカカマス、トビエイ

出所：Hunt［1837］をもとに筆者作成。

どの生活必需品を得るために「陸の民」との物々交換に用いられるか、あるいは在地の市場で売買されてきた。

表1は、19世紀前半にスル王国の王都ホロの市場で流通していた魚の一覧である。一覧は、イギリス人商人の観察記録をもとに作成した。記載されている魚名の多くは、現在のバジャウ語の魚名と同じである。バジャウ人がこれらの魚の採捕と売買にたずさわっていたことは間違いない。ただしこれらの在地海産物は、19世紀半ばまでは、主に地場消費用の食材でしかなかった。

バジャウ人が採捕する在地海産物が広い範囲で商品化するのは、20世紀初頭以降、島嶼部東南アジア全体に植民地の統治が及ぶようになってからのことである。在地海産物は、まずは塩干魚として商品化された。商品化の理由は、いうまでもなく塩干魚に対する需要の増大であった。

マレーシア・サバ州の例をみてみよう。サバ州に相当する地域は、19世紀末からイギリス北ボルネオ会社の植民地統治下に置かれ、北ボルネオと名づけられた。1963年、北ボルネオはサバと改称し、マレーシア連邦に加盟した。

北ボルネオからの塩干魚の輸出は、イギリス北ボルネオ会社が海産物市場を北ボルネオの各地に設立した20世紀初頭から劇的に増加する。塩干魚の輸出額は、1895年から1935年までのあいだに、7108海峡マラヤ・ドルから34万1451海峡マラヤ・ドル、つまり約48倍に跳ね上がった。主な輸出先は、シンガポールやマラヤ（現在のマレーシアの半島部）であり、シンガポールからはさらにジャワ、スマトラに輸出された［Mohammad Raduan 1995: 97］。数字には出ていないが、北ボルネオ内のプランテーション労働者に向けた出荷も少なくなかったはずである。

さらに第二次世界大戦後、とくに１９７０年代頃からは、塩干魚に加えて鮮魚も域内市場に向けた商品として流通するようになった。エンジンの普及、製氷工場の設置、陸上交通網の整備、そしていうまでもなく需要の増大が理由であった。北ボルネオ／サバ州では第二次世界大戦後も、都市住民や森林伐採現場の労働者など自前で食料を生産しない人口が増え続けた。１９７０年代後半からは、アブラヤシやカカオのプランテーション労働者が急増した。労働者の多くは、インドネシアやフィリピンからの移民である。かれらの存在が鮮魚需要を増大させた［Mohammad Raduan 1995: Chap 4］。こうして在地海産物が域内でも広く流通する商品になっていった。

５　在地海産物の需要拡大と漁業様式の変化

在地海産資源に対する需要の増加は、バジャウ人の漁業様式にもさまざまな影響を与えた。たとえば、それは破壊的漁法の拡大にも結びついた。かれらのあいだにみられる破壊的漁法には、窒素系肥料を材料とする爆発物を用いて浮き袋や内臓の破裂した魚を採捕する爆破漁や、シアン化合物をサンゴ礁の隙間に注入して麻痺した魚を採捕する毒物漁がある。(5) 在地海産資源の商品化と深く関連しているのは前者である。爆破漁では、アジやタカサゴ、ニザダイなどの群れをつくる魚類が主な漁獲対象になる。毒物魚では、後に述べるハタ科の魚が主な対象になる。

また１９７０年代以降のサバ州のバジャウ人のあいだでは、在地海産資源の商品化とフィリピン南部からの「難民」の流入を背景として、網元（経営者）―網子（雇われ漁民）関係による漁業が広まった。(6) １９７０年代初頭、フィリピン南部でムスリム反政府組織と政府軍とのあいだに内戦が生じた。内戦の過程で、数十万のフィリピン人がサバ州に「難民（pelarian）」として流入した。そのなかにはバジャウ人も多数含まれていた。(7) サバ州の先住のバジャウ人は「網元」として、経済的に劣位にあり、またサバ州での生活権が不安定な難民のバジャウ人を「網子」として雇用するようになったのである［Sather 1997: 87-91］。

わたしが１９９０年代末にサバ州東岸のセンポルナでおこなった聞き取り調査によれば、網元―網子型の漁業でまず漁獲対象になったのは、イカ（主にヤリイカ科 *Loliginidae* spp.）であった。１９７０～80年代、それは次のような形態であった。

網元のバジャウ人は、エンジン付きの船で刳り舟に乗った網子のバジャウ人を漁場まで曳航した。網子はその漁場でイカを擬似餌針で釣るか、追い込み網で獲った。網元のバジャウ人はそれを買い集め、市場や州内の他の都市から来る仲買人に売った。サンゴ礁棲の魚を対象とする網漁を同様の形で営む場合もあった。1990年代後半には、網元が網子に漁船や網を貸し付け、追い込み網漁でイカを獲らせ、それを買い取るやり方が広まっていた。

爆破漁のような破壊的漁業の広まりは、いうまでもなくサンゴ礁の劣化を引き起こした。また、イカのような特定の魚種のみを対象とする漁業の広まりは、資源の著しい減少につながった。イカの追い込み網漁では、1cm四方の小さな目の網が用いられる。(8) バジャウ人の漁民によれば、1990年代の10年ほどのあいだに、1日のイカの漁獲量は100kg以上から30kg程度に減少した。平均的なサイズも40cmから20cm程度に小型化したという。在地海産物の商品化は、多くの地域で資源劣化を引き起こしてきたが、定着性の高い生物種が多数を占めるサンゴ礁では、その程度はより深刻である［山口1998］。

6　冷凍生鮮特殊海産物——特殊海産物化する在地海産物

1980年代後半になると、従来は主に在地の市場のみで流通していた海産物のいくつかの種類が、シンガポールや香港、台湾、中国など華人圏の市場に向けて輸出されるようになる。それは、冷蔵・冷凍保存、活魚輸送などの流通技術の発達と、上記の華人圏の経済の急成長を背景として生じた、「在地海産物の特殊海産物化」と呼びうる変化であった。

サバ州東岸センポルナでは、タワウやサンダカンなど主要都市の華人仲買人が、バジャウ人の代理人を通じて、1980年代後半からはクモガイ（*Lambis lambis*）などの貝の生身、生きたゴシキエビ（*Panulirus versicolor*）を、1990年代末半ばからは、タイワンガザミ（*Portunus pelagicus*）のむき身を買い集めるようになった。わたしが滞在していた1997～99年には、生きたトラフジャコ（*Lysiosquilla maculata*）の買い付けが始まった。トラフジャコは体長30センチを越す大型のシャコエビである。貝の生身はクーラーボックスに詰めて、タイワンガザミのむき身は冷凍保存して、ゴシキエビとトラフジャコは活魚運送用の水槽に入れて、サバ州内の主要都市や香港などに出荷された。

インドネシア海域のバジャウ人のあいだでは、１９９０年代にメガネモチノウオ（*Cheilinus undulatus*）とハタ科の活魚の採捕が急速に広まった。ハタ科の魚には、サラサハタ（*Croileptes Altivelis*）、スジアラ（*Plectropous Leopardus*）、アオハタ（*Epinephelus Coiodes*）などが含まれる。ここでは、これらとメガネモチノウオをあわせて「ハタ類」と総称する。ハタ類の多くはサンゴ礁に生息する。サンゴ礁を漁場とするバジャウ人にとってハタ類は、いまではナマコにとってかわる重要な換金用海産物になっている。かれらは、手釣り、筌漁、または先に述べたシアン化合物を使った毒物漁などによってハタ類を採捕する[9]。

写真５　香港に出荷するハタ類の活魚。
出所：インドネシア・バリ島、筆者撮影。

　インドネシア・バリ島の華人仲買人によれば、ハタ類の活魚の中国への輸出は、１９８０年代前半にフィリピンで、次いで80年後半からインドネシア海域で始まった。インドネシアでハタ類活魚の交易が本格的に広まるのは１９９０年代に入ってからであり、同年代半ばにはインドネシア全土のサンゴ礁域でハタ類の採捕・仲買がみられるようになった［田和１９９８］。１９９０年代、ハタ類は、香港人が所有する活魚輸送船で、漁場周辺の集落から直接、香港に輸送されていた。第4節で詳しくみるように、２０００年以降、東インドネシアのハタ類活魚は、バリ島やスラバヤから香港をはじめとする華人市場に空輸されるようになっている[10]（写真5）。

　以上にみた冷凍生鮮特殊海産物の多くは、ナマコ等と異なり、乾燥加工することができない。ハタ類やトラフジャコは、活魚でなければ大幅に買値が下がる。冷凍生鮮特殊海産物が１９８０年代まで域外市場に向けた商品にはならなかったのは、こうした商品の性格のためである。それが、輸送網の整備や流通技術の発達により、生鮮・活魚として遠距離に輸出できるようになった。

　これらの在地海産物が特殊海産物化したより根源的な背景は、しかしながら、１９８０年代後半から東南アジア、東アジア、とくに華人経済圏で急速な経済発展が生じ、華人が以前にまして多種多様な海産物を求めるようになったこと

写真6　跳ね罠漁で捕らえたトラフジャコ。
出所：フィリピン・スル諸島、筆者撮影。

写真7　ペットボトルに入れられたトラフジャコ。
出所：インドネシア・東ジャワ州、筆者撮影。

につきる。田和［1998］が述べているように、1990年代後半の香港では、ハタ類をはじめとする東南アジア産活魚の消費がブームといえるような状況になっていた。ハタ類やトラフジャコは、経済発展にともなう華人の活魚食嗜好の肥大化を背景として域外市場向けの商品になったのである。

7　トラフジャコ——サンゴ礁棲資源の開拓とその限界

特殊海産物化した在地海産物のうち、サンゴ礁棲資源の開拓という観点から興味深いのがトラフジャコである。生きたトラフジャコは、二つの問題のため域外輸出に適さないとみられていた。第一の問題は輸送の困難さであった。トラフジャコは、強力な捕脚を持つため、水槽にまとめて入れると、互いを攻撃し、殺してしまうのである。第二の問題は経済効率の悪さであった。トラフジャコは、サンゴ礁の砂地に掘った穴を巣として生息する。それを採捕する手段は、木の枝を組んでそれを巣穴に仕掛ける跳ね罠に限られる[11]（写真6）。跳ね罠漁は、巣穴の探索と罠の設置に時間を要する。さらに採捕の期間は、月齢周期で月に2回の大潮の前後、数日間に限られる。このようにトラフジャコ漁は、投下労働に対する漁獲効率がきわめて悪い。

サバ州東岸のセンポルナでは、第一の問題を解決したのはペットボトルの普及であった。調査地の仲買人は、トラフジャコを切れ目を入れたペットボトルのなかに入れ、一匹一匹を隔離して水槽に入れていた。そうすることにより、大量のトラフジャコを生きたまま運搬することが可能になったのである（写真7）。

センポルナのバジャウ人仲買人は、フィリピン出身の難民をトラフジャコの採捕に動員することで、第二の問題を解決していた。バジャウ人の仲買人は、経済的に劣位にある難民ないし移民を網子とし、小舟、エンジン、燃料、食料等を貸しつけて、トラフジャコの跳ね罠漁をおこなわせる。網子は、センポルナ沖合からさらにはフィリピン領内にまで行き、2、3日間、トラフジャコのみを採捕する。仲買人はその漁獲を買い付ける。こうしたいわば「人海戦術」によって、バジャウ人の仲買人はトラフジャコを継続的かつ大量に買い集めることができるようになったのである。2006年、ある仲買人は8人の難民ないし移民を網子としていた。かれは2日ほどのあいだに、4・8kg、22匹のトラフジャコを買い付けていた。[12]

輸出商品になったことによりトラフジャコは急激に値上がりした。1996年、商品化が本格的に始まる前、調査村でのトラフジャコの売値はキロあたり6～8リンギット程度であった。[13] それが商品化された後の1999年にはキロあたり20リンギット、2006年には30リンギットにまで高騰した。同年、サバ州の州都、コタキナバルの海鮮レストランでは、生きたトラフジャコがキロあたり80リンギットで売られていた。

以上にみたトラフジャコの商品化は、東南アジアにおけるサンゴ礁棲資源の特殊海産物としての開拓が、最終的な段階に近づいていることを示しているように思われた。サンゴ礁棲資源の多くは、定着性の高い底棲生物である。その集中的な利用は、資源の劣化もはらんでいる。2010年にセンポルナを訪問したさい、沖合のクモガイとトラフジャコはほとんど獲り尽されたといわれていた。それが事実であるならば、これらの資源はわずか10～20年弱のあいだに枯渇したことになる。

4 海産資源利用と海民社会の生成

海産資源の利用は、バジャウ人をはじめとする海民の経済生活の基盤であっただけではない。冒頭で述べたように、海産資源、とくに特殊海産物の利用は、東南アジア海域世界における海民社会のダイナミクス（動態）を考えるうえで

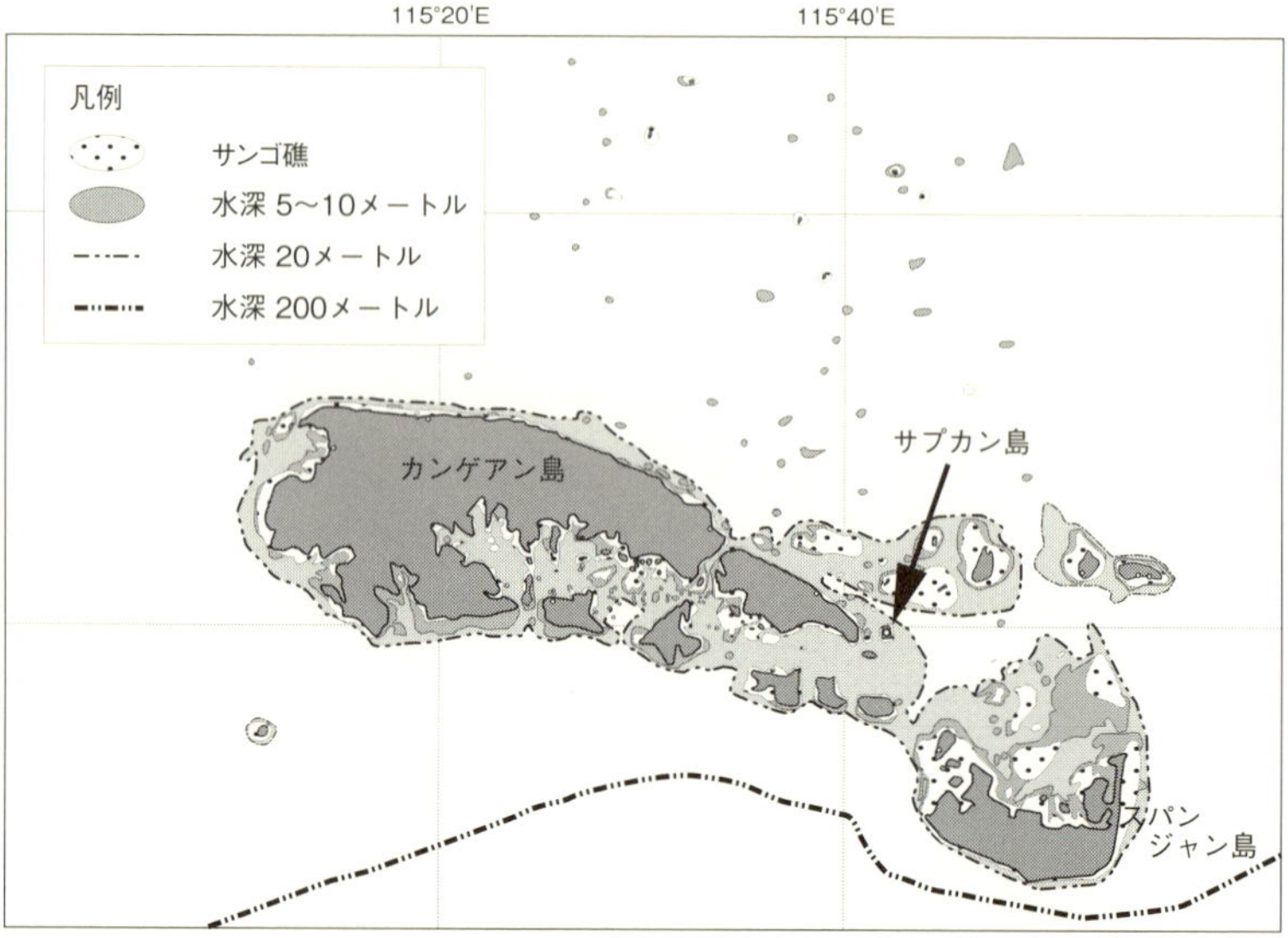

図3　カンゲアン諸島とサンゴ礁の分布。
出所：インドネシア水路海洋局の海図［Dinas Hidro-Oseanografi 2002. Pulau-Pulau Kangean（1/200000）.］に基づき筆者作成。

の鍵である。本節では、海産資源の利用が人口のフローと海民社会の生成にいかに関わってきたのかを、具体的な事例によりながら考えてみたい。取りあげるのは、インドネシア東ジャワ州のサプカン（Sapekan）島の事例である。

1　サプカン島

サプカン島は、ジャワ島東部マドゥラ島のさらに東に位置するカンゲアン（Kangean）諸島を構成する島嶼群の一つである。行政的には東ジャワ州スムヌプ県に含まれる。島の面積は0・7平方kmにすぎないが、カンゲアン諸島のなかでは最大の人口密集地になっている。島嶼とサンゴ礁と深海が入り組んだ周囲の複雑な海底地形は、サプカン島の住民に豊かな漁場を提供してきた（図3）。サプカン島はまた、ジャワ海、フローレス海、マカッサル海峡の3つの小海域の結節点、いわば海道の交差点に位置している。そのため在地の海民は、古くからこの島を漁業のほか、航海や交易の拠点としても利用してきた。

2000年のセンサスによれば、同島を主とするサプカン村の人口は1万1755人。面積を考えると、この島がいかに人口稠密であるかがわかるだろう（図4）。人口構成を民族別にみると、バジャウ人が5526人で、全人口の

47％を占める。ついでマンダル人、マカッサル人、ブギス人が続く。マドゥラ人以外はすべてスラウェシ島からの移民である。サプカン島のバジャウ人は、スラウェシ島を自らの出身地とみなしている(14)。

島民の主な生業は、漁業と仲買・交易である。漁業の形態や漁獲対象は多様であるが、現在ではハタ類の漁と交易に携わる人が多数を占めている。米、野菜、肉類は、そのほぼすべてを域外からの輸入に頼っている。

2 サプカン島における海産資源利用小史

（1）在地海産物の広域商品化

サプカン島は、植民地化以前から東部インドネシアとジャワ北岸などを結ぶ交易の拠点として利用されていた。イギリスがシンガポールを自由交易港として開いた1824年以降は、コプラなどの国際商品が、スラウェシや小スンダ列島からこの島を経由してシンガポールに運ばれた。19世紀後半にオランダ東インドの植民地下に置かれた後も、サプカン島では、比較的、自由な経済活動が続けられた［Butcher 2004：105-111］。

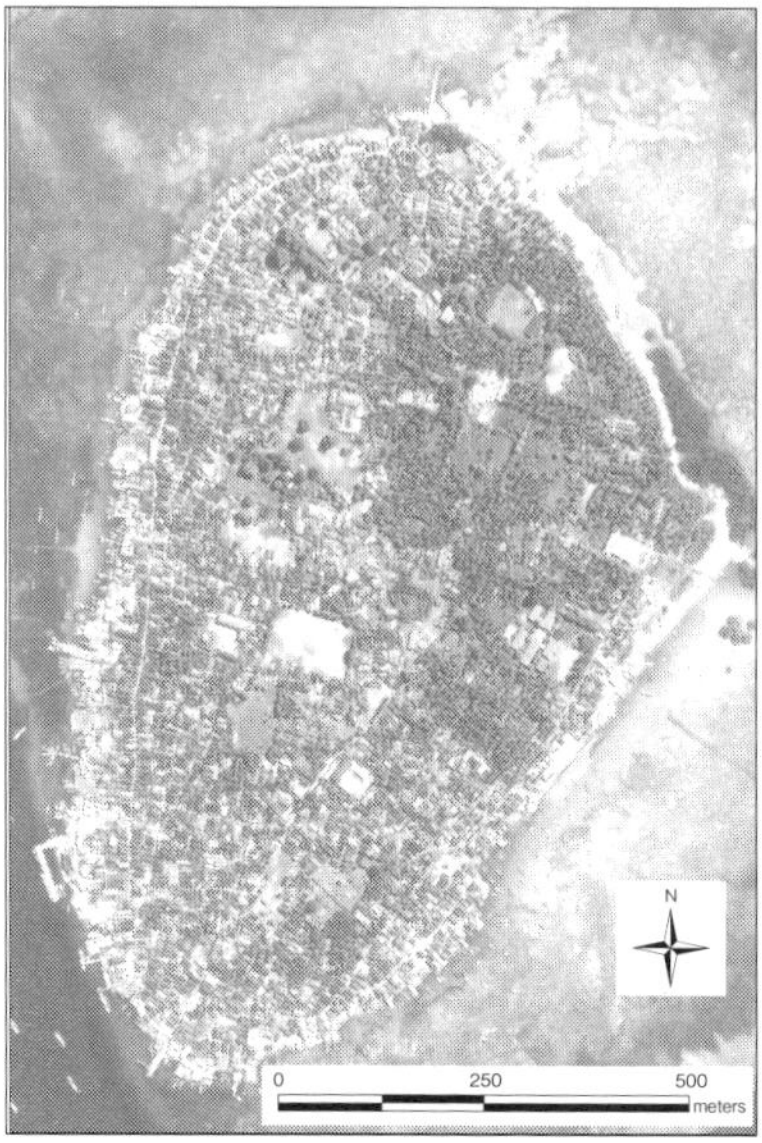

図4　サプカン島の衛星画像。
出所：インドネシア地理空間情報院所蔵クイックバード衛星画像［Courtesy of Prof. Aris Poniman and Dr. Suprajaka, Badan Informasi Geospasial, Indonesia］。

サプカン島は、交易拠点であると同時に、漁業の中心地でもある。島では、在地海産物の広域商品化とそれに対応した漁業が、遅くとも19世紀末には始まっていた。その時期は、バジャウ人が住む他の地域にくらべるとかなり早い。広域商品化されたのは、現地でイカン・ラヤン（ikan layang）と呼ばれるムロアジ類（*Decapterus* spp.）である。ムロアジ類は、1970年代頃までは浮き魚礁（ロンポン）の周りでおこなうパヤンと呼ばれる船曳網漁で採捕されていた［Plas 1920：519-522］。同年代以降は夜間にランプを使っておこなうゴンチョル（ngoncor）と呼ばれる巻き網漁で採捕されている。漁獲は塩干魚に加工され、バリ島やスラバヤに出荷されてきた[15]（写真８）。パヤン漁やゴンチョル漁は、バジャウ人としては例外的に水深50～１００ｍの沖合でおこなわれる。

ムロアジ類のような在地海産物の広域商品化が早い時期から進行したのは、サプカン島がジャワ島とバリ島という人口稠密地域に近かったためである［Butcher 2004：109］。この島では、後述するハタ類の採捕が広まる時代までは、在地海産物（塩干魚）の採捕が漁業活動の中心をなしていた。

写真８　ムロアジを干す。
出所：インドネシア・東ジャワ州、筆者撮影。

（２）乾燥特殊海産物およびアオウミガメの卵

他方、サプカン島では、ナマコなどの特殊海産物の採捕と売買も、継続的におこなわれてきた。ナマコの採捕は、遅くとも19世紀後半には広くおこなわれていた［Van Gennep 1896: 94］。ただし、島のブギス人商人によれば、ナマコの採捕が大々的におこなわれるようになるのは、１９７０年代半ばにかれがジャカルタの華人商人を媒介にシンガポールにナマコを輸出する販路を開拓した後であるという。現在、島には主要なナマコ仲買人が３人いる。３人はいずれも、ナマコを乾燥加工した後、スラバヤの華人に売却している。

ウミガメを対象とする突き漁も１９１０年代にはおこなわれていた［Plas 1920：625-627］。タイマイはベッコウを得るために、アオウミガメは肉や卵を得るために採捕された。ウミガメ採捕には離頭式の銛や網が使われた。１９８０年代にはベッコウの国際取引が「絶滅のおそれのある野生動植物の種の国際取引に関する条約（ＣＩＴＥＳ）」により禁じられたため、タイマイ漁は衰退した。しかし島民によれば、アオウミガメ漁は１９８０年代になってより盛んにおこなわれるようになった。

アオウミガメの肉は主にバリ島に出荷され、ヒンドゥー教の儀礼食または日常的な食事として消費された。１９８０年代以降に需要が増加したのは、インドネシア政府主導の観光開発により、バリ島の経済状況が飛躍的に向上したためであると思われる。１９９０年代後半、バリ島では年間約3万匹のアオウミガメが輸入されていた［WWF Indonesia, n.d.］。サプカン島の漁民は、カンゲアン諸島の周辺のみならず、南東スラウェシ州のワンギワンギ島周辺や小スンダ列島のスンバワ島、フローレス島、さらにはパプア島南西のアル諸島にまで出漁してアオウミガメを採捕した。ワンギワンギ島などのバジャウ人がアオウミガメを持ち込むこともあった。島の仲買人は、これらのアオウミガメを買い取り、バリ島に出荷した。２０００年頃には、バリ島での売却価格は、1匹あたり１００万ルピアに達したという。しかし、２０００年代に入るとアオウミガメの取引に対する政府の取り締まりが強化され、現在ではその採捕はほとんどおこなわれなくなっている。

（3）冷凍生鮮特殊海産物

現在、海産資源のなかでもっとも重要な産物になっているのはハタ類である。島の仲買人によれば、サプカン島では１９８９年に海外輸出用のハタ類の買い付けがはじまった。最初は、香港の海産物商人がサプカン島の近隣に海上生け簀を作り、ハタ類を買い集めた。商人は、1か月ないし数か月に一度、輸送船をそこに送り、ハタ類を集荷した。１９９３年には、サプカン島の仲買人が島の沖合に生け簀を設置した。仲買人はハタ類を買い集め、生け簀に生かしておき、それを香港商人の輸送船に売るようになった。２０００年に入ってからは、島の仲買人が自らの活魚運搬船でバリ島の華人仲買人にハタ類を出荷するようになった。

ハタ類を採捕する漁民にはサプカン島民のほか、近隣の島々の住民も多数含まれる。一つの船団は5～10人で構成される。かれらは、内船動力付きの5トンほどの母船に、3～6艘の刳り舟を載せて漁場に行く。船員は、それぞれの刳り舟で手釣り等によりハタ類を採捕する。出漁期間は、2、3日から時には1週間に及ぶ。

ハタ類は次のように輸出される。まず漁民は、ハタ類を第一段階の仲買人に売る。仲買人はサプカン島の住民である。

仲買人は、所有する海上生け簀にいったんハタ類を入れる。仲買人は、バリ在住の第二仲買人（華人）の注文を受け、注文された量のハタ類を8トンほどの水槽付き輸送船でバリ島北岸のシンガラジャに出荷する。船は10〜12時間でシンガラジャに着く。シンガラジャには、第二仲買人が所有する水槽付きのトラックが待ち受けており、ハタ類はその水槽に移される。シンガラジャを出たトラックは、約2時間かけてバリ島南岸の集荷場に運ばれる。集荷場では、雇用人がハタ類を1匹ずつ海水とともにビニール製の袋に詰め、酸素を注入して袋を封じ、その袋を発砲スチロールの箱に詰める。ハタ類を入れた発泡スチロールの箱は、すぐにグラ・ライ空港に運ばれ、その日の便で香港に空輸される。上記のサプカンからの出荷時間は、この香港便の出発時間にあわせて設定される。

3　交易と海民——混淆社会の生成

サプカン島では植民地期にはナマコ、タイマイ、ムロアジ類が、インドネシア独立後からはアオウミガメの肉が、そして1990年代からはハタ類が主要な海産資源として利用されてきた。これらの海産資源の採捕と交易は、島への人口流入を促す、いわゆる移動のプル要因であり続けた。

サプカン島の人口は、1896年にはすでに約6000人を数えた。その多くは、南スラウェシからの移民であった [Van Gennep 1896: 94]。先述したように、島は海上交易路の結節点に位置する。移民は、交易ならびに海産資源の採捕のために、南スラウェシからこの島に移住してきたのである。19世紀末のオランダ資料は、サプカン島の交易を次のように伝えている。

サプカン島は交易でたいへん栄えている。毎年、5ないし6隻の大型帆船がここからシンガポールに航海する。積み荷は、米、貝殻、ナマコ、カメ（ベッコウ）などである。航海者は、シンガポールから、リネンや装飾品を持ち帰る。それらはさらに小スンダ列島やマルク諸島での交易のために用いられる。……〔サプカン島周辺の〕小さな島々で採捕された魚の大半は、乾燥加工したうえでバリに輸出される。それと引き換えに、バリからは米がもたらされる [Van Gennep 1896: 94]（〔〕内は筆者）。

20世紀に入ってからのサプカン島の人口の変遷は詳らかではないが、海産物の採捕とその交易が南スラウェシ等からの移民を惹きつけ続けたことは間違いない。既述のように同島の人口は、2000年には1万人を超えている。

こうした人口変動に関連して興味深いのは、島の民族構成の動態である。既述のように2000年のサプカン島のバジャウ人の人口は5526人で、全体の約半数を占める。島では、バジャウ語がリンガ・フランカとして話されている。しかし植民地期にまで時代をさかのぼると、もともとこの島ではバジャウ人が多数派であったわけではない。拙稿［長津2012、2016］で論じたように、バジャウ人の増加は、1930年以降、他地域のバジャウ人が移住してきたことと、もともとの住民やさまざまな移住者がバジャウ人に「なった」ことによって生じたと考えられる。おそらく後者のパターンのほうが多かった。資源利用との関係でいえば、サプカン島のバジャウ人は、海産資源の採捕と交易に生活の糧を求めて移ってきたさまざまな出自の人びと、異種混淆の海民集団であったと理解することもできる。

4　商業志向性と外来者の役割

いまみたような人口動態のあり方から、サプカン島の海民社会の生成過程に関して二つのきわだった特徴を指摘することができる。一つは商業の中心性であり、もう一つは外来者の役割の大きさである。二つの特徴をよりわかりやすく示すため、2人の島民（いずれも男性）の経歴を例としてあげよう。

【事例1】アミン氏（仮名、以下同）は、現在、サプカン島周辺で追い込み網をおこなう50歳代半ばの漁民である。かれは、1950年代の後半、スンバワ島西部のブギンに生まれた。父は漁民であり、スラウェシ島東岸やフローレス島に出漁していた。アミン氏は小学校の卒業を待たず、父の漁に同行するようになり、20歳になる前からは父方のイトコとともに独立して漁をおこなうようになった。1980年代には、アオウミガメの突き漁をおこなうようになった。1980年代半ば、そのイトコとウミガメ漁の中継地である南東スラウェシ州のワンギワンギ島で、サプカン島から来ていた漁民と出会い、ともにアル島やオーストラリア国境にまで出漁するようになった。その漁民とともにウミガメを売るためにサプカン島に行ったさい、現在の妻と出会い、1年後に結婚、サプカン島に住み始めた。妻ももともとはブギン出身のバジャウ人である。

【事例2】ディリ氏は、ハタ類仲買人の第一人者であり、またサプカン島でもっとも成功した海産物仲買人の一人であった。2001年から2008年に亡くなるまで村長を務めた。かれは、1952年に南スラウェシ州マカッサル市沖合のバランロンポ島に生まれた。父は福建系の華人（父）とマンダル人（母）の出自を、母は福建系の華人（父）とマドゥラ人（母）の出自をもっていた。父は、マカッサル市内で雑貨店を営んでいた。しかし1950年、イスラーム主義の反政府運動〔カハル・ムザカル（Kahar Muzakkar）の反乱〕が生じたとき、周囲のムスリム住民に店を襲撃され、親族が住むバランロンポ島に逃げた。母はディリ氏を出産した後、しばらくして死亡した。父とディリ氏は、1958年にサプカン島に移住した。島の塩干魚をバランロンポ島の仲買人に売ることを目論んでのことであった。父は塩干魚の交易で財をなした。ディリ氏は独立して船を購入し、ウミガメをはじめとするさまざまな海産物を採捕する船団を組織した。自らも船に乗り、アル諸島やパプア島南岸にまで出漁した。かれはその漁と仲買で成功した。こうして得た資金を元手に、1993年からは、海上生け簀をつくりハタ類の仲買をはじめた。かれは、ハタ類の仲買により大きな財をなし、島にモスクを建設・寄進までしている。スハルト政権崩壊後、2001年には、その財力を背景に村長に選出された。

サプカン島の住民は、魚を除く食料品や他の生活必需品のすべてを交易に依存してきた。そこでの生活は、自給自足とはかけ離れたものである。この島への移住は、多くの場合、海産物採捕と交易を目的としていた。だから、いまみた2人のように、島民の商業志向が強いことはいうまでもない。

サプカン島では、移住を促す要因は常に商業であった。仲買人はもちろん、漁民もまたより商業的価値の高い海産物を得て、それを高く売ることを目的として移住してきた。島のバジャウ人は、東南アジアの他地域同様、「幸運を探すこと」に価値をおき、自らの民族性を語る。「幸運を探すこと」をバジャウ語ではダッレ（dalle）という。[16] それは、生まれた土地を離れ、海を越えて、自らの力で財をなすことを意味する。アミン氏やディリ氏のサプカン島への移住や遠方各地への出漁は、ダッレの成功例として語られる。こうしたダッレを求めることは、かれらのアイデンティティの中心に置かれている。そして、かれらにとってのダッレの意味は、多くの場合、商業性、あるいは商業を通じた経済的、社会的上昇と不可分になっている。

またこの島では、ディリ氏のような華人の出自をもつ人を含め、外来者の役割は決して周縁的ではない。それは、むしろ中心的ですらある。サプカン島を取り囲むカンゲアン諸島、あるいはスムヌプ県全体では、在地の住民であるマドゥラ人が圧倒的なマジョリティになっている。しかしサプカン島では、そもそも外来の移民が人口の多数を占めてきた。そして、その移民たちが経済はいうまでもなく、政治や文化の面でも重要な役割を担ってきた。

サプカン島のバジャウ人は、自らが出自に基盤を置く集団ではなく、多様な民族の系譜をもつ混淆的な集団であることを知っている。かれらがバジャウ人であることの主要な条件と考えているのは、いま現在における言語と生活空間の共有である。そうした異なる出自の人間の混淆を常態とみなす意識、少し踏み込んでいえば異文化間の共生の倫理を形づくってきたのは、これまでにみたような島民の商業志向性と外来者の役割の大きさ、そしてそれらの心性に支えられた社会の流動性であったと考えられる。

5 在地の商業倫理とその可能性

「絶滅のおそれのある野生動植物の種の国際取引に関する条約」、いわゆるワシントン条約においては、「商業的取引」がキーワードとされ、商業的取引ではないことが特定の自然資源を利用するための条件とされてきた。国際捕鯨委員会（ＩＷＣ）における捕鯨をめぐる国家間協定では、先住民捕鯨が部分的に認められているが、その条件が「非商業的な利用」であることはよく知られている。ＩＷＣでは、しばしば商業性は「真の先住民捕鯨活動」ではないことの証拠とみなされる。たとえばグリーンランド・イヌイットの捕鯨は、商業的であるがゆえに先住民捕鯨ではないと非難されてきた［岩崎2011］。このように海洋環境の保全を主張するNGOや国際機関の言説は、直接、間接に商業性を環境破壊の根本的な要因とみなす考え方、いわば「商業悪玉論」に根ざしていることが多い。

無分別な商業的取引の拡大が、海産資源の減少や海洋生態系の劣化を引き起こしてきたことは確かに否定できないだろう。多国籍企業や大資本による海産資源の商業利用に対しては、さまざまな規制を講じる必要がある。しかし、海産資源の商業的取引じたいをローカルレベルで禁じていくことは、少なくとも東南アジアでは現実的ではない。これまでみてきたように、商業の否定は、東南アジア海域世界を築きあげてきた海民ならびにかれらの社会と文化の否定を意味する。かれらのあいだで、商業性を排除した、たとえば自給的な自然資源利用が広く受け入れられるとは思われない。そもそもそうした利用の仕方を、外部の人間が強制すべきではないだろう。

東南アジア海域世界において海産資源の持続的利用をはかるためには、在地の商業倫理を再評価し、その浸透を促すことのほうがむしろ有効であるとわたしは考えている。

東インドネシアのいくつかの島では、華人仲買人が在地の仲買人に洗練された加工技術を伝え、また買い取りのサイズを限定させることにより、ナマコやゴシキエビのより持続的な利用を図ろうとしている事例がみられた。たとえば、サプカン島では、スラバヤの華人商人が島の仲買人の家に2か月間逗留し、ナマコの買い取り方と加工法を指導していた。指導を受けた仲買人は、原則、乾燥したもので10㎝以下のナマコは買わないことにしていた。その一方でかれは、ナマコの塩蔵をやめ、内臓をきれいに取り除いて茹で、半日ほど燻した後に水分がなくなるまで天日で丁寧に干す加工法を実践していた。

別の仲買人は、より安易な塩蔵によるナマコ加工を続けている。買い取るナマコのサイズにも制限を設けていない。スラバヤの華人商人は、いずれかれのナマコを買う華人はいなくなるだろうと述べていた。この華人商人は、マルク州やパプア州にまでナマコの資源調査に出かけ、一定量のナマコ資源が確認できた村ではサプカン島同様に仲買人の家に逗留して、同様の指導をしている。

こうした華人商人の指導が、どこまでナマコ資源の枯渇を防ぐうえで有効なのかは、まだわからない。しかし、遠い海外の非当事者である国際機関や環境NGOが求める資源利用の規制とくらべたとき、華人商人の指導のほうが漁民にとってより現実的で、納得しうるものであることは疑いない。東南アジア海域世界における海民の「幸運を探す」生きざまは、商業と不可分である。この世界での海産資源の持続的・未来可能な利用は、その商業的利用に直接、関わるアクター同士の連繫によってはじめて可能になる。

注

(1)「未来可能な」という形容詞は、未来可能性(futurability)からとったものである。未来可能性は、人間中心的な概念である持続可能性(sustainability)に対し、未来に向けた人間社会と自然環境の相利共生を目指す概念として、2000年代になってから総合地球環境学研究所(京都)で提唱された(概念の詳細は半藤[2013]を参照)。

(2)バジャウは一般的には他集団によるかれらの呼び名である。インドネシアではバジョ(Bajo)という名称になる。かれらは自らをサマ(Sama)と称することが多い。しかし、①かれら自身も外部者に対してはバジャウと名乗ることが多いこと、②地域的にはこの名称が植民地期以前から用いられてきたこと、③現在の著作物でもこの名称はより広く流通しており、対象としている人びとをより明確化できることをふまえ、本章ではかれらを「バジャウ」と呼ぶ。

(3)調査地の詳細については、Nagatsu[2015:113]を参照。マレーシア・サバ州では、1997年から1999年までの約2年間、定点滞在型の調査をおこなった。調査は、文部省アジア諸国等派遣留学生制度によるマレーシア国民大学留学中に実施した。インドネシアでは本文記載の期間に、1週間から1か月程度の短期滞在型の調査を多数回おこなった。これらの調査は、主に次の科研費プロジェクトにより可能になった(カッコ内は代表者と実施時の所属)。課題番号:07041057(田中耕司・京都大学)、14251006(加藤剛・京都大学)、18710210、21510271、24651278、25300017(長津一史)、19251010(鏡味治也・金沢大学)、23251004(山田勇・京都大学)、22310157、25283008(赤嶺淳・名古屋市立大学/一橋大学)。また、資料調査の一部は、京都大学東南アジア研究所共同研究(長津一史・2009~10年度、2016~17年度)、東洋大学井上円了記念共同研究(松本誠一・2015~16年度、長津一史・2014~16年度)により実施された。

(4)コンプレッサーを用いた潜水漁では、潜水に関する知識の不足から漁民が潜水病にかかるケースも少なくない。漁業におけるコンプレッサーの使用は、東南アジアのほとんどの国・地域で法的に禁じられているが、いまも多くの海域で続けられている。

(5)これらの漁法は、東南アジアのいずれの国においても法律で禁じられている。東南アジアの爆破漁および毒物漁については、赤嶺[2002]、田和[2005]を参照。

（6）それまでかれらは、華人を主とする仲買人から操業資金や生活費を前借りすることはあっても、村を単位とする社会の内部でそうした関係を築くことはなかった。

（7）フィリピンと国境を接するサバ州東岸センポルナの人口は、1960年から1980年までに、1万6895人から9万1828人、つまり5・4倍に増加した［DOSM 1995］。増加人口の大多数は、フィリピン・スル諸島からの流入したバジャウ人が占めると考えられる。

（8）この漁では、採捕するイカのサイズを自主的に規制することはない。法律等による規制も存在しない。

（9）わたしは、東ジャワ州、東・南カリマンタン州、スラウェシの全州、西・東ヌサ・トゥンガラ州、マルク州を含む東インドネシアにおいて50以上のバジャウ人集落を訪れた［Nagatsu 2015 : 113］。ハタ類の採捕は、そのほとんどすべての集落でおこなわれていた。ただし、東カリマンタン州パシル県と南カリマンタン州コタバル県のバジャウ集落では、例外的にハタ類の採捕がみられなかった。これらの集落は泥質の海の岸または汽水域に位置しており、周囲にハタ類の好漁場である広大なサンゴ礁が存在しない。これらの地域ではカニやエビ、マナガツオ等の泥質の海に棲む魚介類が市場向けに採捕されていた。

（10）1998年のスハルト政権崩壊後、インドネシア海域でハタ類を直接、買い付ける香港からの輸送船をみることはほとんどなくなった。

（11）跳ね罠はバジャウ語でsahatという。この漁の詳細についてはセイザー［Sather 1966］を参照。

（12）ここに記した漁獲量は、1990年代半ばにわたしが観察した場合のトラフジャコ漁の漁獲量にくらべて相当に少なく、また1匹あたりの重量も小さい。90年代半ば、センポルナのあるバジャウ人は、跳ね罠漁により、1日でトラフジャコを5匹、重量で2・2kgを採捕していた。しかもその跳ね罠漁は、刺し網漁の片手間におこなわれていた。後述のようにトラフジャコの資源量は、急速に減少していると思われる。

（13）値段はキロ単位になおした場合で、ふつうは量り売りではなく、オスとメスをセットにした2尾で売られていた。

（14）サプカン島を含むカンゲアン諸島は、18世紀末にオランダ領東インドの統治下に置かれるまでは、南スラウェシのブギス人やマカッサル人のイスラーム王権国家、つまりゴア王国やボネ王国の影響下に置かれていた。

（15）伝統的な加工法では、ムロアジ類は、塩蔵、煮沸、乾燥して小型の缶（500㎖程度）に詰める。この加工法は、ピンダン（pindang）と呼ばれる。

（16）ダッレという語はもとはマカッサル語であるが、この島ではバジャウ語に転化している。マレー語の「チャリ・レジェキ（cari rezeki）」も、同じく「幸運を探す」ことを意味する。インドネシア諸島の住民は、出稼ぎ、移住の理由をこの一言で説明することを好む。

参考文献

赤嶺　淳　2000「熱帯産ナマコ資源利用の多様化――フロンティア空間における特殊海産物利用の一事例」『国立民族学博物館研究報告』第25巻第1号、59～112頁。

――――　2002「ダイナマイト漁民社会の行方――南シナ海サンゴ礁からの報告」『紛争の海――水産資源管理の人類学』秋道智彌・岸上伸啓（編）、84～106頁、人文書院。

秋道智彌　1998「海人の変容論」『海人の世界』秋道智彌（編）、3～17頁、同文舘。
岩崎まさみ　2011「先住民族による捕鯨活動」『国立民族学博物館調査報告』第97巻、197～224頁。
立本成文　1996『地域研究の問題と方法――社会文化生態力学の試み』京都大学学術出版会。
田中耕司　1993「フロンティア社会の変容」『地域研究と「発展」の論理』（講座現代の地域研究 4）矢野暢（編）、117～140頁、弘文堂。
田和正孝　1998「ハタがうごく――インドネシアと香港をめぐる広域流通」『海人たちの自然誌』秋道智彌・田和正孝（著）、33～55頁、関西学院大学出版会。
――　2005「マカッサル海峡南部における漁業の変化――コディンガレン島を中心として」『人文論究（関西学院大学）』第54巻第4号、88～109頁。
鶴見良行　1987『海道の社会史――東南アジア多島海の人びと』朝日新聞社。
長津一史　1997「海の民サマ人の生活と空間認識――サンゴ礁空間 t'bba の位置づけを中心として」『東南アジア研究』第35巻第2号、261～300頁。
――　2004「越境移動の構図――西セレベス海におけるサマ人と国家」『海域アジア』関根政美・山本信人（編）、91～128頁、慶應義塾大学出版会。
――　2009「島嶼部東南アジアの海民――移動と海域生活圏の系譜」『朝倉世界地理講座3　東南アジア』春山成子・藤巻正己・野間晴雄（編）、250～259頁、朝倉書店。
――　2012「異種混淆性のジェネオロジー――スラウェシ周辺海域におけるサマ人の生成過程とその文脈」『民族大国インドネシア――文化継承とアイデンティティ』鏡味治也（編）、249～284頁、木犀社。
半藤逸樹　2013「地球システムと未来可能性」『人間科学としての地球環境学――人とつながる自然・自然とつながる人』立本成文（編）、271～285頁、京都通信社。
山口正士　1998「サンゴ礁の資源論」『海人の世界』秋道智彌（編）、47～62頁、同文舘。
Butcher, John G. 2004. *The Closing of the Frontier: A History of the Marine Fisheries of Southeast Asia, c.1850-2000*. Institute of Southeast Asian Studies.
DOSM: Department of Statistics, Malaysia 1995. *Population and Housing Census of Malaysia, 1991: State Population Report, Sabah,* DOSM.
Fox, James J. 1977. Notes on Southern Voyage and Settlements of the Sama-Bajau, *Bijdragen tot de Taal-, Land- en Volkenkunde* 133: 459-465.
Hunt, J. 1837. Some Particulars Relating to Sulo in The Archipelago of Felicia. In *Notices of the Indian Archipelago and Adjacent Countries: Being a Collection of Papers Relating to Borneo, Celebes, Bali, Java, Sumatra, Nias, the Philippine Islands, Sulus, Siam, Cochin China, Malayan Peninsula, &c.*, edited by J. H. Moor, pp. 31-60（in Appendix）. Singapore.
Macknight, Charles Campbell. 1976. *The Voyage to Marege: Macassan Trepangers in Northern Australia*. Carlton; Forest Grove, Or.: Melbourne University Press.
Mohammad Raduan bin Mohd. Ariff. 1995. *Dari Pemungutan Tripang ke Penundaan Udang: Sejarah Perkembangan Perusahaan Perikanan di Borneo Utara,*

1750-1990. Penerbit Universiti Malaya.

Nagatsu, Kazufumi. 2015. Social Space of the Sea Peoples: A Study on the Arts of Syncretism and Symbiosis in the Southeast Asian Maritime World, *The Journal of Sophia Asian Studies* 33: 111-140.

Plas, Van der Ch. O. 1920. De Visscherij en de Vischhandel in Den Kangean- En Sapoediarchipe, *Koloniaal Tijdschrift: Vereeniging van Ambtenaren bij het Binnenlandsch Bestuur in Nederlandsch-Indië* 9(1): 518-570, 611-632.

Ptak, Roderich; and Rothermund, Dietmar. (eds.) 1991. *Emporia, Commodities, and Entrepreneurs in Asian Maritime Trade, C. 1400-1750*. Stuttgart: Steiner Verlag.

Reid, Anthony. 1988. *Southeast Asia in the Age of Commerce, 1450-1680: Volume 1, The Lands below the Winds*. Yale University Press.

Sather, Clifford. 1966. A Bajau Prawn Snare, *Sabah Society Journal* 3 (1): 42-44.

———. 1997 *The Bajau Laut: Adaptation, History, and Fate in a Maritime Fishing Society of South-eastern Sabah*. Oxford University Press.

Stacey, Natasha 2007. *Boats to Burn: Bajo Fishing Activity in the Australian Fishing Zone*. The Australian National University E Press.

Sopher, David E. 1977 (1965) *The Sea Nomads: A Study of the Maritime Boat People of Southeast Asia*. National Museum of Singapore. (reprinted in 1977 with postscript)

Van Gennep J. L. 1896. Bijdrage tot de Kennis van den Kangéan-archipel, *Bijdragen tot de Taal-, Land- en Volkenkunde van Nederlands-Indië* 46: 88-108.

Wang Zhenping. 2008. Reading Song-Ming Records on the Pre-colonial History of the Philippines.『東アジア文化交渉研究』創刊号、２４９～２５０頁、関西大学文化交渉学教育研究拠点。

Warren, James F. 1981. *The Sulu Zone 1768-1898*. Singapore University Press.

WWF Indonesia, n.d. TCEC-Serangan, Bali. http://www.wwf.or.id/en/about_wwf/whatwedo/marine_species/how_we_work/endangered_marine_species/tcec.cfm（２０１３年６月10日参照）

第2部

森

熱帯雨林の攪乱と資源をとりまくヒトと制度

第3章

沈香の森をめぐる人びと
――東カリマンタン二〇〇七年の記録

山田　勇

1 アジアの森の宝

沈香は東南アジアの森が生んだ宝である、とわたしは思う。その理由の一つは、探り出すのに、相当な時間と労力がかかるということ、もう一つは稀少性である。この両者は相補的ではあるが、後者の稀少性のなかにはモノ自体の稀少性とともに、香りの稀少性が含まれる。宝石が――たとえば、ダイヤモンドのもつ輝きが、ダイヤモンドでしか得られないのと同じように、沈香の香りは、他では決して得られないものなのである。

沈香の歴史は古く、とりわけ日本では、香道の歴史が示すように、多くの名香が語りつがれてきた。正倉院におさめられた蘭奢待《らんじゃたい》をはじめ、いまの世にもひきつがれている名香は多い。その多くはそう広くない特化された世界で珍重されていることも宝石ににている。

沈香については、山田憲太郎の著作が、多くの歴史を教えてくれる〔山田1948、1976、1979〕。京都には何軒かの香を商いする老舗があり、新しい世代にもみあうような、新鮮な香りを調合し、新たな展開をみせている。

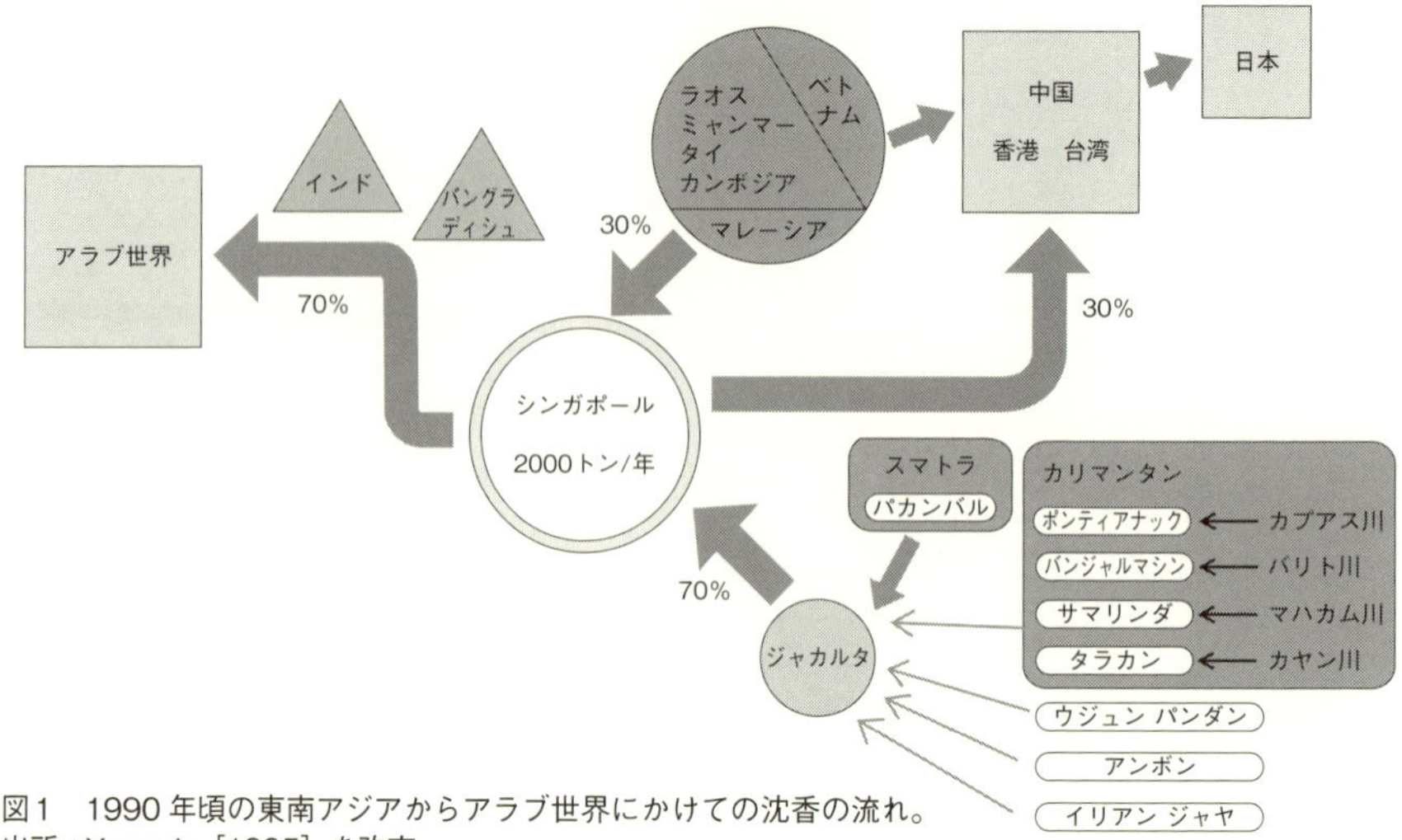

図1　1990年頃の東南アジアからアラブ世界にかけての沈香の流れ。
出所：Yamada［1995］を改変。

沈香の分布は、東南アジアを中心に広がっている。大陸部では中国からインドまでの山地から低地にかけ、島嶼部ではインドネシアを中心にした熱帯雨林地帯に見られる。その生育地は森や山のなかである。深い森をかきわけて探索する仕事はいまも各地でおこなわれていて、そこからとられた沈香が世界に広まっていく。

わたしは、1980年代にブルネイで仕事をしていた時、少し意識して沈香を調査しはじめ、その後現在にいたるまで、もっとも楽しい仕事の一つとして沈香に接してきた。沈香についてのはじめての報告は、『東南アジア研究』第33巻第3号にのせた英文の記録であり［Yamada 1995］、その時に発表した沈香の流れを図1に示す。

この図は、当時はまだ正しかったのであるが、その後、東南アジア一帯の伐採が進み、原生林がなくなるにつれ、沈香も減っていった。採取場所は、はじめはボルネオ島中心であったが、いまはパプア州に移ってきている。熱帯林伐採の推移とともに、沈香採取も場をかえていったのである。

もう一つの大事な動きは、沈香の植林である。天然の沈香の減少にともなって、各地で植林がはじまり、いまではかなりの人工林がふつうに見られるようになった。タイ、カンボジア、ベトナム、インドネシアなど、かつて天然の沈香が見られた地域の森の失われた部分に新たに沈香が植林されてきたとみてよい。この傾向はすでに20年以上も続き、今後ますます増えていく傾向にある。

資源としての沈香が少なくなるにつれて、稀少価値は急速に高まってきた。値の高騰である。かつて1kgあたり5万円くらいで売られていた「スーパー」という最上級品は、2010年には70万円にまで値上がりしている。またもう一つの動きは、稀少資源の開発に歯止めをかけるワシントン条約のなかに沈香がくみこまれ、規制されるようになったことである。これらの動きによって沈香をめぐる世界は、これまでにない様相を呈することになった。

ここでは、こういった背景をもとに、沈香の動きについて、これまで調査をした結果の一部を紹介したい。

2 インドネシアの沈香

1 東カリマンタンの記録

東カリマンタンにはじめて入ったのは1970年の1月である。当時、わたしは京都大学東南アジア研究センターからの資金をえて、1年間ボゴールの国立生物学研究所（Lembaga Biologi Nasional）に留学していた。主な調査地はパングランゴ山とウジュンクロン国立公園であったが、あいだにバイオトロープ（東南アジア文部大臣会議の熱帯生物部門）のはじめてのエキスカーションがあって、ジャワからバリへの植物探索の調査にも同行した。普段はボゴールのハーバリウム（植物標本館）で熱帯林の研究を続けていた。そして、その滞在の最後の機会に、東カリマンタンを訪れることができたのである。

当時のインドネシアは、いわゆる外材としての南洋材ブームであり、日本の各商社が争ってカリマンタンからの材を買っていた。わたしの先輩の多くが各商社にいたおかげで、わたしはよく商社へ出入りし、大声でシッパー（輸出業者）たちとやりとりする先輩諸氏の日常に接していた。そのなかでもとりわけ世話になったのが当時の東洋棉花株式会社の万玉嘉隆さんで、アチェのメルクシマツ林（熱帯低地に生育するマツ）の調査にも同行し、滞在の最後の機会に東カリマンタンの伐採現場を見せてもらえたのである。

当時、東カリマンタンはまさに伐採現場の中心であった。1950年代にフィリピンの良材を伐りつくした木材業者は、１９６０年代からインドネシアへ入り、その中心が東カリマンタンであった。

バリクパパンまでの道のりは飛行機であったが、そこからサマリンダへの道は40㎞しか通じておらず、サマリンダに事務所のある商社はみな船で通っていた。わたしはバリクパパンから40㎞だけのびていた道を通り、そこから先は、伐採道路の悪路を走った。アスファルトの道の切れる手前でとった写真が監視をしていた軍にとがめられ、フィルム１本をぬきとられたという時代であった。

伐採現場はそこからぬかるんだドロ道をランドローバーで入ったところにあった。一部の商社は、主要幹線道路には石をしきつめ、一年中走れる状態にしてあると自慢していたが、わたしの訪ねた現場は、そのような処置はされず、雨季の最中にドロドロになった道で何度も止まり、最後は旧式のブルドーザーで助けてもらうという状態であった。そのなかで見た伐採現場は、実に迫力のあるものであった。

当時の伐採はP-S（Production Sharing）方式とよばれるもので、インドネシアの会社と日本の商社が合弁で（といっても、その資金のほとんどは日本側が負担していたのであるが）コンセッション（伐採権）を買い取り、ある大きさの森（数万〜30万haの規模）を数十年契約で伐採するものであった。伐採地は、コンセッションと同じ名でよばれ、コンセッションのなかでは、まず材積を調査するため、数㎞にわたるトランセクト（幅20m、長さ数㎞に及ぶ細長い調査区）を何本もひいて直径60㎝以上の有用樹が調査される。その後、道をつくり、道の両側２㎞以内にある有用樹を１本ずつ伐り出していくのである。

当時まだチェンソーが出はじめたばかりで、わたしの見た現場には、板根のある木に高い足場をくんで、斧で伐っているところもあった。

伐採木はいまでこそ大木は少なくなったが、１９７０年にはどこにでもあり、直径２m近い巨木の伐採木がゴロゴロしていた。ためしに、中程度の木を伐ってもらったが、チェンソーで10分程度で簡単に倒れ、倒れる時にはまわりの中木、小木を共倒れにし、樹冠部分はこなごなになっていた。

熱帯雨林の樹木は、枝下まで通直にのびているものが多く、測定してみると32ｍあった。これをさらに８ｍから10ｍ

のサイズに玉切りして、ブルドーザーでひっぱり出し、土場でトレーラーに積んで林道から川岸の貯木場（ログポンド）までもっていき、そこからバージ（材を積むための船台だけのもの）やイカダをくんで、下流へ流していく。ほぼ1週間ほどかけて港についた材は、集められ、検木を経て、日本から来た貨物船に積まれて日本へ運ばれるのである。

１９７０年の東カリマンタンからの材は、そのほとんどがまず日本へ運ばれ、日本で製材されて多くはベニヤとなり、ビルを建てるためのコンクリートを流し込むコンパネの材料として使われていたのである。日本は好景気で毎日のように新しいビルの建つ時代であったから、インドネシアからの材は、いくらでも必要であった。ジャカルタの商社は、月に何隻か入ってくる木材貨物船にのせる材を調査するため、毎日のように現場のシッパーたちに電話をかけ、大声で交渉していたのである。

どの商社へいっても、木材部の人が一番元気で生き生きしていた。その後、１９８０年になって、伐採がすぎるという反省から、インドネシアは、木材の原木での輸出を禁止した。そして、自国で製材した製品を輸出することになり、日本の木材関連業者も、日本から工場を持ち込み、現地で生産をすることになった。そして、かつて日本の輸入木材の70％の高率をほこっていた南洋材も、北方材におされ、立場は逆転している。いまではかつてあった多くの工場が閉鎖され、現場で伐られる材も随分と小さくなった。東カリマンタンをかつておおっていた熱帯雨林の豊かな森は、いまやスカスカの森となり、その多くがオイルパームに転換されている。

そんな歴史のなかで、沈香の世界も大きく変化してきた。沈香が生育するのは、熱帯雨林の原生林のなかである。伐採され、スカスカの森になると、沈香は育たない。熱帯雨林特有の湿り気の多い大木にまじって、沈香の木はある。南洋材が伐採されることによって、沈香採取の現場も移っていき、カリマンタンをはなれて、ニューギニアにまで移っていったのである。

とはいえ、森が完全になくなるということはありえない。残された森のなかに入り、人びとはいまも沈香を探している。そんな現場が２００７年の東カリマンタンであった。

東カリマンタンへは１９７０年以後、何度も行っている。１９９３年には、マハカム川をさかのぼり、最上流部まで入り、その後、プナンの村プジュンガンに入り、沈香や陸サゴの調査をした。またタラカンに、かつて伐採現場のキャンプマネージャーをし、その後、沈香を扱っている人がいて、その人からも大事な情報を得た。サマリンダでは、ヘリコプターを使って沈香の採取をおこなっている商人もいた。こういった仲買人とは別に、実際に現場へ入って沈香を集めているプナンやフローレスなどからきた人びとともよく会い、情報を得た。さらに東カリマンタンだけでなく、サラワク、ブルネイ、サバと西、中、南カリマンタン、さらにスマトラからパプアまで、その後、わたしの足跡は全島嶼部に広がった。さらにモンスーン地帯ではラオス、カンボジア、ベトナム、タイ、ミャンマー、インド、ドバイ、オマーンでも調査をおこなった。

これらの調査の結果はおいおい報告するが、そのなかでもとりわけ印象深い2007年の東カリマンタンとシンガポールについて、以下、報告する。ここでは当時の文章をそのまま記載する。

2　東カリマンタンの南から北へ

2007年8月23日、日本を出発。ジャカルタで一泊し、翌日バンジャルマシンへ向かう。ここは南カリマンタンの州都。これまで何度も来ているが、来るたびに大きく、にぎやかになっていく。

ここで翌日、町中に住んでいる沈香商人を訪ねる。一人は華人で、「AB」クラスの木をもっている。ABというのは、もっともよい「スーパー」の次くらいの上物ではあるが、最近はかつてのスーパーに匹敵する沈香はなかなか見つからないため、どこでもかつてのABクラスをスーパーといっている。ここでも、したがってABといってはいるが、昔風にいえば、さらにその一ランク下のクラスである。

ついで、ジャワ人の沈香商人を訪ねる。彼はスーパーをもっているが、やはり昔でいうABである。黒味がまばらであり、かつ比重が、かつてのスーパーのもつドッシリとした感じがない。それでも値は高く1kgあたり2700米ドルである。1900年代の終わり頃には、東カリマンタンのサマリンダ周辺で、本当のスーパーが1kgあたり500米ドルであったのにくらべると、驚くべき高値である。これまでは比較的軽い気持ちで買えていたものが、今回からは好きなようには買えないようになった。せいぜい100g単位で買っていくしかない。本当は100gでも多いのだが、しっかりしたハカリがなく、100g単位でしかはかれないのである。

これだけ高値になった理由の一つは、いわずとしれた原生林の伐採による天然の沈香木の生育地の攪乱である。沈香木は、基本的に、何層にもおおわれた熱帯雨林のなか、下層から中層に生育する。上層の陰になる木がなくなると、生存はできないのである。

もう一つの理由は、ワシントン条約である。稀少動植物資源の乱獲に歯止めをかけるためのこの条約は1995年2月に沈香木をも対象にしてきたのである。もっとも広い分布を示すアクイラリア属に対し、規制がかけられた。これまで自由に取り扱ってきた沈香をめぐる商人仲間にとっては頭の痛いことであるが、国際的なとりきめなのでいたしかたない。どこへ行っても沈香業者の間でワシントン条約の話が出て、場合によってはもう商売もやめてしまおうという人も多い。これもマイナス要素になって資源の枯渇とともに高値をよぶようになったのである。

こうなると、沈香を扱う人びとの方向は二つにわかれる。一つは、資源も乏しく、ワシントン条約などというウルサイ規制が入るのを嫌がる人びとであり、これが圧倒的に多く、行く末をはかなみ、沈香をやめて、別の職につく人が多い。事実、このバンジャルマシンで最初に会った30代の男性は、沈香をとりに山へ入るのをやめ、エビ池養殖の本を読みはじめていた。

もう一方は、さまざまな障害はあるが、しつこく沈香を続けていこうとする少数派である。カリマンタンの伐採が進んだとはいえ、まだまだ森は残っている。そこでえられた沈香は、年々高値をよんでいるので、うまくいけばけっこう食っていけるのである。バンジャルマシンであった二人はこの後者に属し、そう簡単にやめる気配はない。

いずれにせよ、カリマンタンについて初日に沈香をもつ二人を見つけることができたのは幸先がよい。サンプル程度をわけてもらい、バンジャルマシンを後にした。

3　植林の動き

2007年までの10年ほどの間に、もう一つ大きく伸びたのが、沈香木の植林である。資源の枯渇にともない、誰もが考えることであるが、それが広くいきわたるようになってきた。同行しているマタラム大学のトリィさんはこの分野の第一人者である。

はじめてトリィさんに会ったのは、2003年である。それまで、インドネシアではマタラム大学がボゴール農科大学以上によく沈香を調査しているといううわさは聞いていた。わたしはバリまではよく行くのだが、なかなかマタラムへ行くチャンスがなかった。より遠く、おもしろい森を目指していたからである。

やっと決心してマタラム大学を訪ね、会ったのは学部長をしていたパルマンさんである。小柄でエネルギッシュな彼は、ガジャマダ大学で講演してきたところだといって、その時に使ったという沈香のかけらと油を見せてくれた。そして、講師のトリィさんを紹介してくれた。マタラム大学が沈香で有名になったのは、この二人が中心になって、沈香木の植林をおこない、植林後数年たった幹に穴をあけて、そこへ注入するフサリウム菌を中心にした薬剤を開発したことにある。この薬剤の効果が著しいということで、林野局が乗り出し、マタラム大学でセミナーを定期的に開き、トリィさんが講師になってインドネシアの西はスマトラから、東はパプアの端々からやってくる林野局のスタッフやボランティアにその方法を教えたのである。またマタラムの地元でも数haの植林をおこない、自ら開発した薬剤注入方式で沈香成分の抽出をおこなっている。

沈香の香り成分は、幹や枝、根などの材部分にある種の虫などによって障害が生じると、それを補修するような形で特殊な成分が浸出する。それが芳香を発するのであるが、天然にある木は、自然の虫や損傷によって、その成分の生じる部分ができあがるが、植林木はそうはいかない。そのため人工的に傷をつける必要がある。東南アジア各地で、クギをうったり、針金でしばったり、ドリルで穴をあけたりする試みがなされているが、どれも確実という方法がなかった。

しかし、トリィさんのあみだしたドリルで穴をあけ、そこに独自の薬剤を注入すると、2年後には確実に沈香成分が得られることが実証されたのである。トリィさんらは、この薬剤を生産し、無償で各地に配布し、セミナーで指導していったのである。今回、訪ねている人びとの何人かは、このトリィさんのセミナーに参加した人びとであり、トリィさんはこの人びとの住所と携帯電話の番号を覚えていて、そこに連絡したのである。

マタラム大学を訪ねた後、わたしはトリィさんとともにマタラム大学近くの試験地と、島の北の端にある広い植林地をまわった。ちょうど、黄色の実をつけているところで、直径10㎝くらいになった沈香木の幹に穴があけられ、中から黒い沈香成分が出ているものも多くあった。また、穴をあけすぎて風で中途から折れているものもあった。その姿を見て、わたしの沈香探索の時代も終わったなといささか空しい気持ちになったものである。

というのは、沈香はやはり自然の森に入り、じっくりと歩きまわって見つけた時の喜びがまず第一である。沈香の生育する森はいずれも第一級の手つかずの熱帯雨林である。直径1mを超し、樹高60mを超す大木の下に何層にも重なる中、小木層がある。わたしがこれまで見たもっとも大きい沈香は直径80㎝であったから、軽く、上層の下くらいまでは達する。そのまわりには稚樹も多い。ためしに幹を削ってみると、中にやや黒い部分があらわれる。そこを削って、マッチで火をつけるといともよい香りがただよってくる。その時こそが沈香探索の醍醐味なのである。本式に沈香をとる人は、なかに成分があるとわかると伐採し、30〜40㎝に玉切りをし、粗く、白太部分を削って、後はキャンプへ持ちかえる。そして、キャンプで、ドライバーや彫刻刀を改良したもので白太を削りとり黒い沈香部分だけを残すのである。そこにあらわれるスーパーの黒い輝きとどっしりとした重さは、まさに宝物を探しあてた時の喜びであろう。

ところが、人工的に処理をした材は、実に情けない状況にある。いくつもの穴をあけられ、穴の周辺を削られ、白味と少しの黒味のまざった軽々しい沈香の安物の姿が見えるだけである。それでも一応香りはあって、この部分を大量に集めて、煮沸して油にすることができるので、一般的には受けがよいらしい。沈香油はとくにアラブ諸国の男性に好まれ、強烈だが、長時間もつ香料として、小瓶でも2万円近くする。このために多くの木が植えられ、穴があけられ、薬剤が注入されるのである。

しかし、この傾向は悪いことではない。伐採の終わった森や、荒れ地の回復に、単に材になる木だけでなく、こういった香木を植えるというのは、まさに付加価値をつけたかしこいやり方である。現実にいま、あちこちで植林している人びとは、みな楽しそうに、将来の高収入をみこんで、明るく働いている。わたしは自分の心情としては、もう一つのり気ではないが、トリィさんの検証の旅をお手伝いすることも悪くないと考え、ここ数年、常に同行しているのである。次に会ったのは、まさに現代風の沈香人工林をつくっている一人の人物の話である。

4　タナグロゴットの沈香植林

バンシャルマシンからバリクパパンへ向かう国道は、峠を越えて、坂を下り、海辺へ向かう手前で、タナグロゴットという地域を通る。ここにトリィさんの研修に参加した一人の農夫がいる。名はルスラン、1944年生まれだからわたしの1歳下、細く元気である。この人は2年前に自分のコショウ畑に沈香を植えた。

写真1　コショウ畑に沈香を植える元公務員の篤林家、ルスランさん。
出所：2007年、筆者撮影。

植えた樹種は3種類、*Aquilaria beccariana*、*A. malaccensis* そして *A. microcarpa* である。コショウ畑は家のすぐそばのゆるやかな傾斜地にあり、しっかりと育っており、その間に、沈香が植わっている。実に整然と植わっていて、この人の気真面目な性格がうかがえる。コショウ園そのものの手入れもすばらしく、また自前の苗畑も小さいながらもっている。そして倉庫には沈香油をしぼる装置も備えている（写真1）。

コショウと沈香の畑を案内しつつ、一本一本大事そうに、なでるようにさわっていく。小さいものは1mくらい、大きいものは2mくらいになっている。微笑をたやさず、コショウと沈香の植林が楽しくてしかたがないという感じで、しゃべっていても、その思いが伝わってくる。彼はもともと公務員をしていて、退職後、何か目新しいことをと考え、たまたま耳にしたトリィさんの研修に参加して、この道に入ったという。全部で2000本の沈香木を植えている。

ルスランさんは典型的な篤林家である。篤林家とは自分の森を大事にし、持続的に、集約的な作業をおこなう人のことであり、その特長は、長期間の観察と、現場をよむ深い洞察力をもっていることである。わたしは世界の森を訪ねている間に、よくそういった人びとに出会った。共通することは、自らの哲学をもって、それを現場で実践し、何度失敗しても諦めず徹底的な観察と試行の繰り返しで、最後は他の人では得られない収穫を得ることのできる人である。こういった篤林家に見られるのは、きわめて明るい楽天的な性質と、常に前を見て歩く着実な姿勢である。そして、成功したことを自分だけに留めることなく、まわりに普及させていく心の広さを兼ね備えていることである。

わたしはこういった篤林家をアフリカ、タイ、ミャンマー、ラオスそして中国などで見てきた。むろんインドネシアでも各地に地道な努力をする人が多くいた。この人はまさに篤林家と呼ぶにふさわしい人であった。

篤林家の住んでいる家や、庭、森などは実に美しく手入れをされているのがふつうである。アフリカのケニアで見た篤林家の庭はきれいにはき清められ、そこで1万本の有用樹を植え、その直径と樹高を6か月ごとにはかり、将来の収量予測ができるところまで考えて実行していたのである。

ルスランさんの沈香木はまだ小さくて、トリィさんの方法で薬剤を注入するには早すぎる。しかし、あと5年もすれば、直径は10㎝を超えるだろうし、その時が楽しみだと彼は明るく笑う。大きくなるまでの間は、近くの山へ出かけたりして集めた沈香や、地元の人が集めてきた沈香を買って、油をしぼっている。収入はコショウがずっと大きく、すでに軌道にのっているので問題はない。コショウ畑の間の細い空地を利用して沈香を植えることにより、将来、さらなる収入を得る道を期待しているのである。

この地域は、沈香に対する関心が高く、ルスランさん以外に、4人の同じような人びとに会った。いずれも、同じ頃にはじめて自分の農場に1haや1000本規模の植林をおこなっている。同じような意図で何人かの人が集まることによって、それぞれの方法上の問題点の情報交換をして、さらに関心が深くなっていく。このタナグロゴット一帯は、将来、沈香植林の一大拠点になるかもしれないという予感がする。奥深い山のなかではなく、道のすぐそばの自分たちの農園に植えているので、アプローチも簡単であり、かつ、今後、さまざまな処理をする時にもやりやすい立地になっている。植林をしている人以外に、一人、沈香を買う商人がいた。またクタイ地域から集めた沈香で油しぼり専門の男も一人いた。小さな地域ながら、沈香の採取から植林、そして油しぼりまでの一式がそろっている将来有望な地域である。おそらく、今後は、さらにこれを真似する人びとが増え、沈香植林がごくふつうのこととして、日常的におこなわれるようになるだろう。なぜなら、インドネシアの多くの人は、常に何か新しい有用資源を求め続けているからである。そして、森林局が各地で沈香木栽培を奨励していることもある。

こうなると問題は、競争が激化して、資源をくいつくしてしまう心配が出てくることである。とくに、油用には一度に30kgほどの沈香成分を含んだ幹部分が必要となる。この材料を求め、多くの近隣の山で、資源が枯渇している。山へ入ると、直径10cmくらいの沈香木が両側からそがれて、かろうじて立っているだけという状態の木をよく見かける。資源戦争が過熱するとこういったことになるが、これにナカナカ規制はできない。少しでも心ある人びとが増えることが期待されるのだが、心ある人びとは手を出さないが、その間に別の人がいち早く、資源をとっていくという悪循環が見られるのである。

こういったことを少しでも減らすために、植林がおこなわれているのであるが、この植林も決して安心はできない。家から少し離れた目の届かない場所に植えた沈香木は、すぐに伐られてしまう。ルスランさんが自分のコショウ畑に植えたのは、常に巡回して、目がいきとどく範囲だからである。村の人びとがいつどこで沈香を何本植えたかという情報はすぐにひろがり、村の人ならずとも、その情報を得た外からの人間が秘かに大きくなるのをねらっていて、ほどよい大きさになるといつの間にか伐られてしまったという実情はいやというほど聞かされている。沈香植林の敵は実は、こういった横からの盗伐である。これをいかに防ぐかが、これから大きくなろうとしている沈香木をもつ人のもっとも大きな悩みでもある。

沈香採取作業はもともと、天然林にあるものを自由にとっていくという、きわめて自由度の高い作業であるため、沈香採取にかかわる人は、基本的に沈香があれば、どこからでもとっていくという姿勢がある。その延長で、山から下りてきた時に、ヨソの畑のはしに出て、そこに沈香木があれば、躊躇なくとってしまうであろうことは充分考えられる。これを阻止するのは至難の技であり、もっとも無難なのは、目の届く範囲に植えることなのである。

わたしはこういった現場を見るたびに、なんともむなしいため息しか出ないのであるが、考えてみれば、最近の日本でも収穫前のサクランボなどがゴッソリとられていることを見れば、貧しい国だけの問題ではなく、もっと根源的に、野にあるものは、より手を出しやすいという通念があるのかもしれない。京都では出たての竹の子をとられたり、もっと悪質な親竹を伐ってしまうといった暴挙も見られる。親竹を伐られると次の世代を育てるまでのロスが大きいことを知っての悪質な行為である。

沈香植林で救われるのは、沈香の苗は育ちやすく、活着率が高いことである。植林のはじまる初期の頃は、母樹の下へ行って周辺に育ってきている稚樹を引き抜いてきて、それを育てるという方法が一般的であった。しかし、いまでは各地に育苗センターや個人の育苗家がいて、山出し苗や、実生苗を栽培して、大規模に沈香苗生産をおこなっている。これも最近の傾向で、この傾向はますます増えていくことだろう。そのうち、これまでのマツやユーカリの苗木と同じように、沈香の苗木生産がより一般化することになるだろう。そして植林後10年以内に今度は薬剤を注入して、いよいよ沈香成分をとりはじめる作業がはじまる。トリィさんの方法では、ドリルで30㎝間隔くらいの穴をあけ、そこへトリィさん考案のフサリウム菌を主体にした薬剤を注入する。すると数か月してフサリウム菌が浸透し、その後、その部分を修復するために、沈香成分が出てくるということになる。そして2年して伐倒し、沈香成分部分を採取する。伐採した木の根株からまた次の世代が萌芽してくるので、理論上は何世代にもわたって使えるという。まさに循環的な資源の利用が可能なのである。

しかし、はじめに述べたように、わたし自身はこの植林や薬剤注入といった作業にあまり深く立ち入りたくない。わたしの沈香への思いは、やはり、天然林のなかへ分け入り、非常に苦労をしてやっととり出した本来の沈香にある。これこそが男のロマンを満たす現代に残された数少ない資源探索の道なのであり、植林以後の処理は、トリィさんにまかせようと考えている。

3　沈香を扱う人びと

1　サマリンダの沈香商人

2007年8月27日、タナグロゴットから海峡をわたり、パリクパパンに着く。翌朝、バリクパパンの町の沈香屋を探すが、みな転職していて、結局誰にも会えず、諦めてサマリンダへ向かう。バリクパパンにはじめて来たのは1970年の2月であり、その頃、バリクパパンはまさに木の桟橋の上にできた町であった。ここからサマリンダへの道は開けておらず、40㎞だけ走ってあとは伐採道路に入ったことははじめに述べたとおりである。いまでは、アスファルトのよい道が尾根上を通り、2時間弱でサマリンダに着ける。この道の中途に教会があり、その奥に沈香の木があるという。せっかくなので見に行くが、ナカナカ大きな木が3本残っている。これは教会があるから、みな手出しをしないのである。宗教の力は強い。バリのサンゲの森も16世紀にその土地の王子が植えたものであり、インドネシア最古のフタバガキ科の植林地である。これは寺院のなかに植えられ、伐るとタタリがあるという言い伝えのためいまでも残ったのである。日本でも神社の森が残る背景にはタタリへの恐れの念があったためであろう。いずれにせよ、大事な木が残っているのはうれしいことである。

われわれはワナリセットという森林局の試験機関を通過し、ムラワルマン大学の演習林やJICAの試験地のあるブキットスハルトを越えて、やがてサマリンダに到着する。

サマリンダは、インドネシアの伐採のまさに中心となった町であり、いまも大小の木材工場がマハカム川沿いに並ぶ。材の量は減り、大きさこそ小さくなったが往時の最盛期をしのばせる巨大な貯木場や製材工場が広がる。これまで何度も来ているが、来る度に大きくなり、今回は巨大なモスクが建築中である。ブルネイで知り合った商社員の奥さんが、「わたしはどこの町へも行きましたが、サマリンダだけはダメでした」と1960年代当時のサマリンダの町の様子を話しておられた。おそらく、むくつけき男どもと木材という、これまた実に無粋で巨大な資源の地として、女性を受け入れる雰囲気はなかったのであろう。

この町は、木材資源の町であると同時に沈香の町でもある。というよりも、町が原生林で囲まれていた時代は、木材とともに、沈香も実に豊富にあったのである。ここには何人かの沈香商人がいて、古くから商売をしている。みな昔なじみであり、さっそく訪ねることにする。

何年も前のことなので、もう忘れているかと思いきや、意外と好きなことはよく覚えているものであり、近くまで行くとすぐそれとわかった。広い道に面し、前に車4台ほど停められる駐車場があって、その奥に常に戸の閉まっている平屋の家がそれである。訪ねると、いつもそうなのだが、しばらくして、若い者が顔を出し、用件をいうと取り次いでくれる。

なかは白い人造大理石張りの床の上に沈香のかたまりがいくつか整理中で、奥にソファがある。いつもここに座って沈香を見せてもらう。

はじめて来た1994年から10年以上の時がたっている。その間に二、三度来て変化を見ているのだが、今回、もっともこれまでと違ったことは元気がないということである。

聞いてみると、やはり資源が少なく、商売として成り立たないので、もうやめようかと思っているという。かつてはヘリコプターを飛ばし、奥のアポカヤンから何十トンという沈香を仕入れ、強気で明るかったが、そのヘリコプターが一度墜落したあたりから少しおかしくなり、いまはワシントン条約というウルサイものができて規制が厳しくなり、かつ伐採が進みすぎて、よい森がなくなり、上物がとれなくなったという。かつては「スーパー」という黒く重い逸品がいくつもとれたが、いまは、スーパーはほとんどなく、かつての二流品をスーパーといっているという。先行きが危ういので、これから先を本気で考えていて、すでにサイドビジネスも始めているという。まわりにいる若い連中も元気がないし、倉庫に山のように積んであった沈香もいまはほんの少ししかない。見せてもらったスーパーも確かに昔の「AB」クラスである。しかし値段はバカ高い。かつては本物のスーパーで1kgあたり5万円であったものが、いまは30万円～50万円、本物のスーパーはいま手許にないが70万円くらいはするという。わたしはかつてここで真のスーパーに接して、その黒々としたツヤと重さを知っているだけに、この現実はショックであった。

しかし、考えてみれば無理もない。1960年からはじまった伐採は、あらかたの森を伐りつくしてしまって、いま、このサマリンダから上流のスブルの森一帯にかけて、良材はほとんど出つくした感がある。天然林がなくなれば当然、沈香もなくなる。かつて天然林がドンドン伐られた時は、同じように沈香も出てきて、おそらく史上最高の質と量のものが出回ったのである。そのピークはもはやすぎて、いまでは残された森や、はるか遠くの森から細々と資源が出てくるにすぎないのである。

サマリンダがかつてはその中心であっただけに、現在の落差はきわめて大きくひびいてくるであろう。ここにあった何軒かの業者も半分くらいになっているという。いささかさびしいかぎりだが、相手が生き物であり、かつ限られた資源であるから、いずれはこういったことになるのである。

しかし、一方で、ある業者はいう。伐採がほとんど終了し、伐採業者が場を移していった後、一部の森が残され、そこからまた沈香が再生してきている。カリマンタンは大きい。まだまだ出る可能性は大きいと。

これもまた事実である。1900年代の終わり頃から、沈香業者の多くは、カリマンタンを離れ、パプアへ移った。パプアにはまさに手つかずの沈香がある。パプアでは伐採もおこなわれていない。湿地から山まで、無尽蔵の沈香があり、いまやとり放題だというのである。ところが、パプアから出る沈香は質が悪い。こちらのが主として *Aquilaria* という属のものであるのに対し、むこうのは *Gyrinops* という別の属のもので、香りが浅く、材も茶色で重味もない。これまで *Aquilaria* の香りに慣れた人には、パプアの沈香はとても勝負できるものではないという。事実、パプアのものはカリマンタンの最下等のものと同じ値で流通していたものである。

香りの質について、しかし、また、別の業者は、「人間の好みというのは勝手なもので、カリマンタンのものがなくなり、パプアのものだけになれば、またそれに慣れてしまうわ」という。それもまた事実であり、当初出かけの頃のパプアの沈香は、さんたんたる悪評であったが、時間がたつにつれ、市場に広く出まわりパプア産が優勢になると、確かにそれがふつうになってきたのである。また、業者の方もパプアは広いから低地だけでなく、山の方へ上り、東カリマンタンの沈香と同じものを開発するようにもなってきた。実におもしろい人の心の動きと業者の読みの深さである。パプアの沈香の話は、また別の機会に詳しく書くが、カリマンタンとパプアというのは常に比較されて論じられる存在であった。そして、２０１１年の段階では、パプア産のものも決してカリマンタン産に劣らないというところにまでなってきたのである。

とはいえ、やはり、沈香の本場はカリマンタンである、という気持ちは業者のなかでとくに強い。世界一の卸問屋の並ぶシンガポールでも、やはりもっとも上物は、カリマンタンであるか、サラワク、ブルネイである。サマリンダは、少なくなったとはいえ、まだまだしぶとく、残り香を集めるように、少ない量ではあるが、綿々と沈香は出てきているのである。

サマリンダで会った商人のなかにマカッサルから１９８５年にやってきて、ここで沈香業をいとなんでいる男の話をきいた。彼はブギス人で10人の手下をもち、かれらが常時森へ入って地元の村人をつれ山へ入ったり、村に行って村民の集めてきた沈香をここへもってくる。その多くはマハカム川とロンブク川の上流からくる *Aquilaria beccariana*、*A. microcarpa*、*A. malaccensis* 等である。サマリンダの業者の特徴は、こういった外領から来ていついている人が多い。他にスマトラのリアウから来ている人もいる。また地元の上流域から来て、村民をたばねている人もいる。

タナグロゴットの人びとが新しいタイプの沈香取り扱い人であるとすれば、このサマリンダにいる業者は、もっとも伝統的なスタイルの業者である。はじめに述べた業者は５００人ばかりの子分をもち、かれらに前金を渡して、食料や必要な器材を調達し、収穫があると、ちゃんと自分のところへ売りにくる仕組みをつくっている。そうでないと、買手はいくらでもいるので、コレクターは値のよい方へ流してしまうのである。

ガハルハンティング（沈香をガハルとインドネシア語でよぶ）は、５人くらいのグループで入る。米、テント、トウガラシ、塩、砂糖、コーヒー、タバコ、斧、食器、小刀などを持ち、手近な川のほとりでベースキャンプをつくる。ここを基地にし、一人一人、別個に毎日、探索に出かける。プナンなどの熟練した人びとは、葉で見分け、新米は白い幹で見分けるという。見つかると試し切りをし、なかに黒い沈香成分があると伐倒し、玉切りにして、30㎝長の丸太の白太部分をそいで、黒い部分をキャンプまでもって帰り、夜なべ仕事で、彫刻刀のようなもので白太をそぎおとし、黒味部分を残していく。こうしてそぎ終わったものが沈香である。キャンプで魚をとったり、時にマメジカなどの獣をとることもある。大体30日前後、長い時には2か月ほどキャンプに滞在し、迎えにきたボートで帰り、ボスに沈香を売る。ボスは持ち込まれた沈香をもう一度仕分けし、現金で支払う。とれる量は人により、チャンスによりさまざまであり、多い時は数十kg、少ないと数kgで、スーパーのような上物はめったにとれなくなったという。かつては木一本まるまるスーパーということもあったらしい。

ボスのもとには数人の若い者がいて、常に仕分けをしたり、乾かしたりして、さらに沈香の質を上げていく。そして、これらをまとめて、さらに上のボスに送る。インドネシアの場合、ジャカルタに送り、そこからシンガポールに送られる。シンガポールでは卸問屋が十数軒あり、そこで送られてきた品を再度、仕分けし、対価が支払われる。

シンガポールの卸問屋には巨大な倉庫が並び、そこにタバコのダンボール箱や袋詰めにされた沈香が積み上げられていて、何人もの人が仕分けをしている。そこへお客さんがやってきて、モノを見て、買っていく。もっともよい客は、中東のアラブ圏からの商人で、スーパーのなかでもとびきりの上物のみを一度に2億円分ほど買っていく。もう一方の極端な安物買いはバングラデシュの商人で、かれらは一番安い沈香を買い、それをさらにアラブ向けに加工して小さな利益を得る。シンガポールの業者は全部中国人であるが、アラブ商人への橋渡しは、バングラデシュやインドの商人がおこなっている。日本は特殊で、むずかしい国なので、あまり相手にしたがらず、一軒だけが扱っているという。最近の動きでは、中国が市場解放後、急速に伸びてきて、中国向けの輸出が伸びているようである。

はじめに述べたように、こういった沈香の流れを１９９５年の論文で図にしたのが図1である。これは当時の流れを描いたものであって、パプアは入っていない。その後採取地の中心はカリマンタンからパプアに移り、パプアの比重が大きくなりだした。図2は２００７年頃の情勢を考えて修正した図であり、カリマンタン中心であった採取地が、パプアへ移っていった様子を示している。

このように、ここ数十年の間に、沈香の流れは、かなり変化を見せているが、さきほども述べたように、カリマンタ

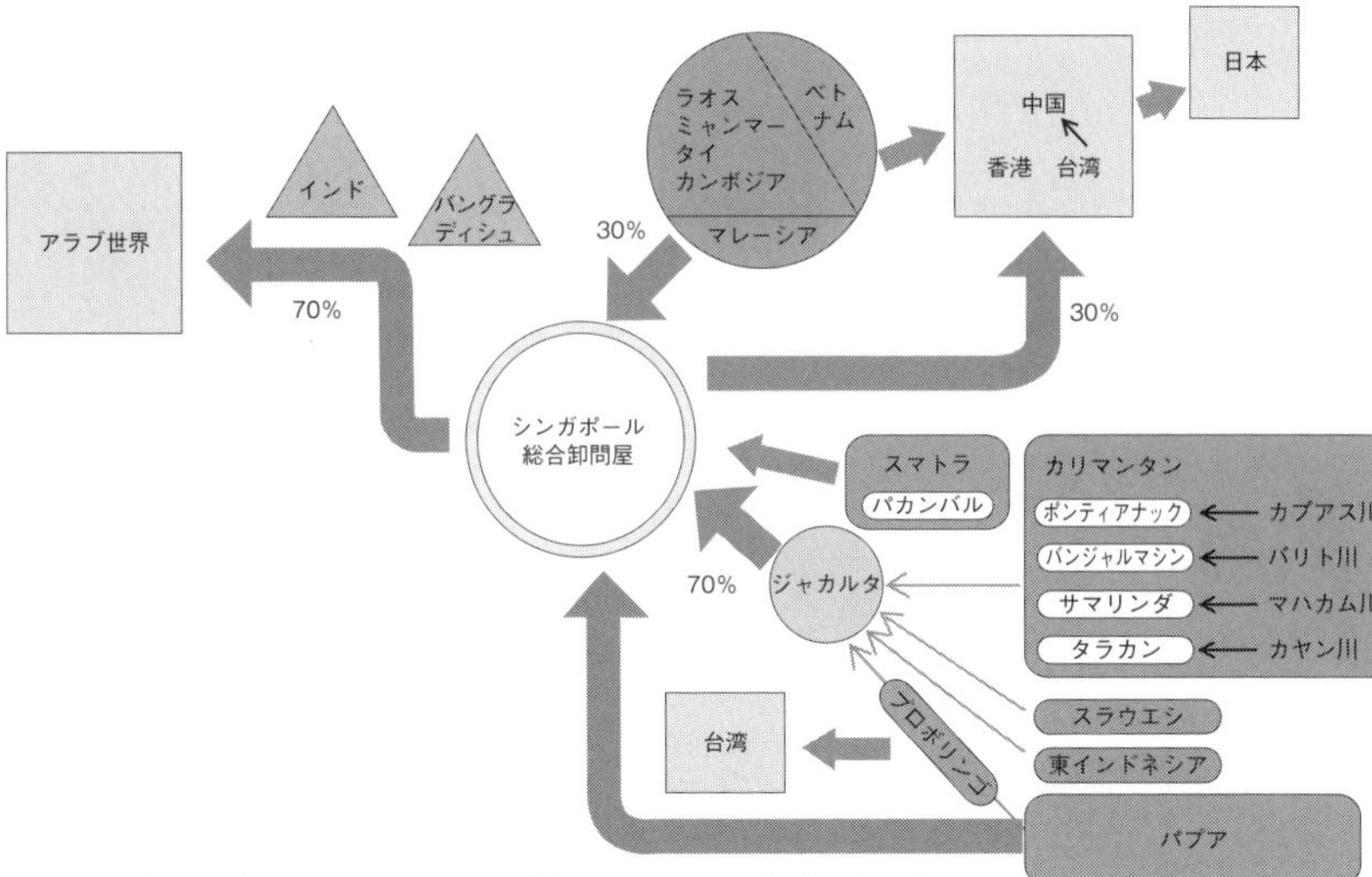

図2　2007年頃の東南アジアからアラブ世界にかけての沈香の流れ図。
出所：筆者作成。

ンの沈香がまったくなくなったわけではない。沈香という森の宝を探す人びとの足跡は、より遠く、より深く森のなかへ入り、なんとか残された貴重な資源を探りだそうとしている。そこにこそ、沈香探索の醍醐味があるといえよう。われわれはサマリンダを離れ、さらに北へ進む。

2　サンクリラン周辺の沈香採取人

２００７年８月27日、サマリンダを出て海岸線に向かい、ボンタンを目指す。ここは石油基地でもある。ここの海岸につきでた岬の先がリゾートのようになり、うまい魚を食わすという。水上集落の上を行くと、各家々が鉢植えの花々を軒先に飾っている。当然庭がないので、その代用品である。京都の路地に並べた鉢を思い出す。京都は土地がないから、ここは水の上で土がないから、鉢を並べる。

先端に大きなレストランがあるが客は誰もいない。長い時間を待って魚とエビを食う。味はよい。マングローブの沖に漁師の小舟が一艘浮かんでいる。のんびりしたよい眺めである。ここでこれまでの悪路の疲れをとり、ボンタンに宿をとる。今日は月蝕である。ここにも沈香はあったが、安物である。石油の町には似つかわしくないのかもしれない。

翌朝、ここからサンガタ、ブンガロンを経て二次林のなかの道

写真2　焼けたサンクリランの市場。
出所：筆者撮影。

を通り、サンクリランに着く（写真2）。ここは三度めである。ここの市場はよく燃える。今回もまた燃えて、杭のみが残っている。ここで4人の妻をもっているという82歳の小柄な老人に会う。4人妻をもつ心境を聞いてみると、顔をしかめ、こんなことはすべきでなかった、わたしの人生は失敗した、4人の妻に気を遣って毎日暮らすことを考えてみてくれ、と返事がくる。しかし、まあよいこともあるのだろう。そうでなければ、4人ももつことはあるまい。夕方、モスクへ通う女性たちの白い衣服が夕ぐれの森と町にうかぶ。夕焼けも美しい。1泊100円のベッドと小さな扇風機だけの部屋に泊る。マンディはドラム缶に水が半分ほど入っていて、それなりに快適である。

翌朝、スピードボートを雇って、カランガンへ向かう。海沿いの道はずっとマングローブが続き、数軒、木材を出している工場があるが、材が小さくなっている。そして多くの製材工場が店を閉めている。もはやこの奥に材はないのだろう。一軒、木造大型船をつくっているところがある。

カランガンは小さなしめっぽい小村である。ぬかるんだ道をオジェ（バイクタクシー）に乗って沈香屋へ向かう。ここはかなり期待していた通り、いい沈香がある。少し奥まったところなので、扱う人間も気が大きく、明るい。大量にABクラスを出してくれる。これまでで、一番モノはよい。アレコレ見せてもらい、いつもと同じく買うのはほんの少しだから、相手も拍子抜けのようだが、やむをえない。トリィさんのサンプル用だけで値も高いので、そう買えない。商売ではないのでと理解してもらい、少し余計目に買う。大変話がはずんで、むこうも気にいり、沈香でつくった灰皿をもらう。取手つきの、すべて沈香の贅沢な灰皿である。タバコのためよりも、香をたく器としてよい。ここでは3人の沈香屋とあった。みなこの奥からとってくるという。もっとも気があったのは東ロンボク出身のスマウンという25歳の男性、トリィさんがロンボクからきたというので、いろいろなことを教えてくれる。ここで集めているのは、*Aquilaria beccariana*、*A. microcarpa*、*A. malaccensis* の3種でダヤク人の住む山々から集めるという。ちなみに地名を聞いてみると、Kanbun、Rapak、Tanjung pagar、Marukamgam、Susuk Luar、Susuk Dalam、Kerayaan、Tanjung Manis、Berium 山、Mahakam 川、Tabalar 川、Batu pagar、Batu lembu、Karangan 川、Baai 川などずいぶんと広い地域にわたっている。彼は植林もしていて、ロンボクの自分の家の近くに東カリマンタンからとりよせた稚樹を植えている。

このサンクリラン一帯はサマリンダと同じく、かつての伐採基地として栄えたところであると同時に、沈香を求めて大量の人びとが森へ入ったところである。さらに、このあたりには奥深い石灰岩の洞窟が多い。そのなかにはアナツバメの巣があり、中国人の好むサランブルン（ツバメの巣）が見つかる。この上を飛行機で飛ぶと、実に凹凸のはげしい石灰岩の地形を見ることができる。以前来た時はこの石灰岩の洞窟へ入るべく努力したが、雨季の最中で、急斜面のドロ道で結局行けずにとりのこしている。情報だけは得て、一人のインフォーマントは、プティ（上物のツバメの巣）を30kgとれる穴をもっているといっていたが、そういった穴が数千はあって、まだ全貌がわかっていないという。沈香とツバメの巣という、熱帯雨林の二大資源が共存しているのがこの地域である。将来的には沈香よりもツバメの巣の宝庫として脚光を浴びる可能性の大きい地域である。

カランガンを出て、昼からもとの道を少し戻り、さらに北へ向かい、ムアラワハウへ向かう。ここも三度めだが、来る度に大きく変化している。伐採と山火事によってまったくひどい状況になった二次林のなかを延々と走る。入口近くに巨大な石炭の露天掘りがあり、そこから後は、二次林、アランアラン、そしてそこを開発しつつあるオイルパームの新植地を走る。夕方、暗くなってムアラワハウ村へ着く。ここもはじめは、まったく何もない村であったが、少しずつ店や宿がたち、いまでは3軒の宿泊所があり、市場や食堂もできている。一番上等のホテルは満室で、村外れのプンギナパンに泊る。ここは、まさに開拓前線の中心であり、こういうところには一攫千金を求めて、多くの沈香商人がいるのである。

以前来た時に会ったことのあるウディンという沈香屋を翌朝訪ねる。バンジャルマシン出身の男性で、*Aquilaria beccariana* を主に集め、1991年から沈香油の生産もおこなっている。以前来た時は、土間だったが、いまは新しいタイル張りの美しい床の家で、若い者を使って沈香の仕分けをおこなっている。この人の守備範囲はワハウの上流部分とクライ川の上流域である。この人の家の変化と周辺の人びとを見ていると、町というのは、このようにしてごく自然発生的にできていくのかとよく理解できる。

そして、ここに拠点を置くウディンほか数人の沈香商人も、少しずつ資産をため、藁ぶきの家からトタンになり、やがて、しっかりとした屋根瓦のついたコンクリート製で美しいタイルをはった家でソファとふわふわのベッドで寝ることになるのである。ニューギニアでもそうであったが、村民の一番ほしがるものは、マットレスのベッドである。固い床に長く寝てきた者にとって、あのフワフワ感は、極楽にいるにも等しい居心地のよいものなのだろう。日本にはモノはありすぎて、新しいどんな物ができてもありがたく思わなくなってしまったが、こういう開拓前線では人のもっとも原初的な喜びを満たす優先順位がはっきりしている。

2000年にどこへ行ってもあった小製材工場はすべてなくなっている。インドネシアではスハルト体制の後、1999年から地方分権政策がとられた。その結果、それまで中央政府の許可制であった伐採権の許可が地方に移り、伐採規模もかつての数十万haから100ha規模におとされ、誰でも簡単に伐採ができるようになった。地方分権は、本来、地方が主体となって、より現場に密着した環境保全的伐採をおこなうチャンスであったが、フタをあけてみると小スハルト的な人物と政策が横行し、残された森は、さらなるスピードで消えていったのである。2002年にはこのムアラワハウの村の南北のはずれに、10軒以上の小製材工場があり、小さなバンドソー一つで2人の人間が働き、次々と運びこまれる小径材を板にひき、どこかへ小舟でもっていかれていたのである。その多くはインドネシアからマレーシアへ入り、マレーシア産として合法的に売られたとされている。スンガイワハウまでの広大な二次林と、ここのまわりの二次林やオイルパームの新植地は、みなその後にできたものなのである。そして、一本道の道路沿いに店が建ち、ホテルができ、食料品屋ができる。そうなると、誰もがここで一泊していこうという気になり、さらにこの村は多くのモノをそろえるようになっていく。まだビルは建っていないが、そのうちビルもでき、役所の建物もしっかりとし、町としての体制を整えていくことになるだろう。その時にいまある沈香屋さんはどうしているだろうか。数年後にもう一度訪ね

写真３　ひたすら沈香の白い部分を削り取り黒い部分を取り出す、根気のいる作業。
出所：2007 年、筆者撮影。

写真４　沈香油をしぼる装置一式。
出所：2007 年、筆者撮影。

ると約束し、さらに北へと進む。

２００２年のムアラワハウから北の道は、まさに開発前線であり、まだ大きな樹木がしげり、その間に見事な焼畑がおこなわれていた。急斜面を切り開き、一方向に整然と倒された材木は、よく燃え、豊かな陸稲《りくとう》をつくっていた。しかし、いま、このあたりはさらに開発が進み、森は減り、かつての原初的な焼畑の姿を見ることはできない。途中にクライ川の橋があり、この周辺も新しい役所とモスクがあり、ほんのほったて小屋であった店も立派に一軒をかまえるようになった。クライ川は満々と水をたたえ、ゆったりと流れている。この対岸と上流にはまだよい森が残っているようである。

ここから海沿いのタンジュンレデブまでの道は焼畑がさらに増えてきた。夕方、町着。久々によいホテルに泊まる。金はいよいよなし。

翌朝、アミさんを探す。この町でもっとも大きな沈香屋と聞いてきたが、ナカナカ見つからず、1時間探してやっと出会う。まだ若く33歳、やはりマタラム出身である。トリィさんと気があう。7人の若い人が、さかんに沈香を削っている。ウラの倉庫に8基の油しぼり器がある。若く聡明な人物であり、受け答えがスッキリしている。ここで「トリプル」という沈香を見せてもらう。「スーパー」のなかでもとりわけよいという漆黒のものでたいへんよい。1kgで５０００米ドルである。台湾人が好んで買うという。ほんの１００g買っても５００米ドルである。いよいよ資金は底をついてくる。まだこの先は長い。いつものことだが、もう少し予算に余裕があればと思うが、退職者には無理というものである（写真3、4）。

しかし、やっと本当の上物に接することができ大変満足する。彼は２００人の部下をもち、１人に５００万ルピア（１ルピアは日本円で約０・００８５円／２００７年８月）渡して１～２か月沈香を探させる。

ここでタラカンへの飛行機を探すが燃料がないという。サマリンダでもアポカヤンへの飛行機を探したがやはり燃料が高騰して買えないという。アポカヤンはぜひもう一度行きたいところだが、今回は諦めるしかなかった。

ここから海沿いにタンジュンレデブまでいき、ここからスピードボートでタラカンへわたる。タラカンにはわたしの長年の知り合いがいる。

4　熱帯雨林の生態資源を担う人びと

１　タラカンの沈香大商人

２００７年９月１日、タラカンへ。タラカンにはじめて来たのは１９９２年である。まだ沈香の調査をはじめたばかりで、いよいよ本格的にカリマンタンの沈香を片っ端から調べようと思っていた矢先に彼に会った。

彼の名はチャンドラ・レスマナ。知る人ぞ知るインドネシアでも５本の指に入る大沈香商人である。タラカンの港から北へ町はずれの手前にこの島一番のホテルがあり、彼の家はそのすぐ前にある。白亜の大理石の３階建ての大豪邸である。いまでこそまわりに高いビルが建って、大きくは見えないが、はじめて見た時は、これが沈香で築いた富で建てたものかとうなるような、すばらしい家であった。公園のような庭やテニスコートがあり、道からはるか奥の海まで全部が敷地であった。

はじめて会った時のインタビューから、何度も訪れ、変化を少しずつ感じていたが、今度は、少し様子がちがう。えらく静かである。５年前の２００２年は毎晩テニスの会をひらき、自由にやってくる友人や市民に、大量のトリ肉、野菜などの食事をつくり、ふるまっていたのである。

彼はもと伐採現場のキャンプマネージャーをやって東カリマンタン一帯を知りつくしていた。そして、その間に沈香のある場所とそれを探索する村人らのあたりをつけ、40代で退職後は、沈香に集中した。2000人近い人びとを派遣し、そのもってくる沈香をまわりより高値で買い続けた。ちょっとしたものでも言い値で買うことによって、東カリマンタンの沈香の多くが彼のもとに集まった。彼は沈香を売り、油もとり、かつ、ツバメの巣にも手を出して、スラバヤに500人の女工をかかえるツバメの巣工場をつくった。ツバメの巣には、鳥の毛などの不純物が混じっているため、それを一本一本ピンセットでとってきれいにしたものを売るのである。これら二つの事業によって、彼は莫大な財産を築き、白亜の豪邸を建てたのである。

財をなしてからは、彼は地元やスラバヤなどで数々の慈善事業に出資し、ハリラヤの前にやってくる地元の役所などにもこまめに対処する。5年前に見たテニス場の開放と夕食の世話もその一貫であった。

今回、何となく淋しい理由は、やはりワシントン条約の規制であった。彼はもう長く沈香を商ってきたので、そろそろ引きどきと感じ、留学から戻ってきた息子に沈香とツバメの巣を引き渡しつつある。そして自分は、オイルパームにのり出すという。5年前、木材が飛ぶように売れた時には、コンセッションをとって、しばらく伐採もしていた。いまは、タンジュンレデブからマリナウへの道沿いに5000haのオイルパーム園を開発中であるという。

そして、シンガポールへ行き、わたしのいつも訪ねる卸問屋の話をしてくれた。そして、朝鮮人参というとても高い、別の資源があることも知った。朝鮮人参にくらべて、沈香はそれほど高くはない。これまでわたしが接したもっとも高い長白山の朝鮮人参天然物は800gで2000万円であった。沈香はまだその20分の1くらいにしかなっていない。

彼はもう60歳近く、えらく疲れたように見える。医者にも通っているらしい。こちらの人は消耗がはげしいので、60歳に近くなると、日本の70歳以上の感じになる。

残されたわずかな沈香を見せてもらい、何種類かある油のうち、一番よいものを少しわけてもらって再会を約して別れる。数年おきに間をおいて人に会うと、その間の出来事の結果が集約されて顔や姿勢に出てくる。この次会う時はどんな風になっているだろうと思いつつ、タラカンのもう一軒を訪ねる。

ここはじめてだが、アラブ系の人である。調子のいい老人で、大商人ではないが、こまかく、安物を集め、それを三角形のドウパ（三角錐の型をした線香）という線香のようなものにしてアラブへ売っている。彼の家には沈香以外におもしろい石が置いてある。彼自身は石の方が好きらしく、いろいろ説明してくれる。友人が「石をはじめたらもう終わりじゃ」といったのをわたしは忠実に守り、石だけには手を出していない。中国や東南アジアにはおもしろい石はゴロゴロしている。とくに中国には石好きが多く、石にあう台を自分でつくって楽しんでいる人も多い。この人のもつ石もめずらしいものだが、ほめるだけにし、ドウパをわけてもらって戻る。

翌朝、対岸のタンジュンセロールでアラブの沈香屋さんに会う。この人はまさにアラブの宣教師の末裔で、いまもモスクで導師をしている。何度も会っているが会うたびに太ってきている。1日4回食事をしても腹が減ると笑う。糖尿病らしい。彼の家には常に人が待っている、みな陳情団である。お祝いの日であるハリラヤの前には、各役所から人がきて寄付を頼む。彼は嫌がらず、丁寧に対処する。これも地域のためだろう。沈香の量はさほどでもないが、この人もさまざまな付き合いのなかから、いまは、兵舎のための土地開発と、兵舎建築に関わっているという。沈香の高値などをはるかにこえる巨大な資金が動き、その中心的役割を担っているという。したがって、きわめて陽気で調子がいい。インドネシアではこういった話が多く、地方の有力者は、次々と大きな金の動く話にのっていける仕組みになっている。

ここまでの旅で一応、東カリマンタンの沈香の中心的な地域は網羅したことになる。抜けているのは、アポカヤンとマハカムの上流域だが、それはまた別の機会に述べたい。

ここからは、サバとの国境に近いマリナウへ向かう。この道はかつて一度行ったきりで、2002年のその時には、あまり時間がなく、かつ森に入ったため、沈香の情報はそうとれなかった。今回は沈香だけにしぼって集中することにし、マリナウへの悪路を遠々と走った。

2　マリナウ周辺の沈香

タンジュンセロールからマリナウへの道の途中に、チャンドラさんの言っていたオイルパームの開拓地があった（写真5）。二次林を焼き、ブルドーザーで斜面に等高線状に植え付け用のテラスを築いていた。かつては大森林のあった

写真５　5000ha のアブラヤシ農園を準備中。
出所：2007 年、筆者撮影。

写真６　焼畑の斜面上に残るムンガリスの大木。
出所：2007 年、筆者撮影。

ところが、いまこうしてオイルパームに変わりつつある風景は、この先のサバ州ではすでに２０００年頃から始まっている。逆にいえばこのマリナウ一帯は、この東カリマンタンでも、もっとも開発の遅れた地域であり、やっとオイルパームが植えられはじめた段階といえる。そのかわり、焼畑は実にすばらしい。大斜面のマカランガの二次林をきれいに一方向に伐採し、火をつける作業がいまおこなわれている。焼畑については環境破壊の元凶などといわれて禁止するところが多いが、ここマリナウでは、実にうまく二次林を燃やして焼畑作業をおこなっている。こういう場所を見て、焼畑はけしからぬという人はいないであろう。

マリナウへは丸一日ばかりかかってやっと着く。途中坂道でエンコしたり、泥道に落ち込んだりしたが、まずまずの道ではあった。マリナウの町もひなびたよい町であり、ここのプンギナパンに数泊することになり、ついた夜から情報を集め、やはり目玉はさらなる上流域にあることを知り、明朝、ボートで向かう手はずを整える。

翌朝マリナウの町から船着き場のある町まで走り、そこから村長が同行し、ボートでさかのぼる。

川の両岸はみごとな焼畑とドリアンの大木が並び、ムンガリスの高木が残る（写真６）。カリマンタンの川は、昔から村の人びとにとっては唯一の交通の主幹線路であり、その両岸は周辺の村々の焼畑として、繰り返し使われていた。ちょうど半円形のような形で川からすぐの斜面の中腹付近までを伐倒し、乾かして火にかけ、後に陸稲を植える。10年から15年ほどして、マカランガの二次林となった森は、再び伐倒され、同じことがくり返される。焼畑に利用する部分は、中腹までで、尾根上部の急斜面で土の悪いところは原生林のままで残しておく。したがって土壌侵食などは少なく、循環的なすぐれた土地使用を繰り返してきたのである。このマリナウの川の周辺には、こういった昔ながらの焼畑が見られ、心が落ち着く。

焼畑に関しては、多くの意見があり、多くの国では最近、焼畑を禁止し、定着農業に移行するように働きかけている。しかし、こういった奥地では、これまでの古式な焼畑がもっともすぐれた農法として考えられている。地域の人びとは熟練したプロであり、火を延焼させるようなヘマはやらず、見事に畑をつくっていく。最近の乱開発とともに入ってきたジャワや外領の小島の焼畑を知らない農民が焼畑をして失敗したり、ひんしゅくをかったりするのとは訳が違う。見ていてもホレボレするくらいの大きさといい斜面といい、まわりの二次林の状況といい、モザイク状のすばらしい生態系が展開する。そして、所どころにかたくて切れないムンガリスの白い幹がそびえて大きな樹冠を広げているのである。

初日に訪れたのは、このあたりでもっとも大きな沈香を扱う43歳のダヤク人の家であった。スピードボートで40分くらい進むと、左岸に、しっかりしたコンクリート製の石段がつき、その上にブルーの大きな家があった。彼は、ここで沈香の仕事をしているが、やはりワシントン条約がひっかかっていて、なかなか厳しい表情である。しかし話をするうちに、われわれが研究者であり、商売をしに来たのではないとわかり、やや失望しつつ、しかし安心していろいろと話してくれる。彼自身も、資源が少しずつ少なくなり、ワシントン条約などの規制が厳しくなってきて、ゆくゆくはもっと植林をしていく必要性を感じていて、トリィさんにぜひセミナーをやってほしいと期待している。対岸に農園があり、ここに、直径40㎝をこえる沈香の木が育っている。夕陽のあたる牧場兼農園のなかで、トリィさんはこの木からサンプルをとる。これから先どう変わっていくのか、不安げな表情で、トリィさんの採集する種子や葉を見ているこの人の心中はどうなのであろうか（写真7）。

翌日は、ここよりもずっと上流の沈香をとる中心の村へ上る。小さな村であるが、村の人のほとんどが沈香をとりにいき、いくつかストックをもっている。どれもこれもＡＢクラスの上といったところで、いまの相場から考えると悪くはない。最後に、村長のオヤジさんが別室へよんで見せてくれた沈香はかつてのスーパーに匹敵する黒々とした逸品であった。これくらいの品質のものはなかなかむずかしくなったと70歳をこえる老人はいう。昔はいくらでもあったものが、いまはサバの国境を越えて入っていってもなかなかないという。

同じボルネオであっても、サバの人は沈香をあまりとらない。インドネシアの人が国境を越えてサバの森に入り、ボートでこちらへ運んでくる。とくにパスポートもたず、常態化した国境越えはごくふつうのことである。東カリマンタンのなかではこのマリナウは一番北の僻地である。しかし、サバにはもっとも近い。サバはボルネオ島のなかでは先進地域であり、植林やオイルパームはもっともはやく始まった地域である。サバの国境を越えて、このマリナウの北の焼畑跡には、いま、アカシアマンギウムが植えられはじめている。これも明らかにサバの影響である。サバはもっともはやくアカシアマンギウムを導入したところなのである。ところが不思議なことにサバでは沈香採取の話を聞かない。これまで何度も調査をしているのだが、沈香は、華人の薬屋に安物が少し置かれているのと、沈香とはまったく関係のない香木的な材が一度出てきたきりで、これまでよい沈香にであったためしがない。

写真７　トリィさんが沈香のサンプルをとる。
出所：2007年、筆者撮影。

これは一つには、沈香採取という作業の一面を物語るようでおもしろいとわたしは思っている。沈香を採取するには、まず奥深い森とそこへ入って探す先住民の人がいる。そして、それ以外に収入のない人びとが沈香に生活をかけている。おそらくサバでは、こういった要素が少ないことと同時に、より技術が進んだと思われる植林やオイルパームに力を注ぐため、マイナーでやっかいな沈香にはほとんど目がいかないのであろう。

わたし自身や、多くの沈香商人などは、沈香という稀有な資源にのめりこんでいるため、まわりがよく見えていないが、広く見れば、沈香採取はきわめて、プリミティブな作業なのである。そして、逆にいえば、プリミティブであるからこそ、人間の原初的な欲望を満たす喜びがあるのだろう。

最近の沈香の植林の傾向は、したがって、これまでの原初的欲求とは別の感覚をもった人びとの技であり、それがゆえにわたしはあまり興味がわかないのである。全体的なすう勢は今後、ますます植林事業が増えていき、森へわけ入る人びとはさらに減っていくことだろう。

沈香と同じ貴重な資源であるツバメの巣についても同じことがいえる。ここ10年ばかりの間に増えたのは、町の空きビルをツバメの巣づくりに貸すというまったく新しい試みである。マタラムの町の入口付近にこういったビルが何棟もあり、そのなかで、テープレコーダーでツバメの鳴き声をならし、ツバメを呼び込む。なかに巣をつくる空間は山ほどあり、ここで採取するのは、深い森のなかの、さらに深い洞窟に下りていくより、はるかに簡便である。人の新たな工夫は意外な方向性を打ち出したのであるが、ここでも大事なものが何か失われている。それは、あるかないかわからないものを探し出す発見の喜びがまったくないことである。人はこの喜びを捨てて、常時、採取が可能なビルにツバメを呼び入れ、沈香に関していえば、植林して人工的に沈香をとる仕組みを考えたのである。サバは、その先端をいっている地域であり、そのすぐ南に、もっともプリミティブな世界が残っているのもおもしろい。

スカマジュの村で見た沈香は、サバの南までここの人びとが入ってとってきた沈香であった。この村の少し上に支流との合流点があり、ここにある華人が沈香を扱っている。彼は父の時代にここへ入り、それからずっとここで、沈香やツバメの巣を扱っている。サバから戻ってくる人びとはちょうど、この合流点で一休みし、同時に収穫物を売っていく(写真8)。華人の家には古い中国語の額があり、奥の部屋には上物の大小の沈香が置いてある。前庭にはカラガナの黄色の花が満開で、ここにトリバネアゲハが群舞している。人里離れた一軒家ですごすのは大変だろうが、それなりの楽しみもあるのだろう。残された母は一人、離れて、じっと遠くを見つめている。ここで夫とともに暮らし、夫が死んだ後、息子があとを継ぐが、この先そう長くはない自分の人生を振り返るように無言でじっと一点を見つめている。

ここでわたしの沈香資金は底をつくが、底をつくまで買い続けるのも一つの執念である。ここは今回のもっとも上流域なので、金を使い果たしても悔いはない。また町へ行けばトリィさんに手伝ってもらって現金をカードで引き出すこともできる。

一応のキリをつけて、最後の沈香を少しわけてもらい、川を下る。帰り道、両側の岸のムンガリスの大木と見事な焼畑を眺めつつ、この姿がいつまで残るかを考える。おそらく、サバに見られるように、こういったところも何十年かすればオイルパーム園になっていくであろう。その時に沈香探索の人びとがどうしているのか、もう一度訪ねたいと思いつつ、夕陽の川を後にした。

5 これからの沈香

写真8　サバから沈香をとってきた人が集まる。
出所：2007年、筆者撮影。

1　サバを見る

町へ戻り、周辺のガハル商人をあたる。そのうちの一人がワシントン条約にかかわる許可証を取得していて、輸出の業務を一手に引き受けていることを知る。町の近くに住んで、むずかしい事務仕事を引き受ける人がいないため、大いに繁盛しているという。こういった能力に優れた人物は、沈香商人のなかでめずらしい。彼はここととジャカルタの間を忙しく行き来して、ふつうの人がマイナスに考えているワシントン条約をプラスに考えてたいへん先行きが明るい。

同じ道を引き返すが、ちょうど、火をつけて焼いているところが多く、かつその焼跡に棒を使って陸稲を植えている現場に出くわす。みな陽気でカメラを向けると踊り出す。一村総出で共同作業をしているらしく、かなり広い面積を焼いている（写真9）。

タンジュンセロールでは情報を聞きに森林局へよる。トリィさんの旦那は森林局員なのでたいへんやりやすい。インドネシアでは、同じ職場とか親戚、知り合いという関係があると扱いが違う。ここでは２００１年から２００９年の間に２７００haの沈香木植林計画を実行中である。こういった大型計画を遂行するためには苗畑がしっかりしていなくてはならない。森林局は近隣の民間の業者に苗づくりを依頼している。これまでの早生樹種とは違って、沈香木の植林の時代がはじまっているのである。

その後も同じ道をたどり、バリクパパンからジャカルタへ飛び、ここでインドネシア沈香協会会長のファイサル氏に会う。港の近くの新しいビル群のなかに事務所があり、いろいろな沈香のサンプルを置いている。ここでアラブでいま流行しているＢＭＷ（ブラックマジックウッドの略）を見せてもらう。これは沈香木の白太の材に沈香の油をしみこませ本物の沈香らしく見せたものである。つくっている方にすれば、材も沈香、油も沈香だからニセ物ではないというが、これも最近の悪しき傾向の一つである。もう一つはベトナム産に多いが沈香材のなかに鉄のかたまりが埋めてあって重さを増やしているもの、人はいろいろと知恵が働くものである。

写真９　村の人が総出で焼畑の準備。
出所：2007 年、筆者撮影。

ファイサルさんはワシントン条約による規制がはじまっているが、毎年40トンくらいは出荷できるから問題はないと強気で、トリィさんとわたしにセミナーをやってほしいという。アンボン出身の彼は、スマトラで主に仕事をしている沈香商人のなかでも、もっともやり手の一人である。こういう人がいる以上、インドネシアの沈香も安心できる気がする。

ジャカルタでトリィさんと別れる。彼女はガシャマダ大学で博士号をとるため、いまは休職中で、ガシャマダ大学の博士課程にいる。インドネシアの文部省の方針で、学位をもっていないやや年配の教官に学位をとらせる制度にのっているのである。わたしもその審査員の一人として末席を汚している。トリィさんが沈香で学位をとれることを祈りつつ、別れる。

ここからシンガポールへ出、マレーシア航空でコタキナバルへ。ここで大雨の通りすぎるのをまち、サンダカンへ。荷物も無事ジャカルタから着く。ここで市川昌広、内藤大輔両氏と会い、しばらくいっしょに歩く。

翌日、サンダカンの町で沈香を探すが、やはりなし。華人の薬局にも、たまに人がもってくるくらいだという。その代わり、ツバメの巣は多い。古い店にゴマントンケーブのツバメの巣とりの模型図などがつくってある。

ここから、内藤君の住み込んでいる森林認証制度の村へ行く。どこを見てもオイルパーム園で、マリナウで見たような川岸の焼畑の部分まですっかりオイルパームになっている。洪水の川をわたり、村へ入って一夜を過ごした朝、膝がはれて痛むのに気がつく。ゆっくりと町を歩き、一通り見て、サンダカンへ着き、医者へ行くが、ほとんど何も処置なし。帰りのエレベーターのなかに2時間閉じ込められ、キナバル登山の機会をまたのがしてしまう。

足もはれているので、無理はせず、キナバル登山はまたの機会にし、１８００m付近を少しだけ歩いてコタキナバルへ引き返し、ここでも沈香を探すが、やはりない。

昔、訪ねたブルネイとの国境近くのラワスへ車をとばし、ここで見覚えのある華人に会う。これが今回最後のローカルな現場である。期待していた通り、これまで見たなかでもっともすばらしい「スーパー」をみせられた。直径８㎝、長さ30㎝ほどの黒く、ドッシリと重い超逸品である。ここの沈香は、ブルネイのテンブロンの森から採取される。ブルネイの飛地であるテンブロンは１８００mの最高地点までびっしりと森におおわれ、いまや、ボルネオでもっとも豊かな原生林の残る場所である。ここでは、周辺から無断で沈香探索人が入り、このラワスの商人に売るのである。むろん違法であり、見つかれば警察に逮捕されるのを承知で人びとは入っていく。商人は、写真もとらせてくれない。こんなよいものがあると誰かが知れば,どこからか変な手がまわることを恐れているのである。その気持ちは充分わかるので、無理はせず、そのまま引き上げる。

2　シンガポールの沈香卸問屋

２００７年9月17日、最後はシンガポールである。ここの旧空港のまわりに、沈香の卸問屋が集まっている。ここへ通いつめてもう20年近い月日がすぎている。その間にかつて30軒ほどあった店は半分ほどになり、沈香市場も移り変わりが激しい。

巨大な倉庫群の2階からいつもまわりはじめるのだが、今日は最初にいつも訪ねるもっとも大きい店の主人が留守である。やむなく、となりから1軒ずつ訪ねて行く。よく来るのでむこうも覚えていてくれている。

最近の話題はワシントン条約とパプアの沈香である。数年前に来た時、ここは沈潜していた。多くがもう転職するか、廃業するしかないと弱気であった。しかし、今回行って驚いたのは、みなきわめて強気になっていたことである。その理由は高値をよんでいることである。わたしはなぜこんな高値になったのか、質問し続けていたが、そのうち一人の業者が自分がしかけたという。沈香の量が減り、「スーパー」が減り、ワシントン条約という制度のもとで、唯一できることは、これまでの値の数倍の値にすることだと彼は考え、イチかバチか勝負にでたらしい。はじめは心配だったがそれがうまく当たり、まわりの業者ものってきて、すぐにいまの相場になったという。その結果、みな強気になり、高値で取引する方向で伸びているという。今回会ったカリマンタンの業者とも数か月に一度、数億円の取引をしている。

もう一つの方向は、形のよい大型の沈香のかたまりが台湾や中国、日本の業者に高値で売れるという。そういえば、日本の骨董のオークションにも、質よりも形のよい沈香のかたまりが、とんでもない値段でカタログにのっている。お寺や、収集家が買うそうである。ここの倉庫群の店の入り口には、それぞれこれはと思う大型の沈香が並べてある。これを一つもって帰ってオークションに出せないか、と業者は半分冗談で笑う。いずれにせよ、数年前にあった暗さはなくなった。これから先、どうなるのか、まったく見当もつかないが、これだけ長く続いてきた沈香の商圏が簡単になくなるとは到底思えない。残された森と、そこに沈香があるかぎり、また、新たな植林と、そこに傷をつけて人工的に沈香を得ようと努力する新しい担い手が続くかぎり、沈香はまだまだ生き延びることだろうと思いつつ、シンガポールを後にした。

3　その後の沈香の動き

以上が、2007年までの報告である。ここまで書いてからも、わたしの沈香探索の調査は続いた。以降も、毎年平均5回の海外出張に赴いたが、ほとんどが沈香に焦点をあてたものであった。トリィさんはガジャマダ大学で学位をとるべく、ジョグジャカルタに居を移した。と言っても、もともと、ジョグジャカルタ出身の人だから、実家に身を寄せて、大学に通い出した。そして2015年の2月に無事、学位を取得した。わたしも外部審査員の1人として、審査に参加したが、審査員9人が長い人で30分の質問を投げかける。厚さ5㎝ほどある学位論文の原案をみなで丁寧に読んできて、細かいところまで質問する。トリィさんはそれぞれに丁寧に答える。はじめの30分の発表から、おやつ、昼食をはさんで5時間近い審議の末、トリィさんを退席させ、採点をする。すぐとりまとめがあり、全員合格点ということで無事、合格ということになったが、質問者の出した問題点を2か月以内に修正し、提出することになった。後から聞いた話だが、この問題点はほとんどすぐに答えられるらしく、トリィさんは審査の後ほっとして、ちょっと走りましょうと、いっしょにイモギリのあたりの農村やバチック（ジャワ更紗）などを見に行くことになった。さすがに彼女も最後の審査は緊張したのだろう。車のなかでほっこりした表情でよく喋った。それから2か月ほどして、分厚い学位論文が送られてきた。マタラムの沈香の分布についての詳細な報告であった。すでに一部は出版され、国際的なジャーナルに載った。

彼女とともに沈香探索の調査をおこなった期間は、2003年から2017年にかけて10年以上にわたる。ジャワ、マタラム、スンバ、フローレス、パプア、ハルマヘラ、カリマンタンなど、気になるところは一応行くことができた。この間中、彼女は元気であった。沈香があると聞くとどこへでも入って行った。スラウェシではわたしの方がばててしまい、彼女一人で山へ登っていったが、結局沈香は見つからなかった。沈香探しはふつうの男の足で数日かかるところが多い。そう簡単には見つけられないのである。

2014年の秋にハルマヘラへ入る。ここはパプアとスラウェシの間にある奇妙な格好をした島であり、ここは未調査であった。またインドネシアのなかでも沈香の報告はないところであった。

島のなかの車で行ける道はすべて行くという方針で、走り出したのだが、ここは現場が意外と近かった。われわれは1時間、森のなかへ入ることで沈香にであうことができた。それほど未開拓なのである。しかし、みな小さな木であった。木はいくらでもあるのだが、沈香成分があるところまではいっていない。それでも始めて1時間の距離に天然の沈香があることを見つけて、大変満足したのである。

その帰りに、シンガポールへ寄って、最近の動きを聞いた。沈香は一時期の最高値の時期を過ぎ、2～3割下がり始めているという。ピークは2012年、その後下がり始めた。その理由は何か。ある業者によると中国の指導部の政策で汚職に厳しくなったためという。

中国の袖の下の話は長い歴史があるが、最近の習政権は、これをなんとかやめさせようと本気になっている。かつては高価な骨董品が使われたが、これが禁止になったため、沈香が一時肩代わりした。そのため沈香の値は急激に上昇した。その多くがディベロッパーの手から各方面にばらまかれたという。沈香という木片は、ふつうの人が見てもそれほど値うちがわからないということで珍重されたという。しかし、それもやがて禁止になったため、いまはどんどん下がってきているという。これはよいことである。一時期の沈香はまさにバブルの頂点にあって、信じられないような高値で取引され、伝統的な日本の市場なども困惑していたことがあった。

これから少しずつさらに下がり始め、いずれしかるべきところに落ち着くだろう。そして本来の貴重な沈香という稀有の資源にふさわしい価値がしっかりとつくことになるだろう。

混乱の後にやがて本来の価値を見直す時期が来る。それが多分、いま、2017年の春の状況であろう。わたしの30年近い沈香探索の旅も、このあたりで終わりにするのがいいのかもしれないと思う。後は若い人に現場を任せて［金沢2010］、わたしは懐かしい現場の香りを少しずつ味わって、沈香の今後を考えてみたいと思う。

考えてみると、この沈香という稀有な香りが見つかって以来、どれだけの人びとを幸せにしただろうか。客観的な数字や統計、あるいは歴史的な記述についてもその本質を描き切ったものはなく、いわば、ただ香りだけで、これだけ日本のみならず各地域の文化の中心に存在し続けたものはめずらしいかもしれない。日本独自の茶道、華道、武士道などのように、より多くの人が関わりあいをもつ文化の実態には、確かにモノが存在する。しかし、この沈香に関しては、モノとしては材であるが、その中心となるのは形やモノとしての沈香ではなく、あくまでも香りというはかなく消えていく、存在といっていいかどうかわからないモノなのである。これはたとえばフランスの香水とはまた次元を異にする。香水はバラ水や各地の香りの成分を抽出して香りのある水として製品にしたものである。沈香は油をとる場合は同じであるが、本来の香りそのものを味わうという点では、まったく実体のないものであり、ほんの短い時間の間にすべて消え去ってしまう。しかし、その一瞬の香りが人の心に深く入り込み、どこにもない香りの世界へと導くのである。

わたしは熱帯の植物を調査してきたことから、実にさまざまな香りを楽しんでくることができた。そのなかには思わずハッとするような、あるいは夢幻の世界へ吸い込まれるような、そんじょそこらにはない香りの世界があるが、そのなかでも、やはり沈香は抜きん出ている。この香りがなぜこれほど深く人の心に作用するかは、熱帯雨林のこういったさまざまな香りを出す要素をすべて吸収して育った沈香の木がそれを熟成させ、さらに再生することによって、えも言われぬ香りの世界を作り出すとわたしは考えている。

ともあれ、沈香という熱帯雨林のなかの香木にであったことは、わたしにとってはもっとも幸せなことの一つにあげられる。この香りによって広がる精神的世界の豊かさは何ものにもかえがたいと感謝しているのである。

参考文献

金沢謙太郎　2010「熱帯雨林の資源利用をめぐるポリティカル・エコロジー——サラワクの狩猟採集民、プナン人の生活変容より」東京大学大学院総合文化研究科学位論文。

山田　勇　2000『アジア・アメリカ生態資源紀行』329頁、岩波書店。

山田憲太郎　1948『日本香料史』179頁、同朋舎。

——　1976『東亜香料史研究』479＋11頁、中央公論美術出版。

——　1979『香料博物事典』551頁、同朋舎。

Yamada, Isamu. 1995. Aloeswood Forest and the Maritime World. *Southeast Asian Studies* 33(3): 181-186.

第4章

持続可能な木材調達をめぐるポリティクス
——森林認証制度と2020東京オリンピック

内藤大輔

1 オリンピックと森林認証制度

現在、2020年東京オリンピックに向けて森林認証制度に対する注目度が高まってきている。森林認証制度とは、森林管理が持続的におこなわれているかどうかを認証する制度の一つで、1990年代にはじまり、欧米を中心に拡大し、世界の森林面積の1割に相当する約4億haの森林が認証されている（UNCEC 2015）。

地球サミットの開催された1992年以降、オリンピックにおいても環境に配慮した取り組みが実施されるようになり、なかでも2012年開催のロンドン・オリンピックは、持続的な夏季オリンピックの代表例とされており、クリーン・エネルギーの導入、グリーン調達などのさまざまな先駆的な取り組みがおこなわれ、FSC認証材の利用も奨励された。東京オリンピック組織委員会（JOC）でも、持続可能性に配慮した調達方針をうちだしており、オリンピックで建設される競技場や選手村などさまざまな施設が対象となっている。持続的な調達を保証する制度として、認証材の利用が奨励され、森林認証の取得の機運が高まっている。

本来森林認証制度は、持続可能性を担保する制度のはずなのだが、新国立競技場建設に使用される木材をめぐって森林認証取得の有無やその産地、流通過程について疑問が提起されている。そこで本章では、森林認証制度について、森林認証の導入経緯、認証制度のガバナンスシステムについて解説しながら、現在森林認証制度が抱えている課題についてマレーシア、そして国内の事例を紹介する。(1) 森林認証制度についてのリテラシーを高め、より効果的に認証が使われ、森林の持続的な管理の推進につなげていくためにはどうすればいいか、考えてみたい。

2 森林認証制度の設立背景

東南アジアを中心に1960年代から始まった大規模な森林伐採は、生態系の破壊に加えて、先住民族の生活の場の喪失と森林資源の劣化・減少を引き起こしてきた［Vogt *et al.* 1999］。たとえば、マレーシアのサラワク州では、1970年代より商業伐採による森林劣化が進んだ。1980年代になると、慣習的に利用していた森林が伐採されることに抗議した先住民族が、伐採道路を封鎖するなど、伐採会社との間の対立が顕著になった［Hong 1987］。これらの問題は、先住民族の森林や土地に対する慣習的な権利を保障する制度が弱いこと、また政府や伐採会社が彼らの慣習的な権利を認識してこなかったことから起きたと考えられている［Upton and Bass 1995］。欧米の環境NGOは、これらの問題が過剰な熱帯材の伐採と輸出を原因としているとし、熱帯材の不買運動を展開し、熱帯材消費国や地方自治体を動かした。1992年にはオーストリア政府が熱帯材不買政策を表明し、その後、世界各地で同様の熱帯材購入に対する規制が広がっていった。これに対し、熱帯材生産国は不買運動を不当な貿易障壁だとして反発した。不買運動や輸入禁止措置は、すでに低価格である熱帯材をさらに安価にし、森林をプランテーションなどの他の土地利用へ転換させる動きを促進しうることから、実質的な問題解決にはつながらないという見解も多くあった［Vogt *et al.* 1999］。

1992年にブラジルのリオデジャネイロで開催された地球サミットでは、包括的な国際森林条約の締結が検討されていたが、各国の思惑の対立から合意にいたらず、締結されなかった。そのようななか、生産者、消費者、大手流通企業、ＮＧＯが集まり、より責任のある森林管理を推進しようと考案されたのが、森林認証制度である。森林認証制度とは法的拘束力のない自主的な取り組みとして、生態系を保全し、地域社会に配慮した施業のもとで生産された木材を認証し、認証材の購買を促進することで、問題解決を目指そうというものである。

森林認証制度には、政府間合意から生まれた制度、木材業界によって作られた制度、環境ＮＧＯなどが主導して生まれた制度など異なるプロセスから生まれたさまざまな森林認証制度が存在する。それらが対象とする範囲もさまざまで、国や地域だけの基準から世界共通の基準のものもある［Viana *et al.* 1996］。現在世界の森林を対象としている森林認証制度の代表的なものに森林管理協議会（FSC: Forest Stewardship Council）とＰＥＦＣ森林認証プログラム（PEFC: Programme for the Endorsement of Forest Certification schemes）がある。

ＦＳＣは１９９３年にカナダ・トロントで設立のための総会が開催され、当初は北米、ヨーロッパなどをはじめとした25か国地域から始まった。本部は１９９４年にメキシコ・オアハカに開設され、２００３年からはドイツ・ボンに置かれている。ＦＳＣは、環境ＮＧＯなどによる評価で森林管理の実態を審査する厳しい基準を持っているとして評価されている［Ozinga 2001］。

ＰＥＦＣは、１９９９年に設立された汎ヨーロッパ森林認証（PEFC: Pan European Forest Certification）を母体に、各国の認証制度を相互認証する形で拡大し、世界的に普及している認証制度である。本部をスイスのジュネーブにおいている。現在日本には、ＦＳＣ認証制度に加えて、「一般社団法人 緑の循環認証会議」（SGEC: Sustainable Green Ecosystem Council）という日本独自の認証制度がある。ＳＧＥＣは現在、国際認証であるＰＥＦＣと相互認証にむけた手続きを進めている。

3 森林認証制度の仕組み

森林認証制度は、生態系を保全し、社会的利益にかない、経済的にも継続可能な森林管理がなされている森林かどう

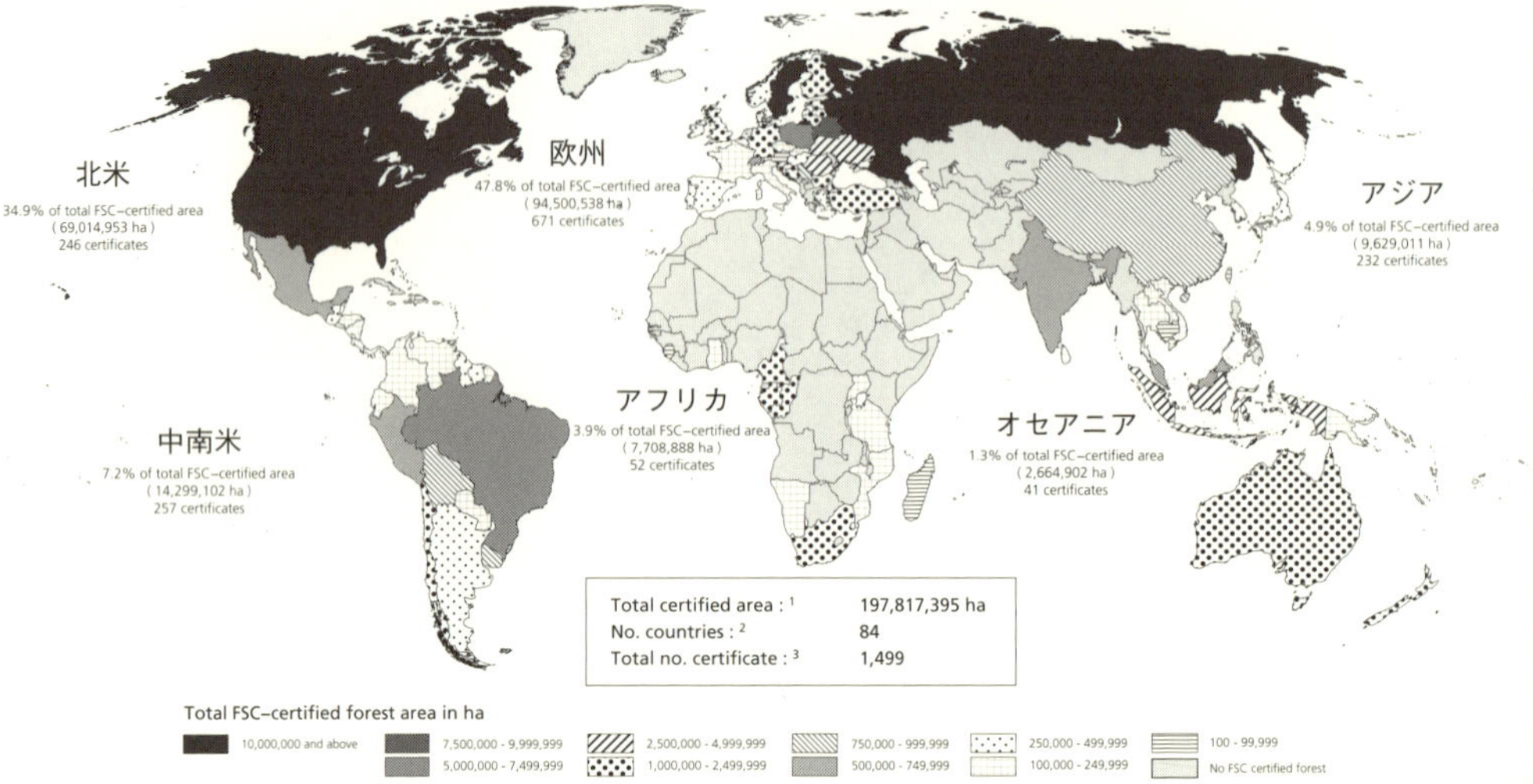

図1　世界の FSC 認証林。
出所：FSC ウェブサイトより筆者作成。

かを一定の基準に照らして、独立の第三者機関が評価・認定をおこなう［Nussbaum 2000］。森林認証制度は主に木材生産の際の森林管理を対象とした森林管理認証と、生産された後の木材流通過程を扱う認証である流通管理認証によって構成される（図1）。

ＦＳＣ森林管理のための原則と規準（Principles and Criteria for Forest Management：以下、ＦＳＣ原則と規準、第四版）は10の原則と56の規準から構成され、原則3では「先住民族の権利」について定めており、「先住民族が彼らの土地や領域そして資源を所有、利用、そして管理する法的・慣習的権利が認められ、尊重されなければならない」としている。この原則は、森林管理者に対して先住民族の法的及び慣習的な権利の認知・尊重を求めるものであり、これまで熱帯地域をはじめとして森林伐採によって引き起こされてきた社会的な問題を解決しうる仕組みとして期待されている［FSC 2012］。

ＦＳＣの特徴の一つにガバナンスがある（図2）。ＦＳＣでは3年に1度開催される総会が最高意思決定機関となっている。たとえば企業であれば経済部会、労働組合の代表団体であれば社会部会、環境ＮＧＯであれば環境部会と、その自分の専門性やバックグラウンドに応じて3つの部会に分けられる(2)。加えて本人、団体の属する国のＧＤＰに応じて北側・南側に分けられ、各部会の南・北間の票のバランスがとれるよう調整がおこなわれている。総会では、ＦＳＣ理事、事務局長、会計担当者からの報告や、運営にまつわるさまざまな動議の採決がおこなわれる。各部会で、半数を超えなければ、議決できないこととなっており、特定グループの利益を反映した意思決定がおこなわれにくい構造となっている［梶原２０００、梶原・淡田２００４］。

環境、社会、経済分野の理事によって構成される理事会のもとに、ＦＳＣ国際事務局が設置されており、地域事務局、各国支部、代表などが置かれ、ＦＳＣ原則・規準に関連する業務、管理木材リスクアセスメント、普及啓発などの作業を担っている。各国支部においても、理事会などの意思決定機関については、環境、社会、経済の３つの部会のバランスを取るように定められている。

しかし、先住民族グループは、社会部会に所属しているものの、社会部会のなかではマイノリティであり、先住民族の意見がＦＳＣの意思決定の場で十分反映されていないという、カナダの先住民族メンバーによって提出された動議が採択されたことから、ＦＳＣは２０１３年に先住民族を対象とした先住民族常設委員会を理事会の諮問機関として新たに設置した。先住民族の慣習的な権利の保証の推進を目的とし、世界各地で委員が活動している。アジア地区の代表として、サラワク・ダヤク・イバン協会、事務局長のニコラス・ムジャ氏、日本から二風谷在住のＮＰＯチコロナイ代表理事の貝澤耕一氏が委員をつとめている。

以下、ＦＳＣの認証プロセスについて説明する（図３）。ＦＳＣは世界共通の適切な森林管理

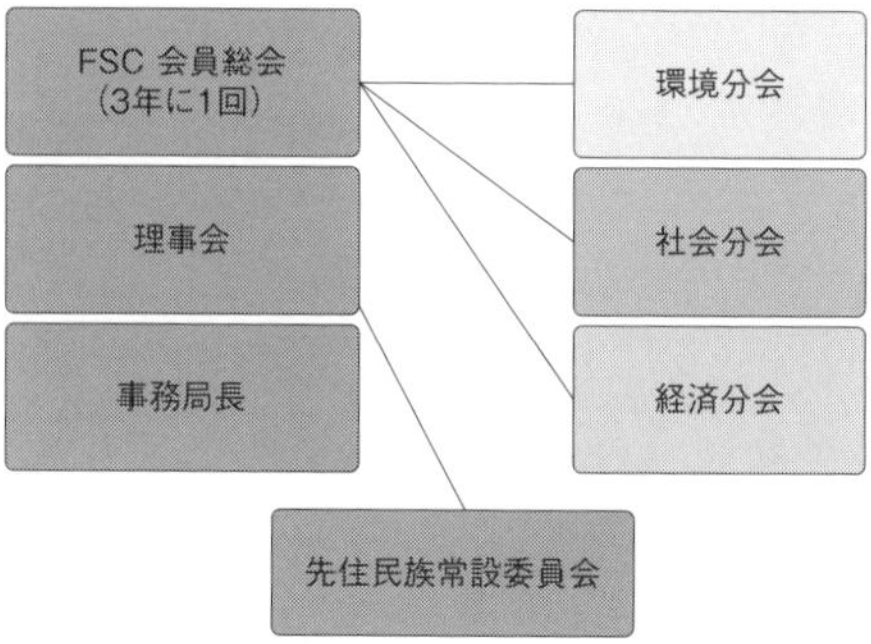

図2　FSC 組織図。
出所：https://ic.fsc.org/en/about-fsc/governance-01 より作成。

写真1　マレーシア、サバ州の FSC 認証材。
出所：筆者撮影。

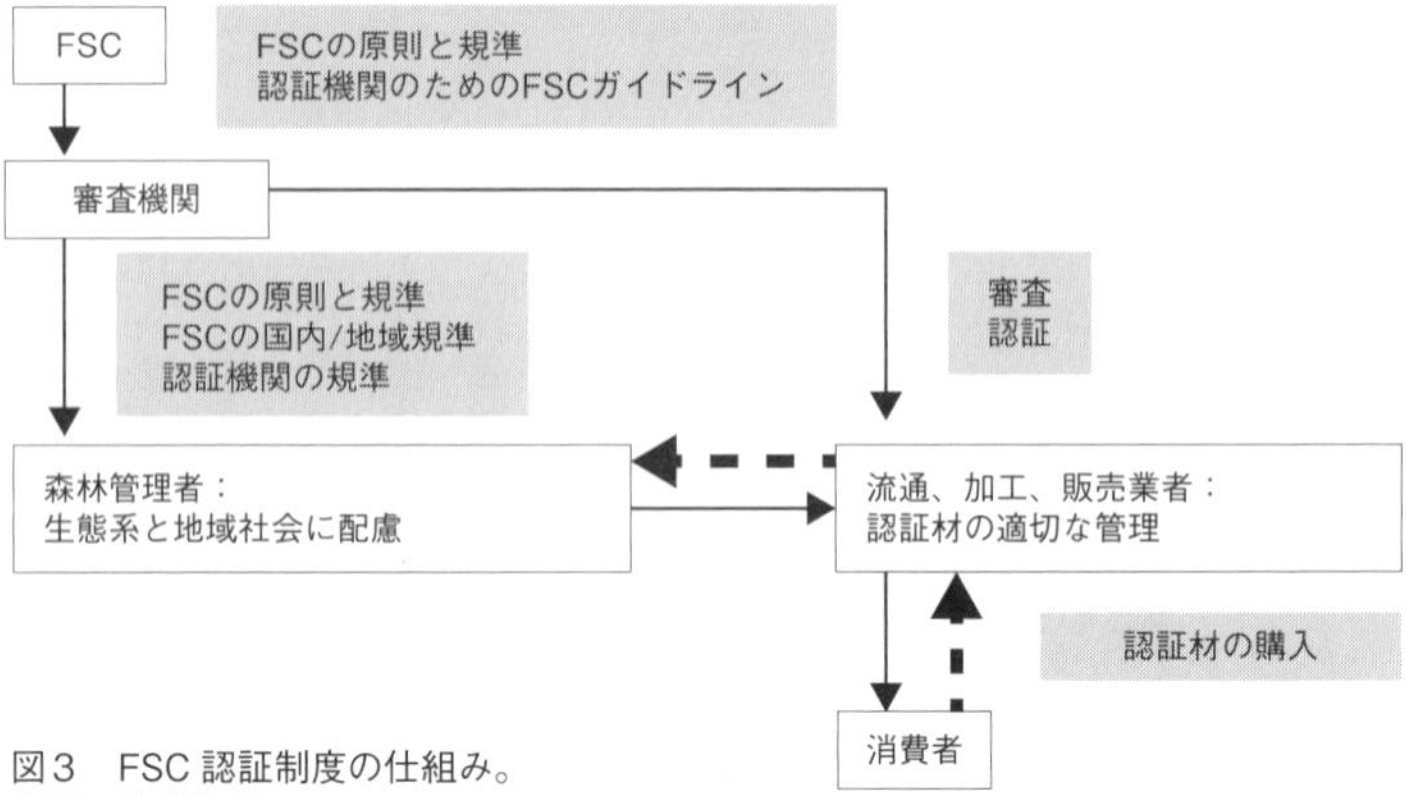

図３　FSC 認証制度の仕組み。
出所：著者作成。

がなされているかどうかを審査するための原則と規準を定めている。ＦＳＣの認証の仕組みとしては、ＦＳＣが会員の承認を経て基準を策定する。その基準に則って第三者の審査機関によって森林管理が持続的におこなわれているかについて審査がなされる。現在新基準への更新中であり、そのプロセスについては後述する。ＦＳＣは認証審査の独立性を高めるために、当初はＦＳＣ内部でおこなってきた審査機関の監査を、２００８年からはＡＳＩ（Accreditation Service International）という独立の第三者機関を設立し、審査機関自体とその審査を監査することで、その質を高めるようにしている。審査の中立性を高めるためにＦＳＣ自身は認証審査には関与せず、ＡＳＩが認定した世界各地にある39社の第三者の審査機関が審査を担う（２０１７年３月現在）。これらの審査機関はＦＳＣの審査機関向けの規準を満たしていると同時に、ＡＳＩの厳密な審査のもと第三者審査機関としての用件を満たしていなければならない。

認証審査は以下の手順で進められる。審査機関は森林管理者が選定する。そのうち主な審査機関としてRainforest Alliance（本拠地アメリカ）、ＳＧＳ社（スイス）、ＳＣＳ社（アメリカ）などがある。ＦＳＣの森林認証の手順は基本的に統一されているが審査機関ごとに弾力的な対応がされ、最終的には各審査機関の裁量にまかされている部分もある［芝２０００］。

審査機関は、審査にあたって、対象となる森林に関わる利害関係者とともに地域基準を策定する。*審査機関が選定した審査員は、本審査において、書類審査と認証対象林を実際に訪問し、ＦＳＣ原則と規準および地域規準に照らし合わせ、管理状況を審査し、改善点を指摘する。利害関係者との協議もおこなわれる。森林管理者が改善点を修正し、ＦＳ

C原則と規準に適合していると判断されれば、FSC認証（5年間有効）が与えられる。審査機関はFSC原則と規準を遵守しているかどうか、少なくとも年に1回継続的に査察（Surveillance）をおこなう。5年目には、再度本審査がおこなわれる。

流通管理認証は、そして認証林から生産された材が、製材、パルプ、紙などの末端の商品まで認証材として管理され、流通していることを認証する。つまり森林管理の認証と加工・流通という二つの認証が組み合わされている。本章では詳しくは扱わないが、流通管理認証も重要であり、流通過程で認証材が使われていることが証明されていないと、最終製品も認証材として販売することはできないこととなっている。非認証材が混ざっていると結果的に消費者の購買が、責任のある森林管理の推進につながらないためである。

写真2　FSC 認証審査風景。
出所：著者撮影。

4 マレーシアの森林認証制度と新国立競技場

冒頭にも紹介したように、2020年の東京オリンピックのメイン会場として国立競技場が新しく建設されることになった。しかし、2017年4月に、新国立競技場のコンクリートパネルの原材料にマレーシア、サラワク産材にS社の材が使用されていることがあきらかとなった［FoE Japan *et al.* 2017］。オリンピックのための設備建設には、持続可能性に配慮した調達コード（表1）が適用されるため、国内外のNGOがオリンピック委員会に問い合わせたところ、PEFC認証材を使用しているため問題はないとの回答がだされた［日本スポーツ振興センター 2017］。しかし、環境NGOは依然として解答が十分でないとして、詳細な説明を求めている。一体どういうことだろうか。本節では日本への熱帯材の主な輸出国であるマレーシアに舞台を移し、認証をめぐる経緯について紹介したい。

表１　持続可能性に配慮した木材の調達基準

	持続可能性に配慮した木材調達基準
1	伐採に当たって、原木の生産された国又は地域における森林に関する法令等に照らして手続きが適切になされたものであること
2	中長期的な計画又は方針に基づき管理経営されている森林に由来すること
3	伐採に当たって、生態系の保全に配慮されていること
4	伐採に当たって、先住民族や地域住民の権利に配慮されていること
5	伐採に従事する労働者の安全対策が適切に取られていること

注：FSC、PEFC、SGECによる認証材については、上記の１～５への適合度が高いものとして原則認める。
出所：https://tokyo2020.jp/jp/games/sustainability/sus-code/wcode-timber/

１　マレーシアでの木材認証制度[3]の設立

マレーシアの木材輸出量は１９８０年代に、熱帯材不買運動や欧米諸国の熱帯材輸出禁止措置によって、一時急減し、木材業界は大きな打撃を受けた。そのためマレーシアにとって、マレーシア産材が欧米市場に受け入れられるように、独自の森林認証制度を設立することが政治・経済的に重要な課題となった。マレーシアの林業政策の協議機関である国家林業評議会[4]の決定により、国独自の森林認証制度の設立と、その際の手続きは国際熱帯木材機関（ITTO: The International Tropical Timber Organization）の基準と指標策定ガイドラインにもとづいておこなうことが決定された［Ng 2000］。

１９９８年にマレーシア木材認証協議会（ＭＴＣＣ）が設立され、２００１年10月にＭＴＣＣが認証審査に使用する６基準29指標のＭＣ＆Ｉ（以下、１９９９年版ＭＣ＆Ｉ）を策定し、２００１年12月には、この１９９９年版ＭＣ＆Ｉにもとづき、同基準をみたしていたパハン州、トレンガヌ州、スランゴール州の森林施業区が、審査機関であるＳＧＳマレーシア社によって認証された。

ＭＴＣＣは、さらなる国際的な認知を目指し、加盟国独自の基準を尊重するＰＥＦＣ森林認証プログラムとの相互認証を検討していた。ＭＴＣＣは２００２年にＰＥＦＣに加盟し、相互認証のプロセスを開始した。ＰＥＦＣは熱帯諸国との相互認証にも積極的に取り組む姿勢を示し、ＩＴＴＯの基準と指標（Ｃ＆Ｉ）を相互認証の地域基準として採用した。

ＭＴＣＣは、２００５年から本格的にＰＥＦＣとの相互認証に向けて動き出すことになった。ＰＥＦＣとの相互認証には、認証審査を担う審査機関を独立した第三者機関とすることが条件の一つとしてあげられていた。そのためＭＴＣ

Cは、認証管理団体（NGB: National Governing Body）となり、これまでのMTCC自身による審査認定を、新たにマレーシア基準局（DSM: Department of Standards Malaysia）のもとに、認証機関の認可をおこなう認定機関（AB: Accreditation Body）を新たに設置した［Indufor 2009］。これらの組織変更など相互認証に向けたMTCCの取り組みが認められ、2009年にMTCCはPEFCとの相互認証を果たした。

しかしPEFCとの相互認証がなされたものの、マレーシア木材認証制度では依然として先住民族の慣習的な権利については、マレーシアの国内法の定める範囲での保障としている。現行法の範囲とはどのようなものなのだろうか。たとえば憲法74条3項において、「土地、森林、資源は州の財産」とされており、州の管轄となっている。また国家林業法では「森林内には居住不可」とされ、また半島マレーシアで施行されているオラン・アスリ(5)（Orang Asli）法においても「資源は自給目的のみ採集可能」としているが、実際にはオラン・アスリの慣習的な権利は保障されていない。またサラワク州では、1980年代から、慣習的に利用していた森林が伐採されたことに抗議し、先住民族が伐採道路を封鎖するなど、先住民族と伐採会社との間の対立が起きてきた［Hong 1987］。そのため、MTCC基準の策定過程で、森林施業における先住民族の権利保障が懸案の一つとなってきた。先住民族の意見を代表するマレーシアのNGOは、森林に依存する先住民族のなかでも特に狩猟採集民は、他の利害関係者よりもその権利が尊重されるべきであると主張してきた。また彼らはMTCCに対して、認証制度の導入に関して母語による説明もされておらず、どのような影響が彼らにもたらされるかなどの説明と協議がおこなわれていないとしている［JOANGO Hutan 2002］。先住民族NGOは、MTCCとの協議から離脱した後、PEFCとの相互認証の協議には参加しておらず、依然としてマレーシア木材認証制度を認めていない。そのため今後もNGOとの対立の火種となる問題点を抱えている。

2　サラワク州での認証林

先述のとおり、環境NGOによる問合せにより、マレーシア、サラワク州産のPEFC材が新国立競技場建設のためのコンクリートパネルに利用されていることが明らかとなった。2017年現在、マレーシア、サラワクで天然林施業をしている地域で、ＰＥＦＣ森林認証を取得しているのはＡＭ森林管理区のみである。ＡＭ森林管理区は２００５年にＭＴＣＣ森林認証制度による認証を取得した(6)。その後、ＭＴＣＣは国際的な認証制度であるＰＥＦＣ認証との相互認証をへて基準を改定したため、２０１３年に新基準において認証され［SIRIM 2013］、現在も認証が維持されている。

ＡＭ森林管理区は、ＩＴＴＯが１９９３年からサラワクで実施した持続的森林管理プロジェクト「Model Forest Management Area（MFMA）」の中核地域であった［ITTO 1996］。プロジェクト対象となっていた森林地域は、サラワク州の森林施業区（PFE: Permanent Forest Estate）の８万３５３５㏊で、当初はSarawak Timber Industry Development Corporation（STIDC）に伐採権が与えられており、その後１９９８年にS社に移され、２０２４年まで伐採権を取得している［SIRIM 2015］。Z社は、ＡＭ森林管理区の主な伐採企業として１９８９年から森林管理を担い、森林認証もZ社が審査対応をしている。

ＩＴＴＯプロジェクトは１９９３年から２００６年まで3期にわたり実施された。フェーズ1では、森林管理区の選定、森林管理計画の立案、フェーズ2では持続的な森林管理の実施にむけた、職員・伐採労働者の訓練など、フェーズ3では道路建設、低インパクト伐採、地域住民の生計向上プログラムなどがおこなわれてきた。これらのプロジェクト成果が、認証取得の基盤となっている。

持続的な木材伐採を維持するため、ＭＦＭＡで設置されたPermanent Sample Plotをもとに測定した成長量により算出された年間成長量を上回らないよう伐採量を設定しており、Z社は２０１５年以降、年間1万２０００㎥としている。環境面の配慮については、州で規定された環境影響評価が２００８年におこなわれている。生物多様性については、保護価値の高い森林（HCVF: High Conversation Value Forests）に関する調査をWildlife Conservation Society Malaysiaが２００６年に実施している。伐採が困難な急傾斜地などの４１８８㏊が重要な場所として保全されている。

ＡＭ森林管理区周辺には17のロングハウスが位置している［SIRIM 2015］。Z社は周囲に位置するイバン人のロングハウスに対し、収穫祭の支援、簡易水道、養殖池、道へのアクセスなどさまざまな支援をおこなっていた。またゴム園開発プログラムへの住民の参加も奨励していた。森林管理者と地域住民の間での協働等を目的として、Sustainable

Development Unit、Conservation and Community Development Committee といった組織がつくられ、定期的な会合がもうけられている。

一方で、認証取得後、大きな社会的な影響をもたらしている出来事の1つとして、２００６年にＡＭ森林管理区内に位置していた、住民によって焼畑(7)などに利用されてきた地域がＡＭ森林管理区から外され、Ｚ社によってアブラヤシ、早生樹林に転換されたことがあげられる。対象となった地域は先住慣習権をめぐる潜在的な問題があるとされた地域であった。これらの植林による利益の一部を周辺村に分配し、地域住民の生計向上を目指した取り組みがおこなわれるということであるが、該当森林資源へのアクセスをもとめる要請が周辺村の村長から提示されていた。しかし、該当地域が認証対象地域外となったことでこれらの地域の施業は同じＺ社によりおこなわれていても、植林地部分については認証適用外となり、基準が適用されないということで一部の住民は困惑しているという［SIRIM 2015］。

これらに加えて流通管理認証（CoC）の問題もある。本章では紙面の関係からこの問題について十分に扱うことはできないが、ＰＥＦＣ認証材では非認証材の部分的な混入が認められており、Ｓ社の他のコンセッションで生産された非認証材が混入されている可能性について懸念されている。流通管理については認証制度自体の大きな課題であり、認証林でいかによい取り組みをしていたとしても、もし他地域で人権侵害につながりうる施業によって生産された材が混入されていたとすると、認証の効果がないばかりか違法施業の隠れ蓑になってしまう可能性もある。

現在、サラワク州にはＦＳＣ認証林がないため直接的な比較はできないが、マレーシア、サバ州のＦＳＣ認証林でも、先住民族の慣習的権利の保障は同様にむずかしいテーマである［内藤２０１０］。次節でも述べるが、ＦＳＣには原則２で「保有権に関しての主張や使用権に関する論争を解決するため、適切な手段が整備されていなければならない。認証審査の際には、認証対象地域での慣習権をめぐる法的な決着がついていない限り、認証されないことになっている。またもし該当地域に土地をめぐる対立があることが判明した場合は、その解決まで認証が凍結され、森林管理者に解決する努力が見られない場合は、認証の停止・取消につながることもある。またＦＳＣの場合、関連会社も持続的な森林管理をしていなくてはいけない。Ｚ社の親会社であるＳ社においても合法的な森林管理をおこなう必要があり、人権を巡る紛争などを起こしていることが判明した場合、連帯責任が問われることになっている。

5 北海道における森林認証の導入状況

新国立スタジアムのデザインは当初のザハ・ハディッド氏のコンクリートを多用した近未来的な流線型のフォルムから、隈研吾氏の国産材を多用した木のあたたかみを生かしたデザインへと大きく変わり、「杜のスタジアム」と称し、「コンクリートから木」への転換、温暖化防止への貢献などがうたわれている。新国立の技術提案書にも「国産木材の積極利用により日本が世界に誇るスタジアムを創ります」と宣言されており、スタジアム大屋根の下弦材として、森林認証を取得した国産材カラマツの使用が予定されている〔日本スポーツ振興センター 2016〕。

これらの方針に呼応して、カラマツ林の一大産地である北海道でも認証取得の動きが進んでおり、とかち森林認証協議会は2016年3月に約12万5000haにおいてSGEC（緑の循環認証会議）による認証制度を取得している。当初から北海道は日本でも認証普及地域であり、107・9万haの森林において認証が取得されており、全国の認証林の56%、北海道の森林面積の19%を占めている。そのほとんどが、SGECによるものであり、FSCによる認証は5万haに満たない〔北海道庁 2017〕。

日本オリンピック委員会の持続可能性の調達基準では、伐採に際し「先住民族や地域住民の権利に配慮されていること」とされている。北海道における持続的な森林管理をおこなう際に、いったいどのような点について注意する必要があるのだろうか。調達コードには、FSC、PEFC、SGECによる認証材については、適合度が高いものとして原則認めるとしている。FSCによって実施されてきた管理木材のリスクアセスメントを事例として見てみたい。

FSCの管理木材リスクアセスメントをめぐる動き

FSCでは認証材に混入できる非認証材を「管理木材」と定義し、6つの基準に従うよう規定している。管理木材基準には、保護価値の高い森の保全や伝統的権利及び人権を侵害して伐採された木材を混入してはいけないという規定が含まれている。

管理木材の審査は、２０１１年まで認証取得者による自主的な確認でよかった。しかしオーストラリアのタスマニアで施業していたガンズ（Gunns Limited）社は、本来ならば管理木材に利用してはいけない、原生林から切り出された材を混入していたことが発覚した。日本の製紙会社の使っていた管理木材にも影響し、一時日本の製紙会社が製品に認証ロゴマークをつけられなくなるという事態に発展した［川上２０１６］。

管理木材の審査を、企業の自主検査にまかせていたことが問題を引き起こしたとの反省から、ＦＳＣは世界各地で、管理木材のリスクアセスメントを実施し、リスクの高い地域においては、管理木材の評価を第三者機関がおこなうように制度を改定した。以後、日本ではＦＳＣジャパンのコーディネートのもと環境・経済・社会分野の専門家によって構成された作業部会を設置し、管理木材のリスクアセスメントを実施している。

管理木材リスクアセスメントで確認する指標のなかに、「ＩＬＯ１６９号の侵害が起きているという証拠がない」という指標があり、北海道産材の生産過程において先住民族の伝統的な権利を侵害していないかどうかのアセスメントをすることとなった。作業部会メンバーによるアイヌの方々への聞き取りの結果から、北海道の状況を見る限り、ＩＬＯ１６９号の侵害がないとは言えないという判断がなされ、「非特定リスク（Unspecified risk：リスクがないとはいえない）」という評価となった。

非特定リスクと判断された場合、認証取得者はリスクがないことを確認し、認証機関の検証をうける必要があるため、現在北海道産の材を管理木材として利用している製紙会社や製材会社は、各地のアイヌ協会を訪ね、対象地域における権利侵害の有無に関する確認をおこなうことが求められている。しかし、管理木材の場合は、森林管理者自身は認証取得者ではないことが多いため、仮に侵害などが発覚したとしても、その森林管理体制を改善していく仕組みがないことが課題となっている（表２）。

表2　日本における管理木材リスクアセスメント

	管理木材基準	リスク評価
1	違法に伐採された木材	低リスク
2	伝統的及び市民権が侵害された地域からの木材	リスクあり（北海道地域） 低リスク（その他の地域）
3	森林施業により高い保護価値（HCVs）が脅かされている森林からの木材	リスクあり（奄美群島以南の南西諸島） 低リスク（その他の地域）
4	植林地または森林以外の用途に転換されつつある森林からの木材	低リスク
5	遺伝子組み換え樹木が植えられている森林からの木材	低リスク

出所：FSC-CW-RA-017-JP V1-0（日本語参考訳）より抜粋。

6 新「FSC原則と規準」の国内基準の策定

FSCでは、現在FSC原則と規準（第4版）から2015年に承認された新しい「原則と規準（第5版）」への移行に向けた国内基準の策定が世界各地でおこなわれている。これまで国や審査機関によって、比較的柔軟に解釈されたことで問題が起きたことからFSCが設定した国際標準指標案（IGI）をもとに各国の国内基準を策定している。各国で環境、社会、経済分会のバランスがとれるよう国内基準策定委員会がFSC国際事務局の承認のもと設置され、国内基準を策定する。新しい基準（第5版）では、先住民族の権利の保障が強化されており、国連先住民族権利宣言（UNDRIP）の遵守や「自由意思に基づく事前の十分な情報を得たうえでの合意（FPIC）」を得ることが求められている。日本国内の基準策定委員会では、各分野の専門家、利害関係者との協議、公聴会、フィールドテスト、パブリックコンサルテーションを経て、国内基準を策定している。国内基準策定委員会、理事会で承認されたのちに、FSC国際本部に提出され、評価、パブリックコンサルテーションを経て、国際本部に承認されるという手続きで進められることになっている。新基準では先住民族の慣習的な権利保障について、具体的に認証取得者にどういった項目の遵守を求めているのだろうか。

原則1「法令の順守」として「すべての適用可能な法令、規制、及び国

写真4　北海道、平取町に位置する重要文化的景観指定地域。
出所：著者撮影。

が批准している国際条約を順守しなければならない」と規定している。持続的な森林管理に関連する国際法、国内法の遵守を求めており、具体的に遵守すべき法律が規定されている。先住民族の権利保障に関する部分では、国際法ではＩＬＯ169号条約、ＵＮＤＲＩＰ、人種差別撤廃条約などが含まれており、国内法では先住民族の権利に関する法律としてアイヌ文化振興法が採用されている。加えて、二風谷ダム判決は、アイヌ民族を先住民族として認め、その文化、伝統慣習に配慮することをうたったものであり、重要な法律に準ずる遵守すべきものとして入れられている。

原則3は「先住民族の権利」を規定しており「組織は、管理活動により影響を受ける土地、領域、資源について、その所有、使用、管理に関する先住民族の法的及び慣習的な権利を特定し、尊重しなければならない」として先住民族の権利の保障を求める重要な項目となっている。認証取得者は、森林施業によって実際に認証林で影響を受けうる対象を特定しなくてはいけない。

実際に認証審査の過程で、影響を受けうる先住民族が事前に特定されない、できないことは多く、特に広い森林面積を対象としている場合はむずかしい。仮に現在、認証対象林周辺に暮らしていなくても、森林産物を何らかの形で利用されていたり、伐採道の造成などで森林地域に遺骨、遺跡が発見されることもありうる。先住民族にとって文化的・精神的に重要な場所が、認証取得団体によって、先住民個人、先住民族団体を特定できなかったために適切に保全されなかったという事態がおこらないような仕組みをつくることが求められている。認証林内に暮らしている人がいなければ特に配慮する必要はないということではなく、何か起きた際のことを想定し事前に準備をしておくことが求められている。そのため、適切な社会的影響評価をおこなう社会モニタリングの実施については、十分な費用と時間をかける必要がある。

新基準では、紛争解決の手続きについても事前に規定することが求められている。たとえば先住民族が森林管理をしている企業に問い合わせ、照会が必要な際にあらかじめ窓口を設置し、何か問題があったときに、すぐに解決できるよう事前に協議をしておくよう規定されている。新基準ではＵＮＤＲＩＰの遵守をもとめており、「先住民族の文化的伝統と慣習の実践、再活性化や経済的自立および発展につながる森林資源や生態系サービスの利用、慣習的な狩猟、採集、漁撈、儀礼のための場の利用などが認められる」ことなども規定されている。またＦＰＩＣの実施を求めていることも新基準での大きな変更であり、認証取得企業は、特定された先住民族に対して、「自由意思による、事前の、十分な情報に基づく同意」を得ることが求められる。ＦＳＣはすでにＦＰＩＣ実施のためのガイドラインを作成しており、先住民族常設委員会によって、ＦＰＩＣ実施のためのより実用的なガイドラインとするための改訂作業が進められている。原則３には森林施策により先住民族の慣習権や慣習文化が侵害された、たとえばチャシ損壊が明らかになったなどの場合には、その回復、賠償方法について十分協議することも規定されている。また差別のない雇用状況を保障することも求められている。また原則９には「保護価値の高い地域を保全する」という規定もあり、具体的に認証林の中にある文化、社会、精神的に重要な地域を保全しなければならないこととなっている。何を保全すべきかについては地域ごとに権利保有者との特定作業が求められる。

現在、北海道におけるＦＳＣ認証林は３か所約５万haほどで対象となる範囲は限定的であるものの、今後オリンピックに向けて認証を取得する機運が高まっており、今後認証が広がっていく可能性もある。ＦＳＣ新基準が適用されるのは２０１８年以降になるが、施行に向けてＦＰＩＣの実施が求められることになるだろう。認証制度自体はボランタリーな仕組みであるものの、認証取得者である企業や森林組合、自治体は、これらの先住慣習権を配慮しなくては認証基準を満たすことができなくなる。具体的な協議方法については、今後議論が深まることが期待される。

一方、北海道の認証林の１００万ha以上を占めるＳＧＥＣは、現在ＰＥＦＣとの相互認証プロセスを進めている。ＳＧＥＣの規定では、現行国内法の遵守ということで、アイヌ文化振興法が採用されている。ＰＥＦＣとの相互認証にあたって、北海道アイヌ協会との協議がもとめられており、ＩＬＯ１６９号、ＵＮＤＲＩＰ、ＦＰＩＣの実施について議論が続けられている。

7 認証リテラシーの向上に向けて

現在、世界的に森林認証制度が拡大しており、日本においても東京オリンピックに向けて認証材に対する関心の高まりから森林認証取得者が増えてきている。国際認証では、先住民族の慣習的権利の保障において、ＩＬＯ１６９号、ＵＮＤＲＩＰなど国際法の遵守が求められる。森林に関わる先住慣習権の回復への一つの糸口になるということで、ＦＳＣの管理木材への協議や、新基準策定への参画、ＦＰＩＣの実施に向けて、ＦＳＣ先住民族常設委員会など、国内外で先住慣習権の尊重の実現のための働きかけが続けられている。

認証制度は、さまざまな権利者、利害関係者の森林管理への関与が、よりよい森林管理をもたらすという理念のもとに設計されているため、より多くの関係者が森林管理に携わる仕組みをいかにつくりだすかが鍵となっている。今後北海道の森林管理において、ＩＬＯ１６９号、ＵＮＤＲＩＰなどで謳われている先住民族の権利への尊重をどのように実現していくのか、ＦＰＩＣをどのように実施するのか、試行錯誤が続けられていくことになるだろう。

一方で、新国立競技場建設のために使用されていたコンクリートパネルをめぐる論争から、国際認証を取っていれば、それだけで「持続的可能な調達」基準を満たしていることを保証できるわけではないことが明らかになった。国際認証といっても基準が異なれば、認証が保障する内容も当然異なってくる。場合によっては認証林ごとに異なるということもありうる。認証材を利用する側は、認証制度は何を保証できて、何ができないのかを理解することが重要である。認証リテラシーの向上とより信頼度の高い認証システムの構築が、より適切な森林管理への改善をもたらす制度として機能するために必要とされている。東京オリンピックがその機会となることを期待したい。

[謝辞] 本章の内容は、総合地球環境学研究所（「小規模経済」、「熱帯泥炭社会」プロジェクト）、科学研究費補助金、CIFOR日本政府拠出金、「日ASEAN協働による超学際生存基盤研究の推進」による研究成果の一部である。研究に協力いただいた関係者の方々に感謝の意を表したい。

注

（1）マレーシアでの森林認証導入事例については内藤［2010］に詳しい。
（2）ただし、誰がどの部会に属するかについての判断はFSCが実施するが、厳格に判別できるものではない。
（3）MTCC、サラワクの事例については内藤［2013］［2016］に詳しい。
（4）マレー半島部の各州の林業局、サバ、サラワク州の林業局をまとめ、マレーシアの国としての林業政策の方向性を話し合う協議機関である。
（5）半島マレーシアに暮らす先住民族の総称である。
（6）MC&I［2002］による認証。
（7）伝統的な焼畑は森林減少の原因となっていない［Dove 1985］。

参考文献

大元鈴子・佐藤哲・内藤大輔（編）2016『国際資源管理認証制度』東京大学出版会。
梶原晃 2000「FSC森林認証制度」『國民經濟雜誌』第181巻第2号、73～89頁。
梶原晃・淡田和宏 2004「FSC森林認証制度の技術的分析」『経済経営研究年報』第50号、179～242頁。
芝正己 2000「森林認証制度の研究的課題」『森林計画学会誌』第34巻第2号、115～126頁。
川上豊幸 2016「森林認証制度を見定め活動する――タスマニア森林保全と企業への働きかけ」大元鈴子・佐藤哲・内藤大輔（編）『国際資源管理認証制度』東京大学出版会。
内藤大輔 2010「FSC森林認証制度の運用における先住民への影響――マレーシア・サバ州FSC認証林の審査結果の分析から」『林業経済研究』第56巻第2号、13～22頁。
内藤大輔 2013「科学的林業と地域住民による林業――マレーシア・サバにおける認証林の事例から」市川昌広・祖田亮二・内藤大輔（編）『ボルネオの〈里〉の環境学』昭和堂。
内藤大輔 2016「先住民族の生活と森林認証」『国際資源管理認証制度』東京大学出版会。
日本スポーツ振興センター 2016「新国立競技場整備事業に関する技術提案書」http://www.jpnsport.go.jp/newstadium/tabid/490/Default.

aspx
日本スポーツ振興センター　２０１７　お知らせ「新国立競技場整備事業における木材の調達について（環境ＮＧＯの主張に対する見解）」４月28日付　http://www.jpnsport.go.jp/newstadium/Tabid/367/ItemID/220/Default.aspx
北海道庁水産林務課　２０１７「北海道内の森林の認証取得状況」http://www.pref.hokkaido.lg.jp/sr/srk/ninnsyousyutokujyoukyou_170515.pdf
ＦｏＥジャパンら　２０１７　プレスリリース　４月20日付 https://www.fairwood.jp/news/pr_ev/2017/170420_pr_NS.pdf
ＦＳＣジャパン　２００９「ＦＳＣ森林管理の原則と規準」（２０１７年10月１日参照）http://www.forsta.or.jp/FSC-japan/6_rule/6-1.pdf
Dove, M., 1985. Swidden Agriculture in Indonesia: The Subsistence Strategies of the Kalimantan Kant, Monton.
FSC 2012. International standard, FSC principles and criteria for Forest Stewardship FSC -STD-01-001（version 4-0）EN
FSC 2015. International standard, FSC principles and criteria for Forest Stewardship FSC -STD-01-001（version 5-2）EN
Hong, E. 1987. *Natives of Sarawak Survival in Borneo's Vanishing Forests*. Malaysia: Institut Masyarakat.
Indufor. 2009. *PEFC Council and MTCC- Conformity Assessment of Malaysian Timber Certification Scheme to PEFC Requirements-Final Report*. Helsinki: Indufor.（http://www.pefc.org/internet/resources/5_1185_2023_file.2365.pdf）
ITTO 1996. Ten-Year Development Plan for the Model Forest Management Area-Sarawak, Kuching, Malaysia.
JOANGO Hutan. 2002. *Malaysian Timber Certification Scheme Ignores Concerns of Forests Peoples*. Press Release on January 30, 2002. Kuching, Sarawak : JOANGO Hutan.
JOANGO Hutan. 2005. *Malaysian Timber Certification Council (MTCC) Legalises Illegal Timbers*. Press Statement on December 2, 2005. Kuching, Sarawak : JOA NGO Hutan.（http://www.rengah.c2o.org/assets/pdf/de0116a.pdf）
MTCC. 2005. *Public Summary of First Surveillance Visit of Sela'an-Linau FMU for Forest Management Certification*. Kuala Lumpur : MTCC.
MTCC. 2006. *Annual Report 2006*. Kuala Lumpur : MTCC.
Nussbaum, R. 2000. *Forest Certification: Vertifying 'Sustainable Forest Management'*.（Paper presented for the workshop on "Streamlining Local-Level Information for Sustainable Forest Management," Canada: University of British Colombia）.
Ng, G., 2000. *The Certification process in Malaysia: A Case Study*, pilot project submitted in partial fulfillment for the international training programme on forest certification, Sweden May 14-June 2, 2000.
Ozinga, S. 2001. *Behind the Logo, an Environmental and Social Assessment of Forest Certification Schemes*. United Kingdom: FERN.
Sadia 2016. インタビュー調書による。
SIRIM 2015. Public Summary of Anap Muput FMU for forest management certification, Sela NGOr, Malaysia.
United Nations Economic Commission for Europe（UNECE）; and Food and Agriculture Organization（FAO）. 2015. *Forest Products Annual Market Review*.
Upton, C.; and Bass, S. 1995. *The Forest Certification Handbook*. London, United Kingdom: Earthscan.

Viana, V.M.; Ervin, J.; Donovan R.Z.; Elliot, C.; and Ghoiz, H. 1996. *Certification of Forest Products : Issue and Perspectives*. Washington DC, United States: Island Press.

Vogt, K.A.; Larson, B.C.; Gordon, J.C.; Vogt, D.J.; and Franzeres, A. 1999. *Forest certification : roots, issues, challenges, and benefits*. Florida, US: CRC Press.

第5章

森林消失の比較政治学
――熱帯アジアの違法伐採と森林の未来

鈴木伸二

1 違法伐採を促す木材市場の変化

地球上から失われる森林の面積は、２０００～２００５年までの5年間だけでも１３００万haだと推定されている［FAO 2006］。森林は大気中の二酸化炭素を固定する機能をもっているが、これが破壊されると逆に固定された炭素が排出される。２００４年には、地球上で排出された温室効果ガスの7～16％が森林減少によるものだとされ、化石燃料の燃焼に次ぐものとなっている［Rogner *et al.* 2007］。

こうしたなか、人類の生存に対する脅威としてクローズアップされるようになったのが違法伐採である。大気は誰もが必要とするが、誰も保全のための費用を投下しないオープンアクセスな資源であった。この状態を是正する上で、炭素を固定化する森林が注目されさまざまな保護政策が国際的なイシューとなった。国境などがまったく意味をなさない大気を守るため、国境の内側にある森林を保護する国際的な取り組みが開始された。森林保護が人類の安全保障に係るイシューとされたのである。

だが、皮肉にも世界的な森林保護の動きは、生態資源としての木材の稀少性を高めた。後述するタイや中国では国内の森林伐採が制限されたことで海外からの木材輸入量が増加した。それにともない非合法に伐採された木材が取引の対象となっていった。また、違法木材の国際的な取引は国境を越えたネットワークによって支えられた。そのため、違法木材の国際的な移動も違法伐採対策において重要視されるようになった。木材の国際的な移動では、旧来の先進国だけではなく、途上国においても木材輸入が増加した。途上国から木材が輸出され、先進国で加工・消費されていた木材市場のあり方はいまや大きく変化した。タイや中国などの中継国では、加工産業が成長し、木材資源の争奪はますます過熱している。

タイでは１９６０年代以降、森林が半減した。この森林消失には過剰な商業伐採だけではなく、換金作物栽培のための土地開墾なども関係していた。１９７０年代から１９８０年代にかけてタイは木材の輸出大国であった。しかし、１９８８年11月に南タイで４００人以上の死者を出す洪水が発生し、この原因として森林伐採にともなう土壌浸食があげられた。これを受けて、１９８９年に森林伐採禁止令が発令された。また、未加工の木材輸出を抑制し、国内の木材加工産業の育成が図られた。こうした林業構造の転換は、タイの木材輸入量増加につながった。

一方、中国では１９８８年の長江大洪水の後、森林伐採による水源涵養機能の低下が大きな問題となり、翌年に「全国生態環境建設計画」が発令された。具体的には天然林資源保護事業、退耕還林事業、北京・天津風砂源整備事業、三北・長江流域防護林建設事業、野生動植物保護・自然保護区建設事業、重点地域の早生豊作用材林基地建設事業からなる六大事業が２００１年頃から始まった。同時に、国内の木材伐採に対する規制が強化された。また、２００１年に中国が世界貿易機関（WTO: World Trade Organization）に加盟したことも木材輸入に拍車をかけた［Sun *et al.* 2005：FAO 2004］。木材・パルプの輸入関税は大幅に引き下げられ、国営企業への優遇措置が撤廃されたことで私営の木材加工場も急増した。こうして、中国は日本を抜いて世界第二位の木材輸入国となった。

タイや中国では森林面積が激減して自然災害が発生し、これに対処するため自国の森林伐採を停止させた。また、国内の木材加工産業の育成が図られた。加工産業の成長にともなって生産能力も向上し、自国産の木材だけでは稼働率が

表1　木材生産に占める違法木材の割合

アフリカ		アジア		ラテンアメリカ		ヨーロッパ・北アジア	
国	%	国	%	国	%	国	%
ベナン	80	カンボジア	90	ボリビア	80	アルバニア	90
カメルーン	50	ミャンマー	80	ブラジル	80	ブルガリア	45
ガーナ	66	インドネシア	66	コロンビア	42	ジョージア(グルジア)	85
モザンビーク	50-70	マレーシア	33	エクアドル	70	ロシア	20-40
				ホンジュラス	75-80		
				ニカラグア	40-45		

出所：OECD［2007］より筆者作成。

満たされないという状況が生み出された。現在、東南アジアにおける違法伐採を考える場合、1990年代のタイや2000年以降の中国など、新興木材輸入国を無視することはできない。

このようななかで2000年代に入って、違法伐採への国際的な取り組みが本格化した。そこで問題とされたのは、違法伐採がガバナンス（管理・監督体制）の脆弱さから生じるという点であった。2001年9月にはバリで森林法の施行・ガバナンス（FLEG: Forest Law Enforcement and Governance）が発足した。このFLEGでは閣僚級の会合がもたれ、違法伐採や違法木材貿易は森林のガバナンスの問題として議論された。また、2002年から日本はアジア森林パートナーシップ（AFP: Asia Forest Partnership）を発足させた。AFPは2013年に終了したが、その活動内容は違法伐採対策、森林火災予防、荒廃地の復旧であった。これらの国際的な取り組みでは、グッド・ガバナンスと森林のための法令施行が重要視されていた。

だが、こうした場で議論されるガバナンスとは森林関連法と貿易・関税関連法の整備、執行を意味した。しかし、違法伐採のメカニズムとは、こうした領域のバッド・ガバナンスだけで生じるものではない。むしろ、森林分野を越えたより大きな文脈の中で生じている。このことをふまえ本章では、1990年代から2010年までのカンボジア、ミャンマー、インドネシアを事例に違法伐採が生じるメカニズムを考察する。この三か国は表1のように経済協力開発機構（OECD: Organisation for Economic Co-operation and Development）がアジアにおいて違法木材の輸出がきわめて深刻だとした国である［OECD 2007］。これらの国々を分析することで違法伐採が生じる地域的な政治状況と、市場との関わりについて明らかにする。

2 カンボジア——エリート層による森林の私物化

1 内戦と森林伐採

カンボジア内戦において木材がポル・ポト（Pol Pot）派の資金源であったことはよく知られている。とくに、タイが1989年に伐採禁止令を発令してからは、タイ企業が争ってポル・ポト派と木材取引をおこなった。タイ国境沿いのポル・ポト派支配地域ではタイ企業によって無分別な森林伐採がおこなわれた。一方、政府を構成するラナリット（Ranariddh）派、フン・セン（Hun Sen）派、ソン・サン（Son Sann）派もタイ企業と独自に契約を結び、森林伐採を認可した。

1992年、国連カンボジア暫定機構（United Nations Transitional Authority in Cambodia）の暫定統治が始まると、タイの木材輸入に対する批判が生まれ9月に木材輸出の一時停止がおこなわれた。国連が木材貿易に神経質になった背景は、翌年の選挙に配慮したからである［New York Times 1993］。木材輸出による収益はポル・ポト派にあっては選挙妨害の資金に使われ、政権側にあっては各派の選挙資金として利用される可能性があった。1993年にはタイもこれを受けるかたちでカンボジアからの木材輸入を禁止した。

だが、同年に暫定機構が撤収すると木材輸出は非公式に再開され、投降を拒絶するポル・ポト派やカンボジア国軍によって伐採が続けられた。たとえば、1995年にカンボジア国軍のケ・キム・ヤン（Ke Kim Yan）は政府に対してココン州（Koh Kong）で3万m³の木材認可を要求し、副首相は同州でコンセッションを保有するブー・テー・ペアニッチ社（Voot Tee Peanich Co.）に伐採を許可した。この収益は乾季におこなわれた軍事攻勢の資金となった［Global Witness（GW）1997］。1996年度、タイのトラート州（Trat）とチャンタブリ県（Chanthaburi）におけるカンボジア産木材の輸入量は12万m³に達していた［GW 1997］。

さらに政府も1994年から森林コンセッション（政府が伐採権等を認可した土地）を次々に認めていった［Richardson 2000］。1997年中頃までに、カンボジアでは33のコンセッションが認められ、その面積は650万haに達した［全国木材組合連合会2007]。こうしたコンセッションは十分なアセスメントもおこなわれず、恣意的に認可されたものであった。

この期間、無秩序な伐採と木材貿易は安全保障上の問題から国際的な非難を受け続けた。国際通貨基金（International Monetary Fund：IMF）はカンボジアの森林政策に不満をもち1億2000万ドルの融資を凍結した［Vidal 2007］。これを受けて、カンボジア政府は1996年12月31日に丸太と製材の輸出を禁止した。また、1999年に独立審査機関としてNGOのグローバル・ウィットネス（Global Witness）による国内調査を受け入れた。

だが、木材の国外持ち出しは後を絶たなかった。それどころか、違法な木材貿易は精巧なものとなっていった。1998年には、カンボジアのフェアピメックス社（Pheapimex Co.）がチャンパサック州（Champasak）やストゥントレン州（Stung Treng）で違法に伐採した10万m³の木材をラオスに輸出した事件が発覚した［GW 1998］。この木材はラオス国防省管轄のDAFI公社（Development of Agriculture and Forestry Industry）に売却され、その後タイのピパット・フォレストリ社（Pipat Forestry Co.）に転売された。ピパット・フォレストリ社はこの木材転売のために、プノンペンにあるコンチネンタル・インドシナ社（Continental Indochine Co.）がラオス国境近くに所有する燃料倉庫の賃貸契約をおこなっていた。また、ピパット・フォレストリ社はSAファルマシューティカル社（SA Pharmaceutical Co.）のペーパーカンパニーであることも判明した。この取引には、カンボジア第1軍管区のシィウ・ケオ将軍（Seuy Keo）、副官のノウン・フェア（Noun Phea）、士官のリー・サレス（Ly Sareth）、さらにフェアピメックス社の州代表で第42軍副官のヴィラック・チェット（Virak Chet）が関与していたといわれる。このうち、第1軍管区士官リー・サレスはラオ族で義理の兄がDAFIの幹部だった［GW 1998］。

写真1　ゴム・プランテーション造成のため伐採された森林。
出所：Cultural Survival のウェブサイトより転載。

図１　カンボジアのキングウッド社による違法伐採・輸送関連所在地。
出所：ＧＷ［2007］をもとに筆者作成。

軍、警察、行政官、政治家、企業が関連した違法伐採、違法貿易の報告はその後も減ることはなかった。なぜ、カンボジアではこれほど違法伐採や違法貿易が継続するのか。それを知るために、以下ではグローバル・ウィットネスの報告にもとづき、カンボジア国家が内包する問題を考察する。

２　国家とファミリー

２００７年７月に公開されたグローバル・ウィットネス（ＧＷ）のレポート「ファミリーに収奪されるカンボジアの森――政治・経済エリートによる公的資源としての森林の収奪と違法伐採（Cambodia's Family Trees : Illegal Logging and the Stripping of Public Assets by Cambodia's Elite）」ほど、カンボジアの森林セクターに融資をおこなってきたドナーを困惑させたものはない。２００１年１月にＧＷが発表したレポートにフン・セン首相が激怒して、ドナー会議で解雇を通達したとき、世界銀行（World Bank）もＩＭＦも遺憾の意を表明した。このＮＧＯの活動がカンボジアにおける融資の条件だったからだ。そのＮＧＯが解雇後も独自に調査をおこない、違法伐採の現状をまとめたものがこのレポートだった。このレポートでは、フン・セン首相に近い人びとが違法伐採、違法輸送に深く関わっていることを詳細に報告している。そこで本節では、このレポートをもとにカンボジアにおける違法伐採を考察する。図１に、本節にかかわる地名、関連施設を示した。

本レポートは、キングウッド社（KingWood Industry Co.）を中心にして違法伐採、違法輸送の内実を告発している。キングウッド社は台湾人、シンガポール人、インドネシア人が出資して１９９５年にカンボジアで設立された。カルチエ州（Kratie）、ストゥントレン州（Stung Treng）、モンドキリ州（Mondulkiri）に30万１２００haのコンセッションを有する。伐採権認可を受ける前の1994年、同社はチャン・サルン農林水産省大臣（Chan Sarun）の妻であるソッ・ケオ（Sok Keo）名義の25㏊の土地をカンダール州で取得した。キングウッド社はここに木材加工場を建設したが、その建物と機器の登記上の所有者はソッ・ケオであった。同社の製材能力は年間8万4000㎥で、機器をフル稼働させるためには16万4000㎥の木材が必要だった。だが、キングウッド社が自らのコンセッションで得られる木材量は年間3万5000㎥でしかなかった。

1997年、キングウッド社は合法木材として認められる古木（Old Log）の採集権（5万㎥）を得た。同時にコンセッション周辺の森林を違法に伐採し、これをコンセッション内に持ち込んで合法古木とした。だが、こうしたやり方にも限界があった。木材の不足は、銀行への返済にも影響した。2001年末には銀行の債権者リストにキングウッド社は登録された。また同年、キングウッド社は190万米ドルをセン・ケアン（Seng Keang）から借り入れた。セン・ケアンはフン・セン首相の夫人ブン・ラニ（Bun Ray）の友人で、2005年に離婚するまで首相のいとこであるディー・チュック（Dy Chouch）の妻であった。また彼女は首相の弟でコンポンチャム州首長の妻であるレン・ボック・ケーン（Leang Vouch Chheng）とも親睦が深く、首相ファミリーとは密接な関係をもつ人物だった。この契約では、今後、キングウッド社はセン・ケアンから木材を購入することや担保として製材機器の利用を彼女に認めることが合意された。その後のキングウッド社にまつわる違法伐採でセン・ケアンは元夫とともに下請業者的な存在となる。

一方、2002年に入ると、政府はコンセッションでの伐採と木材の輸送を一時停止すると発表した。だが、キングウッド社は継続して森林の伐採を続けた。それは、2000年8月、フン・セン首相が地域開発の起爆剤として導入した「家族単位のゴム・プランテーション」によって可能となった。コンポントム州のプレイ・ロン（Prey Long）は常緑林地帯でコレキシム社（Colexim Co.）、GATインターナショナル社（GAT International Co.）とミエン・リ・ヘン（Mieng Ly Heng）がオーナーであるチャンダー合板社（Cherndar Plywood Co.）にそれぞれ3577㏊、2181㏊、442㏊のゴム・プランテーションが認可された。この直後から3社はゴムの木を植える名目で森林の伐採を開始した。2002年5月、政府は木材輸送の一時停止を再び設け、翌月にはGATインターナショナル社に与えた二か所での伐採権を停止した。この頃から、同地区ではセン・ケアン輸出入社が農林水産大臣の「ゴム・プランテーション内のあらゆる木材を収集することを認める」許可のもとで活動するようになった。

プレイ・ロンで伐採の指揮をとったのは、セン・ケアンの弟であるセン・コッ・ヘアン（Seng Kok Heang）であった。彼は後述する70旅団の士官でもあった。ヘアンはプランテーション周辺でフタバガキ科の原木を伐採していった。木材輸送が禁止されている状況にあって、彼はチャンダー合板社で木材を2mの角材に加工し、「薪材」として夜間に搬出するようになった。2003年7月、国連スタッフが同地を訪れた際、5台のトラックに角材が満載されているのを発見した。スタッフがこれについて質問をしたところ、運搬者は「薪材」と書かれた許可証を提示した。こうした「薪材」はその後もカンダール州のキングウッド社に搬入され続けた。

2004年9月、農林水産省大臣はセン・ケアンの会社にプレイ・ロンで製材所を建設する許可を与えた。当時、この地域の森林破壊はすでに注目されるようになっていた。そこでGWやその他のNGO、ジャーナリスト、地域住民が製材所の認可について質問状を大臣宛に提出した。2006年にようやく得られた回答は「製材所は経済的土地経営権の定められた土地の中にある」（2005年12月27日「経済的土地経営権に関する政令146号」）というものであった。結局、この製材所は閉鎖されることなくベニアシートを生産し続けた。プレイ・ロンに製材所が建設されてから、カンダール州のキングウッド社に搬入される丸太の量が減少した。それに代わってコンポントム州やコンポンチャム州でのベニアシートの生産が増加した。このようなベニアシートの原材はコレキシム社やチャンダー合板社、フェアピメックス社のコンセッションで伐採されたものだった。

プレイ・ロンからの木材運搬には70旅団が関わっていた。この旅団は1997年7月にプノンペンで起こったフンシンペック党とカンボジア人民党の軍事衝突の際、人民党側の中核になった部隊であった。プレイ・ロンからの木材運搬はこの旅団のハック・マオ少佐（Hak Mao）が指揮していた。彼は自分自身の所有する16台のトラックを利用してプレイ・ロンから木材を輸送した。マオ少佐は70旅団全体を指揮するような将校ではないが、旅団の資金面での中枢に位置するといわれる。また、彼はヒン・ブン・ヘアン中将（Hing Bun Heang）、サオ・ソカ軍警察長官（Sao Sokha）、国軍歩兵司令官のメア・ソフェア将軍（Meas Sophea）の妻と独自のコネクションをもっているとされた。マオ少佐が請け負った木材運搬業務はキングウッド社だけではない。チョウエウン・ソッパープ（Choeung Sopheap）が経営するフェアピメックス社、イム・サラン海軍司令官（Yim Saran）の妻でチア・シム元老院議長（Chea Sim）の姪にあたるチェ・ライン（Che Lain）なども顧客として名を連ねていた。

このカンボジアの事例を考える場合、多くの関係者が華人であることに注意しなければならない。フン・セン首相の夫人であるブン・ラニ、チャン・サルン大臣、フェアピメックス社のチョウエウン・ソッパープ、チェ・ラインはカンボジア生まれの華人である。カンボジアには70万人の華僑が居住していると言われ、現政権の閣僚の半分、政府高官、高級官僚の多くが二世または三世の華人である［野澤２００８］。かれらはカンボジアの華人ビジネスマンと血縁・地縁を媒介とした強固な関係を構築している[1]。また、政府の後押しで、中国語を用いた国際的なビジネス・ネットワークも急激に成長している[2]。今後の違法木材貿易を考える上で、こうしたエスニシティは無視できないものになるだろう。

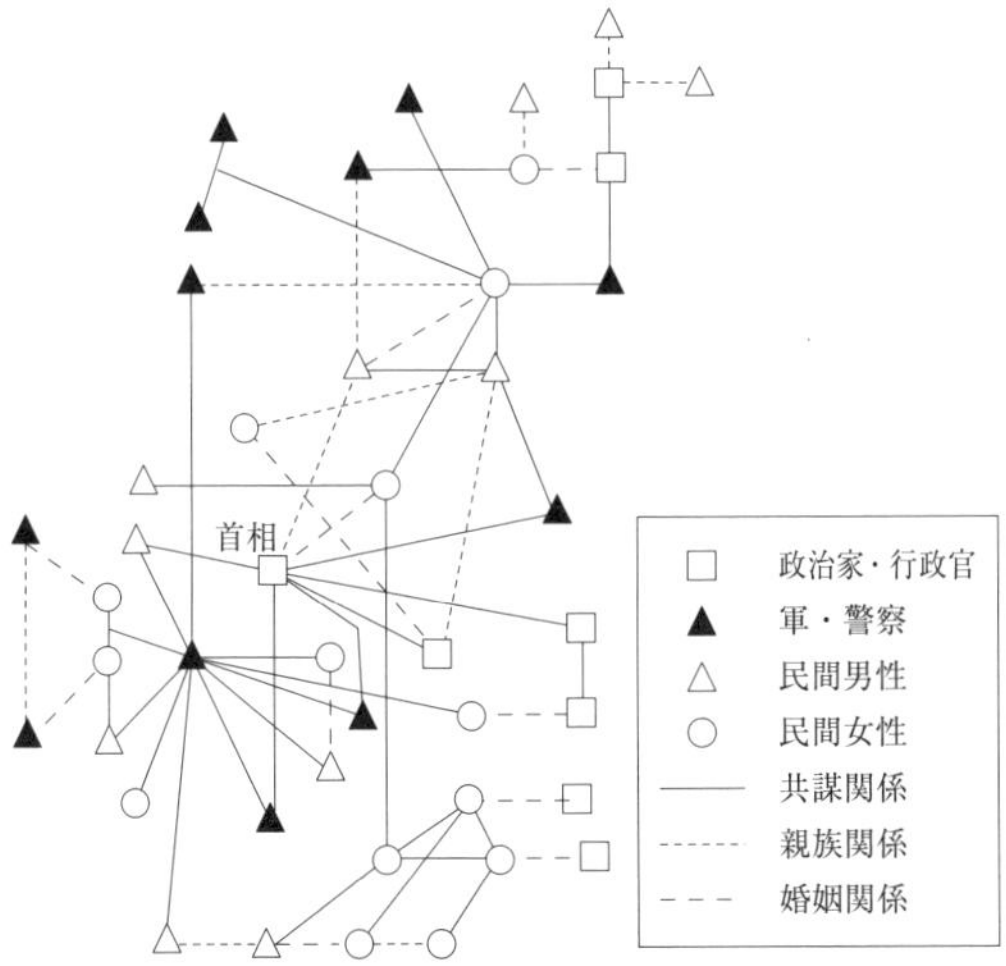

図２　カンボジアにおける違法伐採ネットワーク。
出所：GW［2007］をもとに筆者作成。

このように、カンボジアでは世界各地の違法伐採でみられる多くのパターンが集約されている。カンボジアの「古木伐採」は、タイで「枯死木」として違法に伐採されているものと同様である［Veerawat 2005］。また、偽造証書、賄賂、軍の関与なども違法伐採において広く見受けられるものである。だが、キングウッド社の事例で重要な点は、こうしたさまざまな違法行為の土台になっている家産制的パトロン・クライアントのネットワークにある。図2はキングウッド社を中心とする違法伐採ネットワークをまとめたものであるが、インフォーマルな親族、軍、実業家のネットワークが複雑に錯綜していることがわかる。こうした家産制的パトロン・クライアントのネットワークが合法的領域においても、非合法的領域においても国家の統治システムの要として機能しているのが現在のカンボジアだといえよう。そしてまた、こうしたネットワークの影には、エスニシティが大きく関わっているのである。

3 ミャンマー――軍事的道具としての森林伐採権

1 カレン州

ミャンマーにおける違法伐採が国際的な問題として取り上げられるようになったのは、１９９０年代に入ってからで、これにはタイが大きく関与していた［Veerawat 2005］。先述したように、タイでは１９８９年に森林伐採禁止令が施行され、国内での森林伐採が全面的に禁止された。森林伐採禁止令は林業関係の企業に打撃を与える政策で、業界団体であるタイ林業協会（Thailand's Forestry Industry Organization）は各政党に猛烈なロビー活動をおこなった。これを受けて政府は国外での伐採権取得に乗り出した。

一方、ミャンマーでは、ビルマ式社会主義という一種の経済的鎖国政策によって経済が疲弊し、１９８８年に大規模な反政府デモが全国で起きた。権力の中枢にいたネー・ウィン（Ne Win）はこれを受けて退任したが、国内の混乱は沈静化されず、暴動まで発生するようになった。こうした状況で国軍がクーデターを実行、国軍の幹部たちが政治を担う軍事政権が誕生した。(3) 翌年、民主化勢力のリーダーだったアウン・サン・スーチー（Aung San Suu Kyi）の軟禁などによって西側諸国の援助が凍結された。軍事政権はこうした状況下で国内の治安回復と、混乱のもとになった経済の立て直しをおこなう必要に迫られた。１９８９年、当時准将であったミャンマーのタン・シュエ（Than Shwe）はタイを訪問し、「二国間貿易は安全保障上においても、経済的面においても両国にとって有益である」と発言してタイ資本のミャンマーへの投資を促した［GW 2003］。タイ政府はこうした状態を利用して、ミャンマー国内の伐採権をタイ企業に付与する交渉に成功した［Far Eastern Economic Review 1990］。１９８９年とは、国内での木材伐採ができなくなったタイ

表2　タイ企業がミャンマーにおいて伐採し、タイへ輸送した木材の量（1989～1994年）

	伐採権受託企業	下請け企業	伐採量（㎥）
1	Santi Logging Co. Ltd.	Udon Log Trading Chiang Mai Pairoj Log Trading Partnership Ltd. Wattana Meleesatan Sursak Partnership Ltd.	196,873
2	TCK Co, LTD.		141,164
3	Pathum Thani Co, Ltd.		89,436
4	Union Par Co, Ltd,	Sursak Partnership Ltd, Suwan Industry Co, Ltd. Chiang Mai Pairoj Log Trading Partnership Ltd. Sajjatham K28 Co, Ltd.	60,445
5	Thaipong Co. Ltd.		109,527
6	Sirin Technology Co. Ltd.	Mae Hong Son Phana Phrai Partnership Ltd. Patcharin Agency Partnership Ltd.	64,409
7	Winiwech Co. Ltd.		11,821
8	Mae Moeir Logging Industry Co. Ltd.		46,501
9	Panachai Co. Ltd		22,735
		合計	742,916

出所：Veerawat［2005］より筆者作成。

と外資獲得手段として木材を利用したいと考えていたミャンマーの思惑が見事に合致した年であった。

タイ企業が伐採権を得た地域は、国境に隣接する森林地帯でカレン民族同盟（KNU: Karen National Union）などの少数民族武装勢力と紛争状態にある地域だった。ＫＮＵには１９５０年に設立した林業省があり、イギリス式の森林管理を採用して伐採や木材輸出をおこなっていた。林業省により伐採された木材はタイに輸出され、ＫＮＵの大きな財源となっていた。軍事政権は自らの支配地域だけではなく、こうしたＫＮＵ支配地域の森林までタイ企業に伐採権を与えた。これに対しＫＮＵのボー・ミャ司令官（Bo Mya）は軍事政権が認可した伐採を認めないと宣言したが、タイ国軍のチャワリット・ヨンチャイユット司令官（Chavalit Yongchaiyudh）は「タイの国益を損なうような行動をとる権利は少数民族グループにはない」と牽制した［GW 2013: 75］。タイから物資や資金を得ていたＫＮＵでは強硬な対応がとれなくなった。そのため、ＫＮＵでは独自に木材伐採権や木材輸送税をタイ企業に課して軍事政権に対抗した。この時期、カレン州やカヤー州（Kayah State）では、九つのタイ企業が伐採権を獲得した（表2）。これら九社が１９８９年から１９９４年にミャンマーからタイに輸送した木材は74万２９１６㎥に達した［Veerawat 2005］。

タイ企業は軍事政権とKNUにそれぞれ伐採税や輸送税を支払っていたが、それでも紛争地での伐採事業はいつ不測の事態が起きるかわからない一種の賭けであった。リスクを軽減するためには、素早く伐採して木材をタイ国内に持ち出す必要があった。法律に定められた樹種や胸高直径などを考慮して択伐するといった余裕などなかった。そのため、樹種やサイズなどに配慮せず森林を丸裸にしていった［Veerawat 2005］。

１９９３年、ミャンマーの軍事政権はタイ企業の森林伐採を禁止すると発表した。公式な理由はタイ企業による森林破壊であった。だが、１９８９年以来、KNUもタイ企業に伐採税や輸送税を課しており、こうした税収がKNUの大きな軍事資金になっていることもその大きな理由であった。KNUと密接な関係をもち、ミャンマー国内で伐採をおこなってきたタイ企業は苦境に立たされることになった。軍事政権の国境地帯での軍事的プレゼンスが増加すると、KNUと関係をもっていたタイ企業がタイ国内の環境保護区域で違法伐採をおこなうようになった。環境保護区で伐採された丸太はミャンマーに非合法で輸送され、ミャンマー産の木材としてタイに再輸入された［Veerawat 2005：GW 2013］。こうした木材のロンダリングにはKNUも協力していた。１９９８年、KNUの林業大臣だったパドー・アウン・サン（Padoh Aung san）が軍事政権に投降し、木材ロンダリングの詳細が明らかになると、タイでは政治スキャンダルにまで発展した［GW 2003］。

１９９４年、KNUに所属していた仏教徒たちが、ウー・トゥザナ（U Thuzana）のもと民主カレン仏教徒軍（DKBA：Democratic Karen Buddhist Army）を組織し、KNUから離脱して国軍と同盟を結んだ［中西２０１２］。１９９５年にはDKBAは国軍の軍事侵攻をサポートして、KNUの本拠地であるマナプロウ（Mannerplaw）攻略に貢献した。この攻略後、DKBKは自らの支配地域を軍事政権から承認されたが、その直後からタイ企業はDKBKに接触して、DKBK支配地域での森林伐採、木材加工などを開始し、タイに輸入するようになった。また、DKBKは軍事政権のバックアップを受けてカレン州に進出したトゥ社（Htoo Co.）などと取引をおこない、州内での伐採や木材輸送に携わるようになった［GW 2003］。

DKBKのKNUからの離反によって、KNUは軍事的にも経済的にも弱体化を余儀なくされた。軍事政権や国軍は

ＤＫＢＫに木材利権を与えることでこれを成し遂げた。木材利権を活用することでカレン州における軍事的・経済的優位を獲得した軍事政権は、以後もこの手法をミャンマー国内で使用していくことになった。図３に、少数民族武装勢力の支配地域を示した。

２　カチン州

カレン州でマナプロウが陥落した頃、カチン州（Kachin State）でも違法伐採が拡大する下地が作られていた。１９９６年、雲南省では省内における一切の森林伐採が禁止された（全国規模での伐採禁止令が発令される2年前）。雲南省は中国における木材生産の中心であり、多くの製材場や合板工場が存在していた。伐採禁止は林業関連の企業への木材搬入を途絶えさせ、６万３０００人に及ぶ失業者が生まれた［Kahrl *et al.* 2004］。こうしたなかでカチン州の豊かな森林が注目されるようになった。

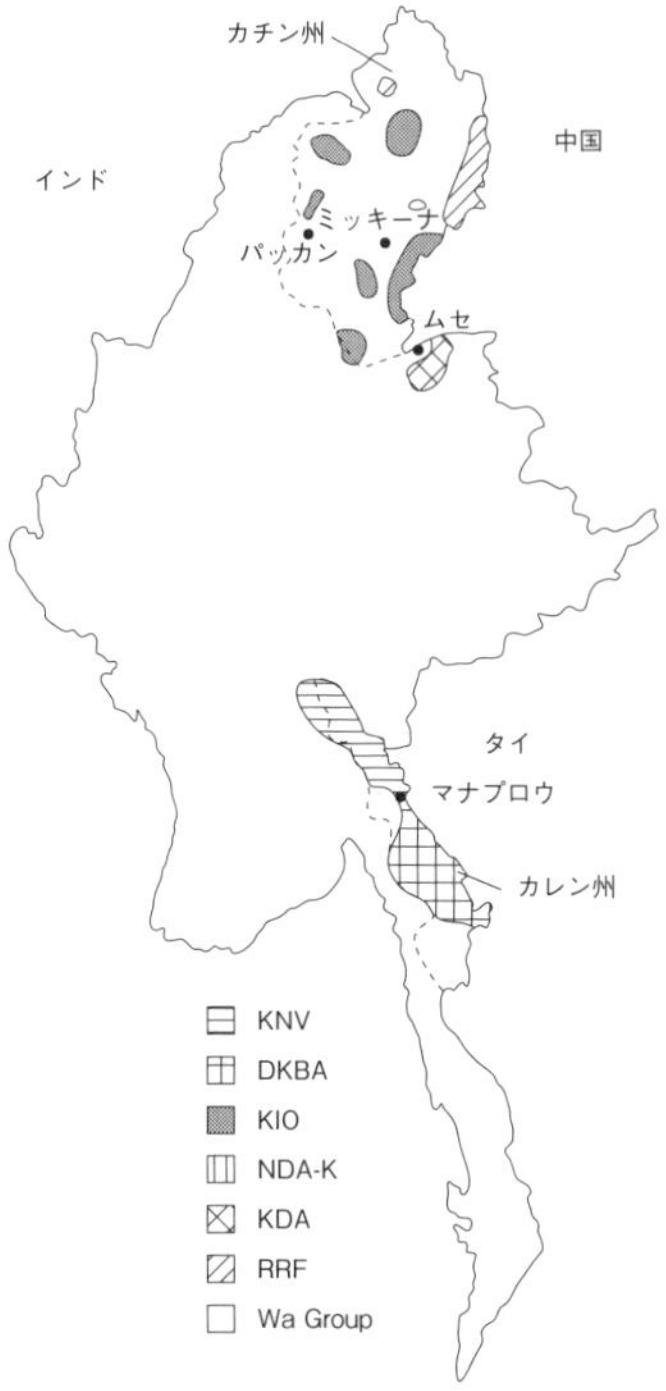

図３　カレン及びカチンの少数民族武装勢力支配地域。
出所：筆者作成。

中国とミャンマーの国境貿易はすでに１９８９年から開始されていた(4)。また、１９９１年には、軍事政権の代表団が雲南を訪問し、林業における協力について話し合いをおこなっていた。ただ、当時は後述するカチン独立機構（KIO: Kachin Independence Organization）が反政府を鮮明に打ち出しており、具体的な森林伐採にまではいたらなかった。カチン州で中国企業による森林伐採が本格化するのは、ＫＩＯが軍事政権との停戦に合意した１９９４年以降、とりわけ２０００年代に入ってからであった。

ＫＩＯは１９６１年2月にシャン州で設立

されたカチン族系の政治団体で、軍事部門としてカチン独立軍（KIA：Kachin Independence Army）を組織した。当時、カチン州の隣にあるシャン州は中国国民党軍が占拠しており、１９６０年11月から翌年２月にかけて、ミャンマー国軍と中国人民解放軍による掃討作戦がおこなわれていた［畢２０１２］。この掃討作戦直後、今度はミャンマー国軍のクーデターが発生し、ネー・ウィンが政権を奪取した。ネー・ウィンは国軍主導の独裁政治を実現するため、少数民族や民主勢力、中国共産党と深い関係にあるビルマ共産党（CPB: Communist Party of Burma）に対する弾圧を始めた。こうした状況の中でＫＩＡは国軍と軍事対立するようになった。また、ネー・ウィンの弾圧にさらされたビルマ共産党は中国のバックアップを受けてシャン州で武装蜂起した。この中にはその後、カチン州やシャン州において少数民族武装勢力の指導者となる、ポン・チアーシェン（Peng Jia Shen 彭家声）、パオ・ユーチャン（Pao Yo Chan 鮑有祥）、リン・ミン・シャン（Lin Ming Xiag 林明賢）、ザクン・ティン・イン（Zahkung Ting Ying）がいた［畢２０１２］。

写真２　カチン州北部から中国に出荷される木材。
出所：VOA News のウェブサイトより引用。

１９９８年９月にミャンマー国軍が再びクーデターで政権をとると、軍事政権は対外開放と経済成長を政策の主題に置いた。天安門事件で国際的な制裁措置を受けていた中国もミャンマーとの関係改善を計り、ＣＰＢへの支援を全面的に停止した。ＣＰＢ内部では指導部とコーカン族、ワ族出身者の対立が激化した［畢２０１２］。こうしたなか、１９８９年から国軍のキン・ニュン（Khin Nyunt）中将が少数民族武装勢力との和平交渉を始めた。内部対立にあったＣＰＢは、ポン・チアーシェンが指導するミャンマー民族民主同盟（MNDAA: Myanmar National Democratic Alliande Army コーカン族）、パオ・ユーチャンが指導する統一ワ州軍（UWSA: United Wa State Army ワ族）、リン・ミン・シャンが指導する東シャン州軍（ESSA:Eastern Shan State Army シャン、アカ族）、ザクン・ティン・インが指導するカチン新民主軍（New Democratic Army-Kachin: NDA-K カチン族）に分裂した［畢２０１２］。キン・ニュン中将（Khin Nyunt）はこれらＣＰＢ分派と交渉をおこない、開発援助を取引条件として和平合意をとりつけた。本節の議論で重要となるＮＤＡ-Ｋは１９９０年1月に軍事政権と和解し、カチン州第1特区の支配を認められた。この支配領域はカチン州北東部の中緬《ちゅうめん》国境地帯であった。

一方、ＫＩＯではブラン・セン（Brang Seng）議長が国軍との和平交渉を推進した。ＫＩＯと軍事政権は１９９４年に停戦合意にいたるが、それまでにもキン・ニュンによる切り崩しがおこなわれた。１９９１年にＫＩＡ第４旅団が独自に軍事政権と停戦してカチン防衛軍（KDA: Kachin Defence Army）を設立し、北部シャン州第5特別区の支配権を獲得した。キン・ニュンはＮＤＡ-ＫやＫＤＡとの交渉で、支配地域における森林開発、鉱山開発を認めると同時に、武器の保有を認めた。経済的・軍事的な利権をちらつかせることで、反政府勢力の分断をおこなった。一方、ＫＩＯはブラン・セン（Brang Seng）議長の強いリーダーシップのもと、１９９４年に軍事政権との停戦合意にいたった。しかし、その直前にカリスマ的な影響力をもっていたブラン・センが死亡した。ＫＩＯの内部では、従来の独立闘争路線を主張するグループと経済開発を優先すべきというグループの中で不協和音が生じた。しかし、この不協和音が表面化するようになったのは、中国との国境貿易が本格化する２０００年以降のことであった。

１９９６年から２０００年にかけて、中国とミャンマーで国境貿易優遇政策が縮小され、一時両国の貿易量は減少したが、２０００年に関税方式が見直されると、中国もムセ（Muse）に隣接する姐告国境貿易区を設置し貿易量が飛躍的に増加した［畢２００８］。２００１年11月には、江沢民がミャンマーを訪問し、天然資源の開発に関する2国間協定が締結され、２００４年には副総理の呉儀が経済・貿易の振興に関する合意書を締結した。こうしたなかで２００５年４月には、カチン州を管轄する北部軍管区司令官のマウン・マウン・スエ少将（Maung Maung Swe）は雲南省から代表団を招いて、国境貿易の推進を促す輸送プロジェクトについて会談をおこなった［GW 2005］。同時に、雲南省代表団は、ＫＩＯ、ＮＤＡ-Ｋ、ＫＤＡの代表とも会合をもった。この会合では、道路や水力発電等のインフラ整備について話し合われた。

カチン州の開発と少数民族対策において主導的な役割を担ったのは、北部軍管区の司令官たちであった。１９９７年から2001年にかけてはキャウ・ウィン少将（Kyaw Win）、2002年から2005年はマウン・マウン・スエ少将、2005年から2008年はオン・ミン少将（Ohn Myint）、2008年以降はソー・ウィン少将（Soe Win）が順次着任した。キャウ・ウィン少将は、2004年に失脚するキン・ニュン派の将校で、北部軍管区での任務の後、国軍情報局次長に就任した。マウン・マウン・スエ少将は、マウンエー上級大将補（Maung Aye）の義弟と言われ、北部軍管区の後は沿岸軍管区司令官を経て2006年6月に社会福祉・救援・再定住大臣（入国管理・人口大臣も兼任）に就任した。オン・ミン少将は2008年8月に国軍第6特別作戦室長に昇進し、2010年の総選挙ではカチン州パッカン（Hpakant）選挙区で人民代表院議員として当選した。その後、2011年3月から2012年9月まで協同組合大臣、2012年9月から2016年3月まで畜産・漁業・地方開発大臣に就任した。ソー・ウィン少将は2010年にオン・ミンの後任として国軍第6特別作戦室長に昇進し、2011年8月からは国軍ナンバー・ツーの国軍副司令官に就任した。これら北部軍管区司令官のその後の経歴をみると、カチン州での活動がキャリアアップに大きく貢献していることがわかる［アジア・リンケージ2006、2008、中西2012、GW 2003：2005：2009：2015b］。

かれら軍管区司令官がカチン州でおこなったのは、森林伐採権や鉱山採掘権を用いたKIOの弱体化であった。キャウ・ウィン少将、マウン・マウン・スエ少将はKIOと敵対関係にあったNDA-Kに森林伐採や鉱物採掘の認可権を与え、中国の企業をここに誘致した［GW 2005］。また、KIOのパトロンであった企業家ヤップ・ザオ・コーン（Yup Zaw Hkawng）が経営するジェイドランド社（Jadeland Company）にヒスイの採掘、森林の伐採、道路建設などを請け負わせた［GW 2009］。ウィキリークに掲載されているアメリカ機密文書には、ヤップ・ザオ・コーンがKIOと軍事政権の停戦合意の仲介者であったと明記されており、こうした事業はその見返りだったと思われる［Wikileaks 2009］。

KIO内部では軍事政権が停戦合意の見返りとして認めた木材貿易や地域開発をめぐって軋轢が一気に顕在化した。ブガ社（Buga Company）は1994年にKIOが地域開発のために設立した企業であるが、2002年に財務損失が明らかになり、社長のラ・ワ・ザウン・コーン（La Wa Zaung Hkawng）が更迭された。その後、ラ・ワ・ザウン・コーンはKIOを脱退してNDA-Kに合流した。これを受けて、ンバン・ラーKIA参謀総長（N'Ban La）が経営するウラート社（Wu Rawt）が木材貿易や地域開発の主導的な役割を担うようになった。ンバン・ラーKIA参謀総長の義理の息子は中国系で、中国との国境貿易に従事していた。2004年には、ンバン・ラーKIA参謀総長を失脚させる計画が明るみに出た。この計画はKIO情報局長のラサン・アウン・ワー（Lasang Awng Wa）、KIO幹部のラワ・ザクン・コーン（Lawa Zawang Hkawng）が主導していた。このクーデター未遂事件後、二人はNDA-Kに合流し、事件に連座するかたちでパウヤン・ティァム・ヤンKIO副議長（Hpauyan Tsam Yan）が逮捕された。さらに同年、中国との木材ビジネスに反対の立場をとってきた独立闘争路線派のラジン・バウクKIA大佐（Lazing Bawk）が何者かによって殺害された［GW 2005］。

2005年8月にオン・ミン少将が北部軍管区司令官に就任すると、少数民族武装勢力の切り崩しはNDA-Kにも及んだ。2005年12月、オン・ミン司令官はNDA-Kに合流していたラサン・アウン・ワーにギュ・トー渓谷（Gwi Htu）の支配権を与え、独立した勢力としてワー・グループを承認した。翌年の12月、KIOとNDA-Kがカチン協議会（Kachin Consultative Assembly）の仲介で和平合意に達し、両者の争点となっていたコンランプ地区（Konglangphu）から両軍が撤退すると、オン・ミン司令官はすばやくこの地区の支配権をNDA-Kのメンバーで KIOともコネクションをもつダンクー・オー・ダン（Dangku Ah Dang）に与えた。ダンクー・オー・ダンは新たに反乱抵抗軍（Rebellion Resistance Force）を組織し、地区の木材貿易と金鉱開発を目的としたラー・ピュ・ウィン社（Hla Pyit Win Co.）を創設した［GW 2009］。オン・ミン司令官はこうしたNDA-Kからの少数分派を国軍の国境警備隊として再編した。

KIOやNDA-Kが開発利権をめぐり内紛状態にあった頃は、カチン州から中国へ出荷される木材が急激に増加していた時期でもあった。とりわけ2004年から2006年にかけては、年間100万m³以上の木材が中国に輸出されていた（図4）。ところが2007年に入ると、オン・ミン少将は一転してKIO、NDA-K、ワー・グループの森林伐採と鉱山採掘を禁止した［GW 2009］。この時期、国軍はカチン州で41の大隊を展開するまで増強され（1994年段階では26大隊）、分裂を繰り返す少数民族勢力とは対照的な軍事的プレゼンスを獲得していた。カチン州内の道路には国軍のチェックポイントがいたるところに設置され、国軍による輸送物資の検閲が広範囲で可能になっていた。そのため、カ

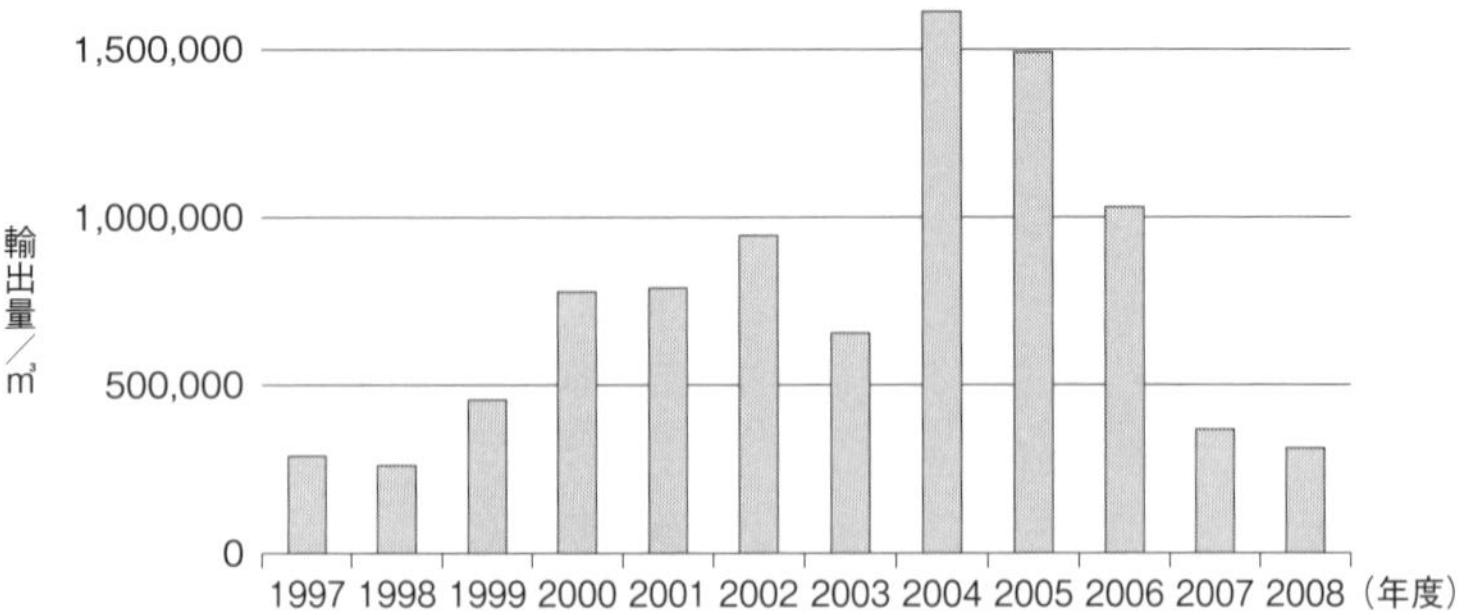

図４　カチン州から中国への木材輸出量。
出所：Kahrl *et al.*［2004］；GW［2005］より筆者作成。

チン州の少数民族勢力は、木材や鉱石による収入をいちじるしく減少させることになった。

　これとは対照的にオン・ミン司令官は、カチン州の五分の三に及ぶ国軍の支配地域で軍事政権に近いトゥ社、ユザナ社（Yuzana Co.）、エバー・ウィナー社（Ever Winner Co.）、アジアワールド社（Asiaworld Co.）などのビルマ系企業に木材伐採権、ヒスイや金の採掘権、水力発電建設事業、農業プランテーションを認可した［GW 2009］。こうした企業の進出によって、木材も陸路で中国に出荷されるものから、イラワジ川や列車を利用してマンダレー、ラングーンに出荷されるものに変化した［GW 2009］。

　軍事政権がカチン州の広い地域で伐採権の認可をおこなうことができるようになったということは、政府のコントロール外にあった森林伐採が減少したことを意味する。そうした意味ではカチン州における違法伐採は減少したといえるだろう。しかし、それがそのまま森林伐採の減少を意味するものではない。２００８年、オン・ミンの後任としてカチン州の司令官に就任したソー・ウィン少将は、ＫＩＯ、ＮＤＡ、ラサン・アウン・ワー・グループに対して森林伐採の許可を再び与えた。これは２０１０年の総選挙を視野に入れた対応だったと言われる［GW 2009］。このように、カチン州においては政治状況の変化で簡単に森林利権が回収・配分されるため森林の安定的な保護、管理は望めない状態となっていた。

　カレン州とカチン州における違法伐採を考える上で重要なことは、国軍が森林伐採権を利用して少数民族武装勢力の弱体化に成功してきた事実である。カレン州ではタイ企業が、カチン州では中国企業が木材搬出のために道路を建設した。国軍は道路網が州内に整えられると、これを利用して部隊を展開し、支配地域を拡大させた。また、伐採権は少数民族武装勢力の内部分裂を促す道具として用いられた。言い換えるなら、伐採権を餌に武装勢力内部にクライアントを作り出し、このクライアントを利用して武装勢力の弱体化を成し遂げた。もちろん、国軍司令官と少数民族武装勢力内部のクライアントの関係は、カンボジアでみたような家産制的なパトロン・クライアント関係ではない。むしろ、戦略的で冷めた、権謀術数的パトロン・クライアント関係だったといえよう。

4 インドネシア――違法伐採の地方化と国際流通ネットワーク

1 スハルト期

スハルト（Soeharto）の新秩序体制では、フルセット主義の工業化が推し進められた。フルセット主義の工業化とは、あらゆる業種で川上から川下までの生産工程を国内に構築することを目標としたものだった［三平１９９２］。スハルトという政治権力の庇護のもと、軍・官僚、華人実業家、プリブミ企業がフルセット主義の工業化を担っていった。林業分野においても、「庇護された資本家」による豊かな森林資源を活用したフルセット主義の工業化が進められた［Robison 1986］。

１９７０年に林業大臣が一元的に認可する森林事業権、林産物採取権が定められ企業による組織的な森林伐採が開始された。森林事業権は大規模伐採を企業に認めるもので、林産物採取権は小規模伐採に関する権利であった。１９７９年、国内の木材加工業を育成するため森林事業権保有者は製材所を併設することが義務づけられ、１９８１年には合板工場を有する事業者のみが丸太輸出を認められる制度が導入された。さらに１９８５年に丸太輸出が全面的に禁止され、合板工場をもつ国内企業へ独占的に木材供給をおこなうシステムが確立する。このシステムは、国際価格よりも安価で合板工場に丸太を供給するものであり、１９９０年代には世界の合板市場の79％をインドネシアが占める土台を作った。

森林の伐採権と木材加工をセットにするこの制度では、森林資源へのアクセスは林業大臣が認可した資本を有する企

表3　インドネシアにおけるコンセッション（1995年）

	企業名	認可数	面積（ha）
1	Barito Pacific	68	6,125,700
2	Djajanti	30	3,616,700
3	Alas Kusuma	26	3,364,200
4	Kayu Lapis Indonesia	21	3,053,500
5	Inhutani	1	2,422,000
6	Bob Hassan Gr.	12	2,380,800
7	Korindo	15	2,225,000
8	Surya Dumai	14	1,801,400
9	Satya Djaya Raya	13	1,663,500
10	Tanjung Raya	15	1,530,500
11	Hutrindo	14	1,503,750
12	Pakarti Yoga	6	1,376,000
13	Uni Seraya	13	1,282,000
14	Bumi Raya Utama	12	1,198,000
15	Mutiara	5	1,179,000
16	Salim Gr.	10	1,081,500
17	Army	9	1,020,800
18	Hanurata	4	949,000
19	Sumalindo	7	867,000
20	Kayu Mas	12	862,000

出所：Indonesia-Policy Archive［2000］より筆者作成。

業に独占されることになった。１９９５年の段階で、インドネシアでは５２５のコンセッション（６２００万ha）が設置され、64の企業がこれらを独占した［Casson *et al.* 2007］。表3は、コンセッションを受けていた企業の上位20社をまとめたものであるが、これらの企業だけで全コンセッションの52％（３０７件）、面積にして63％（３９５０万ha）に及んだ。

このうち、華人系企業のバリト・パシフィック（Barito Pacific）、ボブ・ハッサン・グループ（Bob Hassan Group）、サリム・グループ（Salim Group）はスハルトのファミリービジネスに深く関わっており、三社が認可を受けたコンセッションの役員にはスハルトの子どもたちが就任した。また、この3社は、林業だけではなく、スハルトのファミリービジネスを支えるヌサンバ・グループとも資本提携を通じて深く関わっていた［Indonesia-Policy Archive 2000］。とりわけ、ボブ・ハッサンはスハルトとの個人的な関係が深く、林業のフルセット工業化を推進する中心人物であった。１９８３年に設立されるインドネシア合板協会の会長に就任し、商工省と協力して協会に属する企業グループに輸出権を独占的に与え、グループごとの輸出量を割り当てて合板の価格を決定するシステムを構築したのもハッサンであった［全国木材組合連合会２００８］。

このように、スハルト政権時代の林業は、スハルトとそれを取り巻く企業家との家産制的なパトロン・クライアント関係から成り立っていた。また、この時期の木材伐採の特徴としては、ジャカルタに本社を置く大手企業が地元の木材業者へ業務委託をおこなっていたことであった。地元の木材業者の中にはスハルトに庇護された資本家の傘の下で合法・

違法をとわず森林を伐採して富を蓄えたものもいた［森下２０１５］。こうしてスハルト期には年間２００万㎥に及ぶ木材が違法に伐採された［Schwarz 1990］。

２　ポスト・スハルト期

スハルト期に形成された林業のフルセット工業化システムは、１９９７年の経済危機の中で崩壊していく。世界市場における木材価格の下落とインドネシア国内の急激なインフレが重複し、木材輸出がきわめて困難な状態に置かれたからである。また、１９９８年には、ＩＭＦの意向を受け入れ、合板工場をもつ企業へ優先的に与えられていた伐採権の発給停止、丸太輸出の再開など閉鎖的な林業界の改革がおこなわれた。さらに、同年にはスハルトが退陣し、ハビビ内閣のもと１９９９年に地方分権法が公布されると森林の伐採権認可が地方レベルへと移行した。

この急激な制度移行は同時に違法伐採、違法貿易の拡大をもたらした。１９９９年第22号法では、基礎自治体である県や市に重点を置いた権限委譲がおこなわれるようになった。林業においても、1万haまでの伐採権（森林事業権）は州知事が、１００haまでの小規模伐採権（林産物採取権）や、プランテーション開発などのために皆伐が許される木材利用許可は県知事、市長が認可することになった［荒谷２００４：Casson *et al.* 2007］。また、財源の面でも、地方の裁量が増加した。税外歳入のうち森林に関しては、伐採権のライセンス料や伐採量に応じた徴収金の配分比率が、国20％、地方80％（うち県・市の配分率は64％）となった［荒谷２００４］。

こうした制度変更にともなって県は林産物採取権や木材利用許可を大量に発給した。たとえば、東カリマンタン州（East Kalimantan）のベラウ県（Berau）では、２０００年末までに30の木材利用許可が発給され、１００件に上る林産物取得権の申請があり月平均で5件が認可されていった。２０００年から２００１年にかけ、東カリマンタン州では１２００件近い林産物採取権や木材利用許可が発給された。表4は東カリマンタン州ブルガン3県（南ブルンガン、中ブルンガン、北ブルンガン）の伐採量であるが、これをみると県が認可した伐採が、州が認可した伐採を大きく上回っていることがわかる［荒谷２００４］。

表4　東カリマンタン州ブルンガン3県の丸太生産量（㎥）

	森林事業権（州認可）	木材利用許可（県認可）
2000年	334,800	887,200
2001年	157,000	817,600

出所：荒谷［2004］。

県による伐採権の発給では、法によって定められた面積を超えるものや、保護林内での伐採を認めるもの、国や州によって森林事業権が付与されている地区で伐採を認めるなどの事例が多発した。また、県知事が独自に県条例を制定するといった現象もみられた。東カリマンタン州では申請者は1800ドルから2400ドルを支払い、伐採権を取得することが常態化した。一方、伐採権の保有者側も、拓伐が義務付けられている場所で皆伐をおこなったり、伐採跡地で造林が必要とされる場所でこれを無視するなど、無秩序な伐採をおこなった［荒谷2004］。

こうした制度的混乱の中でローカルな違法伐採と、国際的な違法木材貿易のつながりが生まれていった。スハルト体制下では、木材は国内の製材所や合板工場で加工されなければ輸出できなかった。しかし、1998年から2001年に丸太の輸出禁止が実施されるまでの3年間は未加工材を輸出することができた。この状況に迅速に対応したのが、スハルトに庇護された資本家の傘の下で森林の伐採を担ってきた地元の木材業者たちであった。たとえば、中カリマンタンでは林業公社インフタニ（P. T. Inhutani）に雇われて西コタワリンギン県（East Kotawaringin）や南バリト県（South Barito）において木材の伐採、搬送を請け負ってきたアブドゥル・ラシッド（Abdul Rasyid）が違法伐採で巨万の富を築いた［森下2015］。彼の経営するタンジュン・リンガ社（Tanjung Lingga Company）は森林伐採権をもたないにもかかわらず、国立公園の森林を伐採して、マレーシアへ輸出していた［Telapak and EIA 2000］。

地元の実業家、地方政治家や警察、マレーシアの木材商が癒着して違法な森林伐採と木材貿易がおこなわれる基礎がこの時期に作られていった。その後、2001年にインドネシアが丸太の輸出禁止、2002年にマレーシアがインドネシア産丸太の輸入禁止を実施するが、一度できあがってしまったインフォーマルなシステムを崩壊させることは困難であり、逆にシステムそのものを複雑化させることになった。

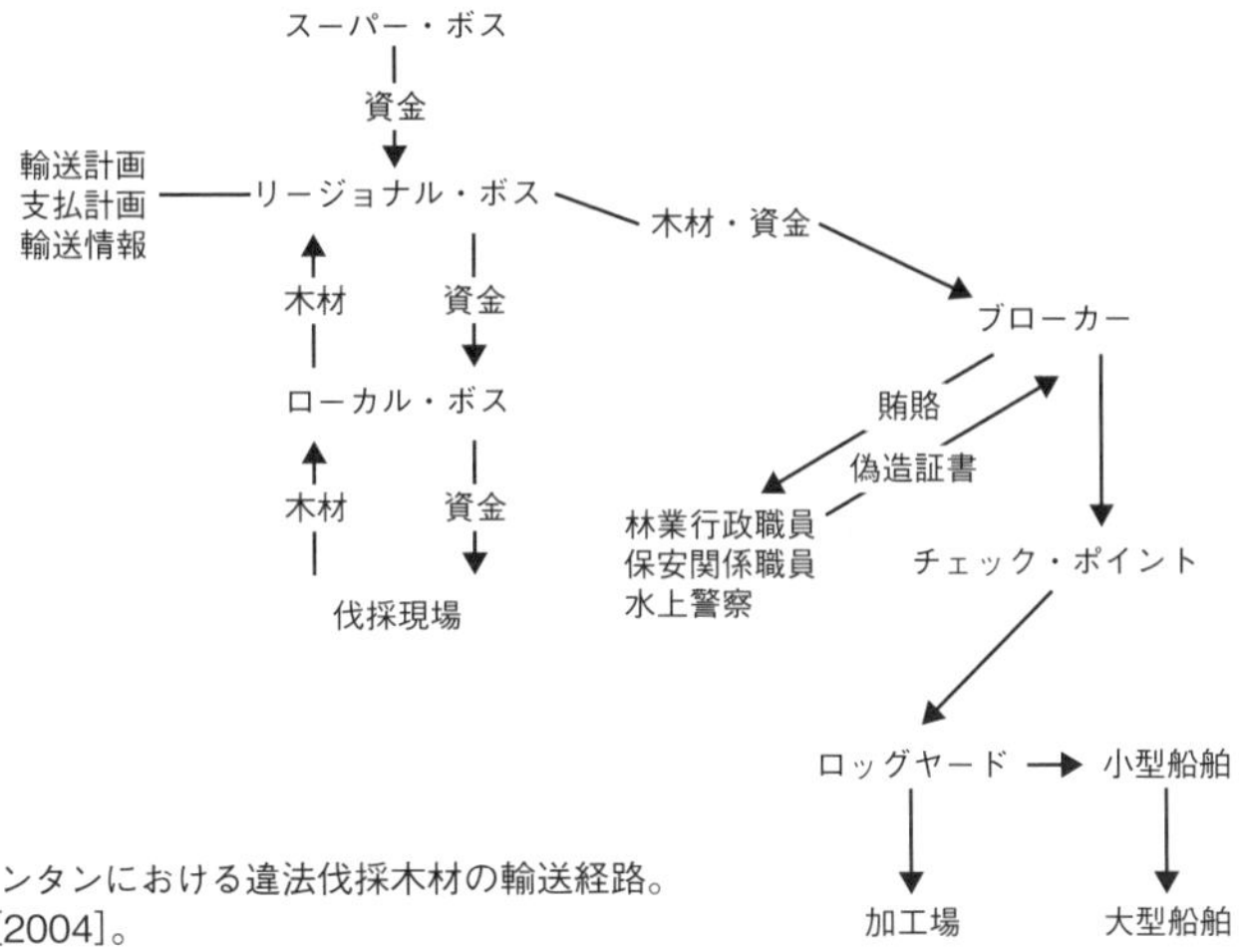

図5　カリマンタンにおける違法伐採木材の輸送経路。
出所：荒谷［2004］。

カリマンタンにおける違法伐採と違法木材の流通を図5にまとめた。スーパー・ボスとはアブドゥル・ラシッドのような資本家で、違法伐採及び木材輸送の費用を提供していた。地元での取りまとめをおこなうのが、リージョナル・ボスで具体的な伐採地の選定、輸送情報の収集と計画、支払計画を担当していた。伐採地の選定が終わると、ローカル・ボスが伐採のコーディネートをおこなっていた。村レベルの役人への賄賂、木材の伐採、集荷、搬出はローカル・ボスがおこなった。一方、リージョナル・ボスは、ブローカーを通じて林業行政関係者、保安関係者と連絡をとり、輸送に関わる情報を収集すると同時に、偽造証書を入手した。ブローカーは伐採地からロッグヤード（集積地）までの輸送を取り仕切っていた。河川を利用する場合は、小型の船舶を用いて下流に運搬し、河口において1000トン程度の船舶に積み替え、輸出港に運搬された。木材が輸出港に入港すると、水上警察へのリベートが支払われた［荒谷2004］。

　カリマンタンの事例からわかるのは、違法伐採に従事する地元実業家と地方政治家、行政官、保安関係者、地域住民がパトロン・クライアント関係にもとづいたネットワークを形成していることであった。このネットワークはスハルト期のスハルト・ファミリーと「庇護される資本家」との固定化された関係ではない。むしろ、場当たり的で機会主義的な分散的パトロン・クライアント関係だといえる。誰もが、いつでも、このネットワークに関わることができる状態。これがインドネシアの違法伐

図６　インドネシアで違法伐採が横行した地域。
出所：筆者作成。

採の特徴だった。

３　国際的な違法伐採ネットワークの形成

カリマンタンでの違法伐採の横行を受け、政府は２００２年第34号政令、２００７年第６号政令などを発令して法的な対応をとってきた。その対応とは伐採権取得希望者に各種作業計画書を作成させ、木材加工や輸送についても詳細な規則を設けるなど制度の精緻化であった。

その後、カリマンタンでの違法伐採は徐々に沈静化していった。警察による伐採地、貯木場での抜き打ち検査も頻繁におこなわれるようになった。だが同時に、カリマンタンではすでに伐採に値する森林が枯渇しているという状況もあった。南カリマンタンでは木材供給の激減から製材所や加工場が閉鎖に追い込まれて、２００６年段階で六つしか稼動していなかった。この稼働率も２０００年前後と比較すると、50〜70％に落ち込んでいた。また、東カリマンタンでも、日本向け合板を製造している六つの加工場のうち、一つは閉鎖に追い込まれ、残りの加工場でも稼働率は50％に落ちこんだ［全国木材組合連合会２００８］。

カリマンタンでの森林資源の枯渇が顕著になると、違法伐採のスポットが森林資源の残るパプア州（Papua Province）に移行し、輸出が禁止されているメルバウ材（Merbau）が中国に密輸されるようになった（図６）。たとえば、パプア州の沖合いで拘束されたモンゴル国籍の船には、１万７０００㎥のメルバウ材が積載されていた。この船はシンガポールの船会社にチャーターされたものだった。木材にはカリマンタンの企業名が記載された西パプア・ソロン（Sorong）の森林機関の証書が添付されていた。しかし、実際に証書の手数料を支払っていたのはパプア州にある華人系マレーシア人が経営する会社であった。寄港先は中国の江蘇省張家港だった。結局、この事件では船長であるベトナム人が2年の禁固刑に処せられたが、彼自身は木材が違法に伐採されたものであるのかどうか知らなかった。また、マレーシア国籍の華人木材商によるパプア州での違法伐採も報告されている。この華人木材商はカリマンタンで伐採をおこなってきたが、資源枯渇が顕著になると、その活動拠点をパプア州に変更した。パプア州に伐採機器を無償提供することで、同州内での伐採権を獲得した。パプア州では、地方行政官をリクルートして権益の確保をおこなった。その後、土地賃借に関する支払いをおこなわなかったために伐採権を剥奪されたが、彼の部下2名が別途伐採権を確保して、国立公園内での違法伐採に従事した［Telapak and EIA 2005a, 2005b］。

表5　国際的な華人違法木材貿易ネットワーク

地域	企業	オーナーの国籍
パプア州	PT Marindo Utama Jaya	マレーシア
パプア州	PT Jutha Daya Perkasa	マレーシア
パプア州	PT Papua Limbah Mewach	マレーシア
パプア州	PT Trillion Abadi Perkasa	マレーシア
パプア州	PT Rimba Kaya Arthamas	インドネシア
パプア州	PT Ciptakayumas Abadi	インドネシア
パプア州	Ruslan（個人）	インドネシア
スラバヤ	Latif（個人）	インドネシア
ジャカルタ	PT Graha Dharma Sakti	インドネシア
ジャカルタ	Sinar Remaja	インドネシア
ジャワ	CV Bangkit Perkasa	インドネシア
ジャワ	Tanjung Lingga	インドネシア
シンガポール	E-Maritime	シンガポール
シンガポール	Wajilam Export	シンガポール
シンガポール	Fa Lin	シンガポール
香港	Greatwin Asia	香港
香港	Howei Marketing	香港
浙江省	Zhejiang Fang Yuan Wood	中国
浙江省	Lujia Flooring	中国
浙江省	Fu Ming	中国

出所：Telapak and EIA［2005］より筆者作成。

写真3　パプア州での伐採。
出所：Transparency International のウェブサイトより引用。

表6　違法伐採にみる三か国の比較政治

	カンボジア	ミャンマー	インドネシア
契機	内戦	内戦	政権交代
パトロン	政府高官	国軍	地元実業家
クライアント	華人ビジネスマン	少数民族武装勢力	地元政治家 / 地域住民
政治的特色	家産制的	権謀術数的	分散的

この二つの事例が示すのは、非合法な木材取引における国際的な華人ネットワークが形成されていたことである。表5はパプア州で違法に伐採されたメルバウ材が中国に密輸される過程でこれに関わった企業の一覧である。中国企業は木材の最終加工をおこなっている企業であり、メルバウ材の違法貿易に直接は関係していない。しかし、この表で明らかなことは、中国という巨大市場の成長が、合法、非合法をとわず東アジア、東南アジアをまたぐ広範囲の華人ネットワークを形成したという事実である。インドネシアの違法伐採は地方分権化という国内政治状況と国境を越えた華人ネットワークが接合することで生じていた。そして、このメカニズムはスハルトのような中心がなく、きわめて分散的なパトロン・クライアント関係で成り立っていた。

5　森林の未来――政治と市場は架け橋となれるか

本章では、カンボジア、ミャンマー、インドネシアにおける違法伐採について考察してきた。ここで明らかになったことは、違法伐採が生じるメカニズムを理解するためには、森林政策という個別分野を越えたより大きな文脈をとらえなければならないということであった。そこでもう一度、上記三か国の政治状況と違法伐採の関係性について整理しておこう（表6）。

まず、カンボジアでは違法伐採の契機は内戦にあった。国内の政治勢力は自らの政治的プレゼンスを高めるため森林伐採権をタイ企業に売った。戦後もこの状況は維持された。変化したのは、森林の伐採がフン・セン首相という中心点から放射状に広がるネットワークの上でおこなわれるようになったことだった。このネットワークは首相への個人的忠誠心にもとづくパトロン・クライアント関係に立脚していた。国家の統治におけるこの家産制的状況は公的領域と私的領域をあいまいなものとし、首相と個人的な関係をもつ、親族、政治的同盟者、軍関係者、実業家が森林資源を占有することになった。

ミャンマーも違法伐採の契機は内戦だったが、カンボジアと大きく異なる点は内戦が未だに終わっていないことであった。ミャンマーには個人としての中心点はなく、国軍組織とそれに敵対する少数民族武装勢力との紛争の中で森林破壊が生じていた。国軍の司令官たちは少数民族武装勢力の内部分裂を目的として森林利権を利用した。かれらは利権を餌に少数民族武装勢力内部にクライアントをつくり、内部分裂を生じさせることで大きな軍事上の成功をおさめた。この権謀術数的パトロン・クライアント関係の構築は、内戦における軍事的成功のカギであり、国軍組織と政治が密接な関係にあるミャンマーで軍人個人のキャリア形成に大きな影響を与えた。

インドネシアの違法伐採は、国家の統治システムの変化と連動して、そのあり方を大きく変えた。スハルト期には大統領を中心とする家産制的なパトロン・クライアント関係の中で森林が私有化されていた。ところが、スハルトの退陣とともに国家の統治システムが地方分権化に大きくシフトされ、それにともない地元で森林伐採にたずさわってきた実業家たちがメインアクターとして登場した。かれらは新しい政治状況の中で地元政治家や警察、森林関連組織などとインフォーマルな取引をおこない、森林を伐採していった。また、現地で伐採した木材は、中央政府の管理下に置かれることなく、直接海外へ輸出された。これを可能にしたのが、東アジアと東南アジアをまたぐ華人のビジネス・ネットワークであった。このような森林伐採と木材貿易にはスハルトのような中心点はもはや存在しない。インドネシアでは分散的なパトロン・クライアント関係と華人ビジネス・ネットワークが接合することで違法伐採が生じたのである。

では、こうした状況はその後、改善されたのであろうか。そこで最近の状況を簡単に紹介しておきたい。2015年、NGOであるグローバル・ウィットネスは再びカンボジアでの違法伐採についてのレポートを公表した。今回のレポートでは、稀少性の高い樹木を違法に伐採して、中国に輸出しているチュ・ヒエップ（Try Pheap）という人物に焦点が当てられている。彼もまた、フン・セン首相の個人アドバイザーであり、首相婦人の名づけ親の子どもだと言われている[GW 2015a]。対象となる人物は代わっても、カンボジアにおける違法伐採は家産制的パトロン・クライアント関係のネ

写真４　パッカンのヒスイ採掘地。
出所：The Irrawaddy のウェブサイトより引用。

ットワークの中で生じ続けているといえるだろう。

ミャンマーのカチン州では、２０１０年の総選挙でオン・ミン元司令官が人民代表院議員として当選したパッカン（Hpakant）で、大規模なヒスイ鉱山開発がおこなわれるようになった。これらの鉱山開発では、先述したトゥ社、エバー・ウィナー社、アジアワールド社だけではなく、国軍が経営するミャンマー・エコノミック・ホールディングスやミャンマー・エコノミック社が操業しており、その利益は軍管区の予算外予算として利用されている。また、軍事政権トップであったタン・シュエ元議長の２人の息子が経営するキャイン・インターナショナル社（Kyaing International Co.）、ミャンマー・ナイン・グループ（Myanmar Naing Group）、オン・ミンの息子が経営するミャンマー・ウィン・ゲート社（Myanmar Win Gate Co.）が操業をおこなっているとされる［GW 2015b］。パッカンで採掘されたヒスイは中国市場へと流れ、急激な鉱山開発にともなって森林は壊滅的な打撃を受けている。また、一時は沈静化したかに思われた国軍とＫＩＡの武力衝突がパッカンで再燃しており、中国へのパイプラインの建設とあいまって予断を許さない状況にある［The Irrawady 2015］。

インドネシアでは木材マフィアとも呼ばれたアブドゥル・ラシッドの実兄と従兄がそれぞれ中カリマンタン州議会の第1党と第2党の要職についた。また、ラシッド自らも実兄や従兄の働きかけで国民協議会の地方代表議員に任命され国政に進出した。これによって中央政財界とのパイプを獲得したラシドはジャカルタに拠点に置く大手企業グループと合弁会社を設立し、アブラヤシ・プランテーション事業に進出した［森下２０１５］。ラシッドのアブラヤシ事業は時価総額10億米ドル、２０１３年度売上げ1億８９４０万米ドル、パーム油の生産量は23万１０００トンにまで成長している［Winarni *et al.* 2015］。また、フォーブス誌による２０１５年度のインドネシア長者番付でアブドゥル・ラシッドは第30位の資産家として紹介されるまでになっている［Forbes 2015］。こうした成功の裏で、ラシッドは1万0784haの森林を違法に伐採しアブラヤシ・プランテーションを造成していた［The Economic Voice 12 December 2013］。

こうしてみると、カンボジア、ミャンマー、インドネシアでの違法伐採を含む森林の乱開発は未だになくなってはいない。とはいえ、世界が主権国家という枠組みで構成されているかぎり、森林の乱開発に対する国際的な取り組みには限界があるだろう。なぜなら、主権国家の原則が内政不干渉を前提にしているからだ。一方、マーケットは国境にかかわりなくモノを動かす。アジアにおける最大の木材市場は、かつての日本から中国へと大きくシフトした。それにともない、東南アジアでは華人のビジネス・ネットワークが躍動し、中国本土との関係性は深化していった。ここでは詳しく論じられないが、東南アジアには5000万人に及ぶ華人が居住しており、かれらは家族企業をベースに血縁、地縁、業縁を土台とするフェイス・トゥ・フェイスの商慣行をつちかってきた。また、東南アジアの主権国家内部で「異民族」として商業的成功をおさめるためには国家の有力政治家の庇護を必要とした。こうした華人の商慣行や政治権力との関係が現在、アジアの木材取引において一つの大きな潮流となっている。

最後に、違法伐採を含む森林の乱開発が地域住民に及ぼす負の側面、つまり暴力について言及しておきたい。カンボジアやインドネシアでは大規模な森林用益権の認可によって強制立ち退きや土地争議が多発している。こうした強制立ち退きや土地争議には常に暴力がともなう。カンボジアでは強制立ち退きのさなかに軍による発砲で地域住民が死亡する事件が発生している。インドネシアでも慣習的な森林利用をおこなってきた人びとが違法伐採跡地に作られたアブラヤシ・プランテーションの土地を返却するよう運動しており、こうした運動に対して暴力が行使されている。また、ミャンマーではパッカンでのヒスイ採掘が本格化してから、国軍とKIAの紛争が再燃し、7万5000人が難民生活を余儀なくされている。

森林をめぐる人類全体の生存と地域住民の生存という大きな溝の間には政治と市場が横たわっている。いいかえるなら、人類全体の生存と地域住民の生存をつなげるものこそ政治と市場の役割になるはずだ。残念ながら、現状では政治と市場がそれを大きく妨げている。こうした問題は一気に解決できるものではない。だからこそ、政治と市場が両者の架け橋となるような仕組みをこれからも考え続けていかなければならない。

注

（1）2005年度の段階では、人民党政権の副首相、国務大臣、経済・財務大臣、情報大臣、公共事業・運輸大臣、国会上院議長など半数を超える閣僚、前プノンペン市長なども華人である。さらに行政機関の官僚の多くも華人だといわれている［野澤2008］。

（2）現在、カンボジア全土では74に上る華人学校が設置され、中国語教育が推進されている。また、華人学校で使用される教科書は駐カンボジア中国大使館や、中国本土の企業が設立した財団などが提供している［野澤2008］。

（3）ミャンマーでは1988年の軍事クーデター後、政府に相当する国家秩序回復評議会（SLORC）が発足し、1997年には国家平和発展評議会（SPDC）へと名称が変更されてきた。本章は政権内部そのものの分析をおこなうことを主眼としていないため、以後、国家秩序回復評議会、国家平和発展評議会を一括して軍事政権と表記する。

（4）1988年の軍事クーデターで従来の鎖国政策から輸出を重視した政策が採られるようになると、ミャンマー貿易省の輸出入サービス公社が雲南省の輸出入公社と国境貿易協定を締結していた［国際金融情報センター2005］。

参考文献

畢世鴻　2008「中国雲南省とラオス、ミャンマー、ベトナム国境地域の経済活動」『メコン地域開発研究――動き出す国境経済圏』石田正美（編）、181～214頁、アジア経済研究所。
――――　2012「国境地域の少数民族勢力をめぐる中国・ミャンマー関係」『ミャンマー政治の実像：軍政23年の功罪と新政権のゆくえ』工藤年博（編）、71～99頁、アジア経済研究所。
財団法人国際金融情報センター　2005『ミャンマーの国境貿易――国際的な闇金システムの実態』財団法人国際金融情報センター。
全国木材組合連合会　2007a『主要木材輸出国森林伐採関連法制度調査報告書』。
――――　2007b『インドネシアにおける合法性証明の実態調査報告書』。
中西嘉宏　2012「国軍――正統性なき統治の屋台骨」『ミャンマー政治の実像――軍政23年の功罪と新政権のゆくえ』工藤年博（編）、167～199頁、アジア経済研究所。
野澤知弘　2008「カンボジアの華人社会――華語教育の再興と発展」『アジア研究』第54巻第1号、40～61頁。
三平則夫　1992「総論」『インドネシアの工業化――フルセット主義工業化の行方』三平則夫・佐藤百合（編）、アジア経済研究所。
森下明子　2015『天然資源をめぐる政治と暴力』京都大学学術出版会。

Casson, Anne; Krystof, Obidzinski. 2007. From New Order to Regional Autonomy: Shifting Dynamics of Illegal Logging in Kalimantan, Indonesia. *Illegal Logging: Law Enforcement, Livelihoods and The Timber Trade*, edited by Tacconi, Luca, pp43-68. London: Earthscan.

Far Eastern Economic Review. 1990. Thailand's timber shortage gives Rangoon its opening partners in plunder. 22 February 1990.

Food and Agriculture Organization. 2004. *An international journal of forestry and forest industries 55.*

Food and Agriculture Organization. 2006. *Global Forest Resources assessment 2005: Progress toward Sustainable Forest Management.*

Global Witness. 2003. *A Conflict of Interests: The uncertain future of Burma's forests.*

Global Witness. 2005. *A Choice for China: Ending the destruction of Burma's northern frontier forests.*

Global Witness. 2007. *Cambodia's Family Trees: Illegal logging and the stripping of public assets by Cambodia's elite.*

Global Witness. 2009. *A Disharmonious Trade: China and the continued destruction of Burma's northern frontier forests.*

Global Witness. 2015a. *The Cost of Luxury: Cambosia's Illegal Trade in Precious Wood with China.*

Global Witness. 2015b. *Jade: Myanmar "Big State Secret".*

Kahrl, Fredrick; Weyerhaeuser, Horst; Yufang, Su. 2005. *An Overview on the Market Chain for China's Timber Product Imports from Myanmer*, World Agroforestry Centre, Forest Trends, DFID, CIFOR.

New York Times. 1993. Thailand stirs criticism over Cambodia timber. 2 May 1993.

Organisation for Economic Co-operation and Development. 2007. *The Economics of Illegal Logging and Associated Trade.*

Robison, Richard. 1986. *Indonesia: The rise of capital. Sydney* : Allen & Unwin.

Roger, H. Holger; Zhou, Dadi. 2007. Introduction. *Climate Change 2007: Mitigation of Climate Change.* edited by B. Metz; O.R. Davidson; P.R. Bosch; R. Dave; L.A. Meyer: pp.97-116. UK and New York: Cambridge University Press.

Schwarz. A. 1990. A saw point for ecology, *Far Eastern Economic Review* 148(16): 60.

Sun, Xinfang; Wang, Liqun; Gu Zhenbin. 2005. *A Brief Overview of China's Timber Market System.* Forest Trends.

Telapak and EIA. 2000. *Illegal Logging in Tanjung Putting National Park: An Update on The Final Cut Report.*

——— 2005a *Stemming the Tide: Halting the Trade in Stolen Timber in Asia.*

——— 2005b *The Last Frontier: Illegal logging in Papua and China's Massive Timber Theft.*

Veerawat, Dheeraprasart. 2005. Until No Trees Remain: Illegal Logging in Salaween Forest, *After the logging ban: politics of forest management in Thailand*, Bangkok, Foundation for Ecological Recovery.

荒谷明日晃　２００４「インドネシアにおける森林減少、違法伐採、違法貿易の現状」http://www.zenmoku.jp/sinrin/japanese.pdf

アジア・リンケージ

http://homepage2.nifty.com/asia-linkage/archive20060601.htm 1-6-2006（２０１０年２月20日参照）

http://homepage2.nifty.com/asia-linkage/archive20081117.htm 15-7-2008（２０１０年２月20日参照）

Cultural Survival
https://www.culturalsurvival.org/news/campaign-update-cambodia-government-expand-rubber-plantations（２０１６年９月30日参照）
Forbes 2015
http://www.forbes.com/profile/abdul-rasyid/?list=indonesia-billionaires（２０１６年９月30日参照）
Indonesia-Policy Archive 2000
http://www.library.ohiou.edu/indopubs/2000/01/（２００８年１月15日参照）
Global Witness 1997 *RGC closed border to log exports on 31st December but RCAF take over where the Thai's left off*, 22 January 1997
http://www.globalwitness.or/media_library_detail.php/（２００７年12月23日参照）
Global Witness 1998 *$50 million worth of Cambodia logs destined for Thailand via Laos in new illegal export deal* ,19 June 1998
http://www.globalwitness.or/media_library_detail.php/（２００７年12月４日参照）
Richardson, Michael, 2000, Illegal loggers defy conservations in Cambodia: Where forests disappear,24 August 2000
http://www.iht.com/articles/2000/08/24/log.2.t.php（２００８年３月14日参照）
The Economic Voice. 12 December 2013
http://www.economicvoice.com/palm-oil-firm-a-threat-to-orangutan-habitat-and-investors/（２０１６年８月18日参照）
The Irrawady. 15 February 2015
http://www.irrawaddy.com/feature/jade-trade-bedevils-burmas-transparency-aspirations.html（２０１６年９月24日参照）
Transparency International
http://blog.transparency.org/2011/08/12/protecting-papua-new-guineas-forests/（２０１６年10月２日参照）
The Irrawaddy
http://www.irrawaddy.com/burma/31b-jade-trade-enriches-elite-fuels-ethnic-conflict-report.html（２０１６年９月30日参照）
Vidal, John. 2007. Cambodian elite and army accused of illegal logging racket The Guardian.1 June 2007
https://www.theguardian.com/environment/2007/jun/01/conservation.internationalnews（２００７年12月４日参照）
VOA News
http://www.voanews.com/a/beijing-calls-for-myanmar-to-free-chinese-convicted-of-illegal-logging/2874562.html（２０１６年10月２日参照）
Wikileaks.21 April 2009
https://wikileaks.org/plusd/cables/09RANGOON229_a.html（２０１６年８月20日参照）
Winarni, Rahmawati Rento and Gelder, Jan Willem Van. 20 February 2015
https://www.grain.org/bulletin_board/entries/5140-tycoon-controlled-oil-palm-groups-in-indonesia（２０１６年８月18日参照）

第3部

里

グローバル化と地域文化の継承

第6章

植物と体験の資源化
――東南アジア島嶼部におけるジュズダマ属の利用をめぐって

落合雪野

1 人と植物のかかわり

1 人里の植物

「人里の植物」と呼ばれる一群の野生植物がある［長田1973］。山草や野草などの野生植物が人家を離れた草原や山地に生育するのに対し、人里の植物は人についてまわる性質があり、路傍や空き地、畑の縁、水路などの人が作り出した場所、人が活動する場所に生育する。また、人里の植物のうち、とくに耕地に入りこんで栽培植物と競合するようになったのが雑草である。

人の側からすると、人里の植物はもっとも身近な野生植物ということになる［大場2002］。人びとは、目にとまることの多い人里の植物に対して、独特の名称を与えたり、子どもたちの遊び相手にしたり、食べる、モノをつくる、薬にするなど、何らかの目的に用いたりしてきた［中田1980、内藤1991］。つまり、子どもからおとなまでの日常生活に視点を置いた時、人里の植物が生態資源として一定の位置を占めていることは明らかである。本章では、その具体例としてジュズダマ属植物をとりあげ、地域の人びとと人里の植物とのかかわりのあり方を民族植物学の視点から考える。とくに、少数民族文化をめぐる観光や自然素材への再評価などの現象から、その現代的な利用について検討する。

本章が対象とする地域は、ジュズダマ（写真1）が広範囲に分布する東南アジア島嶼部である。この地域では、観光開発が進む中、ジュズダマのなかまの植物を素材にハンディクラフトを製作し、みやげものとして観光客に販売する人びとがいる。具体的には、インドネシア、南スラウェシ州のトラジャ（Toraja）、フィリピン、南コタバト州のティボリ（Tboli）、台湾原住民のサイシャット（賽夏 Saisiat）、タオ（達悟 Thao）、パイワン（排湾 Paiwan）といった人びとである。このうち、台湾は、東南アジアの範囲には通常入れないが、対象とする台湾原住民の言語がオーストロネシア語族であることから、インドネシアのトラジャやフィリピンのティボリの事例とあわせてとりあげることにする。

写真1　ジュズダマの雄花と雌花（総苞）。
出所：筆者撮影（以下同）。

以下では、まず、ジュズダマ属植物について植物学的な特徴を説明し、ついで、東南アジア島嶼部での広域的な分布や利用について概観する。その上で、インドネシア、フィリピン、台湾でおこなった現地調査をもとに、ジュズダマ属を利用したハンディクラフトの製作や販売について、個々の状況をくわしくみていく。

2　分類と用途

ジュズダマ属（*Coix*）は、イネ科トウモロコシ連に属する多年生の草本である。植物分類学者のボール［Bor 1960］は、その野生種4種を記載した。すなわち、アクアティカ種（*Coix aquatica*）、ギガンテア種（*C. gigantea*）、ジュズダマ種（*C. lacryma-jobi*）、プエラルム種（*C. puellarum*）である。このうちジュズダマ種は、ジュズダマ（*C. lacryma-jobi* var. *lacryma-jobi*）、モニリフェル変種（*C. lacryma-jobi* var. *monilifer*）、ステノカルパ変種（*C. lacryma-jobi* var. *stenocarpa*）、ハトムギ（*Coix lacryma-jobi* var. *ma-yuen*）の4変種に細分される。以上の7分類群のうち、ハトムギだけが栽培種、ハトムギ以外の6種類が野生種である。ジュズダマ属の形態的特徴は、一つの株に雄花と雌花が別々につくことと、雌花が壺のような形の総苞《そうほう》に包まれていることにある（写真2）。ジュズダマ種の4変種とプエラルム種では総苞の形が異なっており、これが分類群を識別する際の手がかりとなる。最近では、野生種の分類について新たな知見が加えられているが［Clayton *et al.* 2014］、本章ではボールの体系に即してジュズダマ属を取り扱うことにする。

　日本には、ジュズダマ属野生種のうちジュズダマだけが分布し、北陸地方以南の各地で、水辺や道端、空き地などに生育している［近田ら２００６］。いっぽう、東南アジアとその周辺域には、ジュズダマを含む野生種6分類群が分布し、ジュズダマ属の多様性の中心地を形成している。また、ジュズダマ属が有用植物として多目的に利用されている［Burkill 1936, 落合２００３、２００７ａ］。穀類のハトムギは食用に栽培され、その総苞に包まれた胚乳の部分が、飯やおこわ、菓子類に調理され、酒の原料となる。ジュズダマやその他の野生種は薬として利用される。植物体全体や総苞を煎じて服用し、結石の治療や滋養強壮などに役立てるのである。

写真２　ビーズとして使われるジュズダマの総苞（2011年、インドネシア、タナ・トラジャ県）。

　ビーズ用には、ジュズダマなどの野生種の総苞が用いられる。野生種の総苞は、成熟すると非常にかたくなる。また、表面には陶器のような光沢があり、見た目にうつくしい。さらに、総苞の中央に雄花の柄が貫通した跡があり、縦に孔があいた構造になっている。この孔に糸を通すことで、総苞をそのままビーズとして使うことができるのである。

　わたしはこれまで、ミャンマー、ラオス、タイ、ベトナム北部、中国雲南省など、東南アジア大陸部を主な対象に、ジュズダマ属の利用について調査してきた。その結果、この地域では、複数の野生種の総苞がアカ、カレン、ワ、カチン、チン、ナガなどの数多くの民族集団によってビーズとして用いられ、衣服やバッグ、装身具などを飾ってきたことが明らかになった［落合２００７ａ、２００７ｂ］。また、近年では、アカやカレンによる民族衣装の装飾を背景に、ジュズダマ属の総苞が縫いとめられた現代的な衣服が創作されたり、総苞のビーズが手芸用のパーツとして売買されたりしている［落合2014］。

3　分布と利用

では、東南アジア島嶼部では、どのジュズダマ属がどこに分布し、どのように利用されてきたのだろうか。この点については、人類学者の鹿野忠雄［1946］が、東南アジア島嶼部での穀類栽培の拡散との関連から考察し、北端を台湾島、西端をスマトラ島、東端をニューギニア島とする島嶼域の大部分で、ジュズダマやハトムギが個別の呼称をもって認識されていることを示した。また、台湾［古野1972］、ニューギニア中央高地［安江1977］、ハルマヘラ島［石毛1978］、ボルネオ島［内堀1996］などでは、ジュズダマの総苞がビーズとして利用されたり、ハトムギが食用に栽培されたりする様子が報告されている。

このような先行研究をふまえ、わたしの調査では、まず、ジュズダマ属の全体的な分布状況を把握するために、植物標本庫で標本調査をおこなった。2002年にボゴール植物園、2003年にシンガポール植物園、2004年に台湾大学を訪問し、マレー半島から台湾島、オセアニア西部までの範囲で収集され、それぞれの標本庫に収蔵されたジュズダマ属の腊葉《さくよう》標本のうち、雄花と雌花のついた305点について分類群を同定した。その結果をまとめたのが表1である。

ジュズダマ属の6分類群のうち、ジュズダマについては、マレー半島から台湾島までの範囲から広く収集されており、標本点数が233点ともっとも多い。いっぽう、ジュズダマ以外の野生種については、ステノカルパ変種が17点、モニリフェル変種が6点、ギガンテア種が3点と、標本点数が格段に少なく、収集地がマレー半島、ボルネオ島、スマトラ島、ニューギニア島、台湾島に限定される。アクアティカ種とプエラルム種の2種は、標本がまったく収集されていない。つまり、ジュズダマ属野生種のうち、東南アジア島嶼域で主に分布しているのは、ジュズダマ1種類であることが確かめられた。いっぽう、穀類のハトムギについては、ボルネオ島、ジャワ島、スマトラ島、テルナテ島、フローレス

表1　東南アジア島嶼部におけるジュズダマ属の分布状況

	C. lacryma-jobi var. *lacryma-jobi* ジュズダマ	*C. lacryma-jobi* var. *monilifer* モニリフェル変種	*C. lacryma-jobi* var. *stenocarpa* ステノカルパ変種	*C. gigantea* ギガンテア種	*C. lacryma-jobi* var. *ma-yuen* ハトムギ
マレー半島	10	1	1	1	0
シンガポール島	7	0	0	0	0
ボルネオ島	9	2	3	0	8
ジャワ島	57	0	0	0	1
スマトラ島	14	1	2	1	7
スラウェシ島	19	0	0	0	0
ハルマヘラ島	2	0	0	0	0
テルナテ島	4	0	0	0	1
メンタワイ島	1	0	0	0	0
セラム島	3	0	0	0	0
マルク諸島	2	0	0	0	1
フローレス島	0	0	0	0	4
ロンボック島	0	0	0	0	3
スンバ島	0	0	0	0	3
ティモール島	2	0	0	0	0
アル島	1	0	0	0	0
ニューギニア島	44	0	10	1	0
ソロモン諸島	2	0	0	0	0
パラワン島	1	0	0	0	0
ルソン島	11	0	0	0	0
セブ島	1	0	0	0	0
ミンドロ島	2	0	0	0	0
ミンダナオ島	1	0	0	0	2
台湾島	40	2	1	0	16
計	233	6	17	3	46

出所：ボゴール植物園、シンガポール植物園、台湾大学の収蔵腊葉標本をもとに作成。

島、ロンボク島、スンバ島、ミンダナオ島、台湾島から46点の標本が収集されており、広い範囲で栽培されていたことを示している。

さらに、2000年から2011年にかけてインドネシア、フィリピン、台湾で現地調査をおこなったところ、標本調査の結果と同様、ジュズダマとハトムギを観察することができた。ジュズダマについては、ジャワ島東部、バリ島、スラウェシ島、スンバワ島、フローレス島、ミンダナオ島、台湾島の各地で野生集団が認められた（写真3）。ハトムギについては、スラウェシ島のママサ県、フローレス島のエンデ周辺、スンバワ島のビマ周辺、ミンダナオ島の南コタバト州、台湾の屏東県などで、住民が自家消費用に栽培している様子を確認した。なお、フィリピン、ミンダナオ島の南コタバト州では、ジュズダマ以外の野生種3分類群を観察した。これについては後述する。

ジュズダマの生育地では、観察と同時に聞き取りをおこなった。その結果、ジュズダマは広い範囲で認識されていて、「子どもがおもちゃにして遊んだ」という話が各地で聞かれた。また、おとなについて

写真３　水路に生育するジュズダマの集団（2010年、インドネシア、タナ・トラジャ県）。

写真４　ハンディクラフトの販売店に集まる観光客（2005年、フィリピン、南コタバト州）。

は、インドネシアで「ネックレス、ブレスレット、アンクレットをつくり、子どもに魔除けとしてつけさせた」（スラウェシ島ブギス人）、「儀礼の時、女性がネックレスやブレスレットを身に付けて、踊りを踊った」（スラウェシ島ママサ人）などの情報が得られたが、実際に利用している場面を見る機会はきわめて少なかった。台湾では、台東県東河郷のアミ、苗栗県南庄郷のアタヤル、苗栗県南庄郷のタロコの人びとから、集落の近くにかつてはジュズダマが生えていて、子どもが遊んだり、ネックレスなどを作ったりしたという話を聞いた。だが、最近はジュズダマの植物そのものを見かけなくなっており、実際に利用することはないということであった。なお、儀礼や呪術、習慣などとは関係なく、個人が自発的に利用する例として、ジュズダマを庭で栽培して総苞を集め、カーテンを作る（東南スラウェシ州）、野生集団から総苞を採集してネックレスを作る（ジャワ島ボゴール市近郊）などが、少数みられた。

全体をまとめると、人びとにとってジュズダマ属は人里に生えるありふれた植物であり、子どもが遊ぶことがあったり、その遊びが懐かしく語られたりすることはある。だが、日常ではほとんど利用されない状況にあると結論づけられた。

その一方、スラウェシ島のトラジャ、ミンダナオ島のティボリ、台湾原住民については、ジュズダマ属の総苞を用いてハンディクラフトを製作し、みやげものとして観光客に販売する様子が観察された（写真4）。ジュズダマ属の総苞を用いたハンディクラフトの製作販売は、東南アジア大陸部のタイ北部、ラオス北部、ミャンマー東部でもおこなわれている。また、その実践はアカやカレンといった民族集団の衣服装飾を継承したもの、あるいはそれをアレンジしたものであって、商品化のプロセスをたどることができる［落合2014］。だが、東南アジア島嶼部のこの三者の場合、そのような文化的な継承の痕跡をたどることのできる例は少なく、むしろ、外部からの働きかけや文化復興の機運の中でジュズダマ属の総苞が活用されている点、さらに、このような植物素材を利用する現象が複数の場所でほぼ同時に進んでいる点が興味深い。では、人里の植物が、いかにハンディクラフト、ひいてはみやげものとして資源化されていったのだろう。そのプロセスを、次にくわしくみてみたい。

2　スラウェシ島のトラジャ

1　インドネシア有数の観光地

トラジャは、スラウェシ島、南スラウェシ州タナ・トラジャ県の山地部を中心に居住するプロト・マレー系の人びとで、サダン・トラジャやママサなどを含むオーストロネシア語族のトラジャ諸語の話者である。その主な生業は、盆地水田での稲作であり、また熱帯高地の環境を利用し、コーヒーやカカオなどの商品作物が栽培されている。トラジャには伝統宗教にもとづいた死者儀礼があり、そのために長い時間と多くの資金を費やすことで知られる。1900年代からキリスト教が布教されたのちも、その習慣は維持された。1970年代以降、バリ島に次ぐインドネシア有数の国際的観光地として、タナ・トラジャ県の観光開発が進んだが、その中で伝統的な儀礼が観光資源となり、いっそう強調されるようになった［山下1988］。

写真5　トンコナン（2011年、インドネシア、タナ・トラジャ県）。

バリ島のデンパサール国際空港から飛行機に乗ると、約1時間で南スラウェシ州の州都ウジュンパンダンに着く。そこからタナ・トラジャ県の観光の中心地ランテパオ市まで、自動車で10時間ほどの道のりである。アクセスは便利とはいえないが、トンコナンと呼ばれる舟形家屋に代表されるトラジャの文化や森林でのトレッキングを目あてに、

写真6　ジュズダマのカーテンとランプシェイドをインテリアにしたホテル（2001年、インドネシア、タナ・トラジャ県）。

写真7　ジュズダマのバッグとネックレスを販売する女性（2011年、インドネシア、タナ・トラジャ県）。

国内外の観光客がこの地を訪れている（写真5）。1980年頃に観光ガイドを始めた男性によれば、1993年にタナ・トラジャ県に向かう道路が全面舗装されたのを契機に、観光客がいっそう増加したという。タナ・トラジャ県観光局の統計によれば、2006年から2010年までの5年間、年間平均観光客数は約3万人であった。

2　ハンディクラフトの特徴

2000年8月、タナ・トラジャ県で最初の現地調査をおこなった。ホテルやレストラン、市場などの施設が集中するランテパオ市や周辺の観光村で観察してみると、みやげもの売り場で、木彫りの置物やTシャツなどとともに、ジュズダマの総苞を用いて作ったハンディクラフトが販売されていた。その種類には、カーテン、ランプシェイド、バッグ、ネックレスがあった。わたしが宿泊したホテルでは、そのカーテンやランプシェイドがロビーや客室に飾られていた（写真6）。価格は、カーテンが1万から5万ルピア（250〜700円）、ランプシェイドが1万2千ルピア（300円）、バッグが1万7千ルピア（425円）、ネックレスが2千ルピア（50円）である。使用されている分類群はジュズダマ1種類で、総苞の色には、薄い灰色、ベージュ、茶色の3色が認められた。店員に聞いてみると、ジュズダマ属のハンディクラフトはすべて地元で作られているという。

その10年後の2011年2月、ふたたびタナ・トラジャ県を訪れる機会を得た［落合ら2012］。ランテパオ市や観光村では、ジュズダマの総苞で作ったカーテン、ランプシェイド、バッグ、ネックレスの販売が続いていた（写真7）。使用される分類群がジュズダマ1種類であることにも変化はなかった。そのネックレスを製作していた女性は、ジュズダマの総苞が地元で採れる植物素材であることをアピールしていた。ホテルの経営者や観光ガイドによれば、2002年にバリ島で爆弾テロ事件が発生した影響で、タナ・トラジャ県を訪れる観光客の数が減り、それとともにみやげものの売れ行きが悪くなったという。だが、それでもジュズダマの総苞は継続して使用されていた。

東南アジア大陸部の人びとがジュズダマ属の総苞を使用する場合、衣服やバッグなど、身体に着用するモノを装飾することを目的とし、布地を土台にして、その上に総苞を縫いとめることが多い。この場合、総苞はモノの本体を形作っておらず、刺繍糸や金属片、プラスティック・ビーズなどの他の素材とともに、付属物の一つとして使用される［落合2007a、2007b］。これに対してトラジャの人びとは、ジュズダマの総苞をナイロン製の釣り糸に通してつなげた一次元の構造（写真8）を基本に、これを平面状に、あるいは立体的に組み合わせることによって、モノを形作っている点で異なる。また、身体につけるモノだけでなく、室内を装飾するモノが作られることにも特徴がある。

3 認識と関与

トラジャの人びとは、ジュズダマをどのように認識し、関与しているのだろうか。インドネシア語通訳を介して聞き取りをしてみた。

写真8　総苞を釣り糸でつないでカーテンを作る（2011年、インドネシア、タナ・トラジャ県）。

観光村Aでバッグやネックレスを製作し、販売している女性に聞いてみると、ジュズダマをトラジャ語で「シロペ」という。シロペは川のそばに生えている植物で、そこから総苞を集めてきて、ハンディクラフトを製作しているそうである。また、観光村Bでカーテンを製作販売している女性によれば、シロペはもともと自然に生えている植物だが、カーテンの材料にするため、庭畑に種をまいて、株を増やしたこともあるという。この女性は、多いときには週に3、4点ものカーテンを製作しているそうである。A村の空き地（写真9）やB村の道

写真９　集落で生育するジュズダマ（2011年、インドネシア、タナ・トラジャ県）。

写真10　水田の縁の道端に生育するジュズダマ（2011年、インドネシア、タナ・トラジャ県）。

端（写真10）には、ジュズダマが群落を形成しており、総苞を実らせていた。この二つの村以外にも、ランテパオ市とその周辺では、水田や水路の縁などでジュズダマが生育している様子を観察した。その出現頻度は、南スラウェシ州の他の場所にくらべて明らかに高い傾向にあった。

さらに、ハンディクラフトの製作や販売に携わっていない人に話を聞いてみると、ジュズダマをシロペと呼ぶ例のほかに、「ダレ・シシカン」「ダレダレ」「シシカン・ダレ」など、まったく別の名称で呼ぶ例があった。その用途は、子どもがおもちゃにするほか、食べることもあるという。これについて、持参したジュズダマ属の総苞サンプルを示しながら詳しく聞いてみると、この植物はハトムギであることがわかった。畑の周囲に掘り棒で穴を掘って、総苞を一粒ずつ埋めたのち、これを育てて収穫し、米と同じように炊いたり、菓子「ロコロコウンティ」や竹筒飯「ピヨンピスン」に調理したりして食べるという。また、死者儀礼の期間は米食が禁忌とされているが、米のかわりに食べることのできる食物として、トウモロコシ、キャッサバ、野菜類、サツマイモ、バナナとともにハトムギがあると説明する人もいた。

4　経緯と現状

では、どのような理由で、トラジャの人びとがジュズダマの総苞でハンディクラフトを作るようになったのだろうか。伝統的な木彫りを継承し、ハンディクラフト製作者の代表を務める男性の職人によれば、１９７０年代、当時の内務大臣の妻が女性支援活動をしており、その一環として、製作が奨励されたという。また、ランテパオ市でホテルを経営する男性によれば、1970年代に教会関係者のオランダ人や教員が、製作を指導したことがあるという。つまり、外部からの働きかけを契機に、女性たちがカーテンやランプシェイドを製作するようになったというのである。この2人の話では、ジュズダマ総苞のハンディクラフトはトラジャの伝統工芸の範疇にはいらないこと、特別な技術や熟練は必要なく、教えられれば誰でも比較的簡単に作れること、女性の内職や小遣い稼ぎとみなされることが強調されていた。

いっぽう、観光村Aでハンディクラフトを製作する女性は、村の出身者が製作の技術を持ち込んだと説明した。そのいきさつとは、ある女性が結婚を機にA村からスラウェシ島西部の沿岸域に移り住んだ。そこで製作技術を身に付け、1980年代後半にA村の女性たちに紹介した。これを受けて、女性たちは、最初は帽子を作り、ついでネックレスやバッグを作るようになったそうである。この製作者の女性は、技術は外部からきたものであっても、自分たちで工夫を重ねてハンディクラフトの種類やデザインを増やすなど、創作の努力を続けていることを語っていた［落合2015］。

ところで、トラジャにはジュズダマ総苞を用いた伝統工芸があったとする人もいた。たとえば観光村Cの女性は、かつて、ベルト「アンベーロ」や首飾り「トッコンバユ」をジュズダマの総苞のビーズで作り、結婚式などの特別な機会に女性が身につけていたと述べていた。同様の説明は、南スラウェシ州ママサ県で、トラジャと系譜を同じくするとされるママサの男性からも聞かれた。現在、このようなベルトや首飾りは、ランテパオ市の工房で製作され、伝統舞踊を踊る人が身につけている。だが、そこにはプラスティック・ビーズが使用されていており、踊り手や工房の職人に聞いても、ジュズダマの総苞が過去に使用されていたかを確かめることはできなかった。

タナ・トラジャ県の最大の観光資源は、トラジャの文化である。死者儀礼に関連した伝統工芸として木彫や染織が継承され、その技術を活用して、木彫の置物、イカットやろうけつ染の布などが製作される。このようなハンディクラフトは、トラジャの文化を代表する正当なモノと位置づけられ、工房で実演販売されたり、店頭に並べられたりしている。また、タナ・トラジャ県がインドネシア有数の観光地であることから、インドネシア各地から有名なみやげもの、たとえば、スンバ島のイカット様の布、ジャワ島のバティック様の布などが持ち込まれ、トラジャのハンディクラフトととも

写真11　レイクセブ町の景観（2005年、フィリピン、南コタバト州）。

写真12　ハンディクラフトの販売店（2005年、フィリピン、南コタバト州）。

に販売される。その中にあって、ジュズダマのハンディクラフトは、地元の女性が地元の植物素材を用いて作ったものであるという説明のもと、これらとは対比的に販売される。このような実践が、10年以上にわたって続いているのである。

3　ミンダナオ島のティボリ

1　観光地としてのレイクセブ町

フィリピンの人口を宗教別にみると、国民の93％をカトリック教徒が占めており、残りの5％がイスラム教徒、2％が精霊信仰を維持する山岳少数民族である〔清水1992〕。この精霊信仰を維持する人びととして、ミンダナオ島ではプロト・マレー系の10の民族集団が知られている。ティボリはその一つで、南コタバト州南部に約6万人が居住しており〔合田1995〕、その民族衣装に関係した工芸として、マニラアサ（*Musa textilis*）の繊維を用いた絣織「ティナラク」や、ガラスや真鍮のビーズの装身具などが知られている〔Casal 1978, 文化学園服飾博物館2001〕。

2005年7月、南コタバト州西南部の山地に位置するレイクセブ町で、ティボリを対象に現地調査をおこなった。町の統計によれば、2004年時点で3万3千人あまりのティボリが居住しており、この数は町民の56％を占める。町の中心地は、セブ湖の湖畔の標高700mに位置する（写真11）。また、面積の6割を森林が占め、その間に湖や滝が点在する。この環境を活かし、観光業

写真14　笠にジュズダマの総苞を飾る女性（2005年、フィリピン、南コタバト州）。

写真13　ネックレスを陳列する（2005年、フィリピン、南コタバト州）。

や、林業や農業、養魚などがおこなわれている。観光地としての特徴は、冷涼な気候と森林や湖の景観、ティボリの少数民族文化にあるとされ、主にフィリピン国内から観光客が訪れている。

2　ハンディクラフトの特徴

まず町の市街地で観察してみると、商店街の店舗やリゾートホテルのみやげもの販売店、ティボリ博物館のミュージアムショップなどの7軒でジュズダマ属の総苞を使ったハンディクラフトの販売が確かめられた（写真12）。しかも、ハンディクラフトの種類が多いこと、そこに使用されている総苞の形や色がきわめて多様なことに特色があった。

ジュズダマ属のハンディクラフトは、小型のアクセサリー類と大型のインテリア雑貨や装身具に分けられる。小型のアクセサリーは、ネックレス、ブレスレット、イヤリング、指輪などからなる（写真13）。ジュズダマ属の総苞とプラスティック・ビーズ、竹筒、真鍮製の鈴など、色や形、材質の異なるパーツを組み合わせて、多くの種類が製作されている。パーツを直線状につなげるだけでなく、分岐させる、模様編みを加えるなどして平面状にしたもの、袋に編んで立体にしたものもある。カトリック教徒向けには、総苞と十字架を組み合わせたロザリオが作られる。単価は、25から80ペソ（50～160円）と比較的安く、店頭に多数、陳列されていた。

いっぽう、大型のハンディクラフトには、室内装飾用のカーテンや壁掛けなどと、民族衣装に組み合わせる布製の帽子やベルトなどの装身具がある（写真

写真15　総苞の丸い「ボソック」（2005年、フィリピン、南コタバト州）。

写真16　総苞の長い「スリウス」（2005年、フィリピン、南コタバト州）。

14）。こちらは販売する店が限られており、陳列される点数が少ない。また、カーテンが250ペソ（500円）、ベルトが450ペソ（900円）と単価が比較的高い。

このようなハンディクラフト56点を収集し、使用される総苞について調べてみた。まず、総苞の形態的特徴から、涙型のジュズダマ、球型で大きなモニリフェル変種、円筒型のステノカルパ変種、球型で小さなプエラルム種の4分類群が使われていることがわかった。また、色については、白、灰、薄茶、茶などの種類が観察された。

3　認識と関与

ティボリの人びとは、ジュズダマ属にどのような認識や関与をしているのだろうか。レイクセブ町の市街地や郊外の集落で、ハンディクラフトの製作者である女性たちやその家族にセブアノ語通訳を介して聞き取りをしてみた。

まず、ティボリ語の名称については、「スリウス」「ボソック」「ウヤフ」の三つがあがった。スリウスは総苞の先のとがったもので、ジュズダマを指す。ボソックは丸いもので、モニリフェル変種あるいはプエラルム種を指す（写真15）。ウヤフは細長いもので、ステノカルパ変種を指す（写真16）。東南アジア大陸部のアカの場合、ジュズダマ属の総称「ロバ」に形を区別する形容詞をつけて、「ロバ・ドン（丸いジュズダマ）」、「ロバ・ジュ（長いジュズダマ）」などと区別するのに対し、ティボリでは独立した名称を与えている点が注目される。なお、ハトムギについては、ティボリ語に「イラ」というまた別の名称があり、庭畑の一角で少数の個体が栽培されている様子を観察した。米とまぜて炊くなどして、食

写真 17　集落で生育するジュズダマ（2005 年、フィリピン、南コタバト州）。

写真 18　株を掘り上げて移植する（2005 年、フィリピン、南コタバト州）。

べるのだという。

つぎに生育状況については、ジュズダマ属はいずれも自然に生えている植物であるという点で、人びとの認識は一致していた。観察してみると、集落周辺の空き地や耕地の縁、庭先などの人が活動する場所で、ジュズダマ属が生育している様子が確認できた（写真17）。

さらにハンディクラフトの製作者に総苞の入手方法について聞いてみると、郊外の農村では、野生集団から採集しているという人と、栽培して収穫しているという人の両方がいた。いっぽう市街地では、栽培して、総苞を収穫しているという人が多い。栽培の理由については、観光客の需要に応じて、製作数を増やしたためだと説明されていた。また、製作者からの依頼を受けて、総苞そのものを販売しているという人もいた。総苞の価格は、コップ1杯分で20から30ペソ（40～60円）程度である。

ジュズダマ属を栽培する人にその方法を聞いてみると、植物体を多年生植物として管理する方法がとられていた。まず、総苞、または稈や根の一部を庭畑に埋めて栽培を始める（写真18）。その後、生育した植物体の基部を残し、その株から長期的に連続して総苞を収穫するという。さらに、生育中の個体から落ちた総苞、あるいは庭畑に捨てた総苞から、たまたま芽が出たので、その株を残して育て、総苞を収穫しているという人もいた。

4　経緯と現状

ティボリは、もともとジュズダマ属をどのように利用してきたのであろう。

ハンディクラフトの製作者たちに聞いてみると、子どもがおもちゃにして遊んだ、薬用植物として皮膚病などの治療に使った、魔除けのためのブレスレットを作ったなどの例があがった。ただし、民族衣装を構成する装身具については、貴族階級の人びとはもっぱらガラス製や金属製のビーズで作ったものを身につけており、総苞が使われることはなかったという。

では、総苞のハンディクラフトの製作は、どのようにはじまったのだろう。販売者や製作者からは、1990年前後に教会の神父がハンディクラフトを買い取り、ダバオやマニラなどの都市で販売したことがあり、これが最初だという説明があった。その後、都市の販売業者から要請が来るようになり、これに対応するため、女性たちが継続的に製作するようになったという。ついでレイクセブ町の市街地に店舗を設け、観光客に直接販売できるようにした。その店舗に店員として勤務し、賃金を得ている製作者もいる。

また、レイクセブ町の販売店のうち、少なくとも3軒がハンディクラフトの仲介業を請け負っていた。ハンディクラフトを集荷し、マニラやダバオなどの遠隔地の業者に納入するのである。この仲介業者の役割は重要である。プラスティック・ビーズなどの総苞以外のパーツを供給して、製作を助けることもある。また、製品を販売業者に納入すると、代金の半額はすぐに送られてくるが、残りの半額については売れ行きが悪いといって割り引かれたり、まったく支払われなかったりすることがある。このような場合、仲介業者が借金をして、製作者への支払いを肩代わりしている。

ティボリの伝統工芸では、マニラアサの繊維を使った手織りの絣布「ティナラク」が有名である。ティナラクは、日本のアジアン雑貨店で、1mあたり1万円の価格で販売されることもある高価な布である。レイクセブ町のティボリ博物館の展示では、生業や生活の用具や楽器などとならんで、ティナラクが取り上げられていた。さらに、技術継承者の女性が腰機を使ってその手織りを実演し、ミュージアムショップでは製品が販売されていた。また、国家から伝統技術保持者として認定された女性がレイクセブ町で工房を営んでおり、そこでは草木染の伝統的なティナラクが生産されていた。つまり、ティナラクが専門の技術者によって継承され、伝統的な高級織布として販売されるのに対し、ジュズダマ属のハンディクラフトは、一般家庭の女性がその製作に参加していること、比較的手軽な価格で提供されていることに特徴がある。

ティボリによるジュズダマ属のハンディクラフト製作の最大の特徴は、総苞の形態的多様性にある。表1に示したように、過去にミンダナオ島で収集されたジュズダマ属の標本は、ジュズダマ1点とハトムギ2点しかなかった。また、フィリピン諸島における植物の地方名事典［Madulid 2001］には、ジュズダマについて60余りの名称が掲載されているが、他の分類群について、また、ティボリ語の名称については記載がない。つまり、レイクセブ町にジュズダマ属4分類群が分布していることは、これまでに報告されていない事象と考えられる。また、東南アジア大陸部ではアカが、多様な形、色、大きさのジュズダマ属の総苞を利用するが［落合2007b］、ティボリが使用するジュズダマ属の総苞の形態的多様性は、これに匹敵するものである。この総苞の形態的多様性と異素材との組み合わせが、みやげものとしてのハンディクラフトをきわめて多彩なものにしている。

4 台湾原住民

1 台湾島の先住者

台湾原住民は、台湾島とその周辺の島々の先住者である［順益台湾原住民博物館2014］。言語グループではオーストロネシア語族に属し、生業や習慣などにプロト・マレー文化の特徴を保持していることなどから、東南アジア島嶼部やオセアニアの人びとと密接な関係にあると考えられている。台湾原住民の文化や生活は、これまでに大きな変貌を遂げてきた。日本の植民地統治時代には、台湾総督府によって日本への同化政策がおこなわれた。第二次世界大戦後台湾に成立した国民党政権は、一転して中国中心の同化政策を進めた。これに対し、1980年代から、原住民の権利回復運動が盛り上がると同時に、文化復興の活動が進み、新たな伝統のあり方が模索されるようにもなった［笠原1998］。

ついで1990年代半ばから地域の文化資源を活用した産業、2000年前後から観光産業が、それぞれ振興されるようになった。このような背景のもと、観光客が訪れる機会が増えた台湾原住民の村では、伝統的な服飾や工芸品を製作する工房をかまえたり、農業や家事の合間に自宅で創作活動をおこなったりして、その作品を販売する人が出現した。このような人たちは「文化工作者（文史工作者）」と呼ばれている［宮岡２００９］。２００４年と２００８年の現地調査では、この文化工作者が、ジュズダマの総苞を使ってハンディクラフトを製作する様子に接することができた。本章ではそのうち、サイシャット、タオ、パイワンをとりあげる。

２　サイシャット

台湾原住民がジュズダマ属を利用する例は、写真資料に見ることができる［李１９９８、湯浅２０００、許２００１］。そのうちの一つが、サイシャットが「パスタアイ」という儀礼の際、リュックサックのように背負って音を出すために使用する道具「尻鈴」（「尻飾」「腰鈴」ともいう）である。１９２０年代に使用されていたという尻飾［李１９９８］では、三角形の布製の本体下部に、ジュズダマの総苞を糸でつなげ、先端に金属の筒をつなげたものが25本下がっている。原住民文化を紹介する順益原住民博物館（台北市）や台湾史前文化博物館（台東市）には、この尻鈴が展示されていた。これを手がかりに２００４年12月、この展示資料の製作者を含めたサイシャットの人びとを苗栗県南庄郷に訪ねた。

展示資料製作者の潘三妹さんは、サイシャットの伝統工芸を継承する文化工作者である。ラタンの茎でかごや容器などを製作するかたわら、博物館からの依頼に応じて「腰鈴」を製作したり、工芸教室の講師を務めたりしている。潘さんの腰鈴は、三角形の本体をラタンの茎で精密に成形し、ジュズダマの総苞を糸でつなげた飾りを垂らし、その先端部分に竹筒をつけたものである。潘さん自身、子どもの頃にジュズダマの総苞でネックレスを作って遊んだことがある。また、サイシャットの衣服に総苞を縫いとめていたという言い伝えを、70歳くらいの人から聞いたことがある。このような経験をもとに、サイシャットとジュズダマのつながりを意識し、総苞を作品に取り入れているそうである。潘さんはこれまで腰鈴の製作に使用する総苞を近所の池の近くで採集してきたが、ジュズダマの個体数が減ってきたため、２００４年に初めて根を掘ってきて自宅の近くの空地に植え付け、増やすよう試みたという。

つぎに、パスタアイの儀礼をつかさどる立場の男性（78歳）に話を聞いた。ジュズダマのサイシャット語の名称は「テ

写真 20　サイシャットの儀礼具「尻鈴」（2004 年、台湾、苗栗県）。

写真 19　空き地に生育するジュズダマ（2004 年、台湾、苗栗県）。

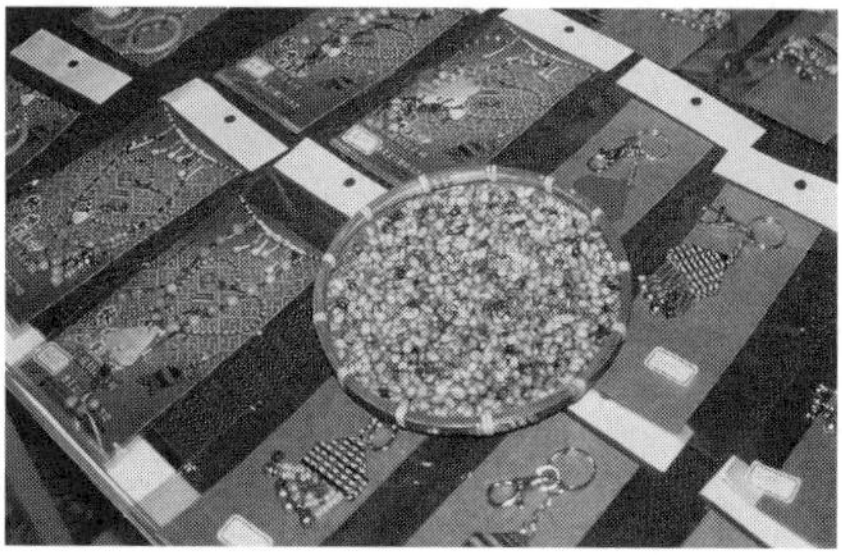

写真 21　ミュージアムショップのハンディクラフト（2004 年、台湾、苗栗県）。

ィブティブン」で、集落や川などに自然に生える植物だという（写真19）。また、彼が子どもの頃は腰鈴に総苞を使っていた。音楽に合わせて腰鈴を振り、総苞を打ち合わせて音を鳴らすのである。しかし、総苞は耐久性に欠けるため、現在はプラスティック・ビーズで代用することが多いという。さらに集落の人びとにも話を聞いてみると、総苞を使った「尻鈴」を保管している人がいた（写真20）。

つづいて、サイシャットの文化をテーマにした苗栗県賽夏族民俗文物館を訪問し、儀礼や建築、道具類などの展示を見学した。潘三妹作の腰鈴と帽子もある。潘秋榮館長によれば、サイシャットの16の氏族集団の一つにジュズダマの氏族集団があり、現在「朱」という姓を名乗っているという［潘２０００］。さらに、ミュージアムショップでは、ジュズダマ総苞のハンディクラフトが販売されていた。キーホルダー、ネックレス、イヤリング、名刺入れなどの種類がある（写真21）。キーホルダーは腰鈴の形をモチーフに製作されている。価格は、一つ１５０から４００元（５００〜１３００円）ほどである。製品のわきには、ジュズダマの総苞をかごに入れてディスプレイし、由来を説明するキャプションが添えてある。苗栗県社区文化協進会の代表者、風順恩さんに話を聞くと、地元の５名の女性が集落の近くでジュズダマの総苞を採集し、この

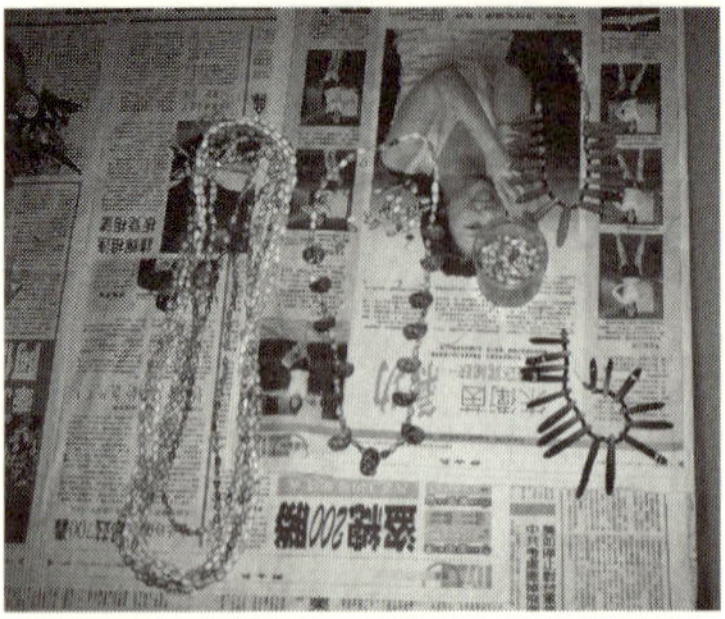

写真23　ジュズダマの総苞と貝殻、パイプウニを組み合わせたハンディクラフト（2004年、台湾、台東県蘭嶼）。

写真22　蘭嶼の海岸。水田でタロイモが栽培される（2004年、台湾、台東県蘭嶼）。

ハンディクラフトを製作しているという。ジュズダマは神様からサイシャットへの贈り物だととらえ、大切に扱っているそうである。

サイシャットの場合、儀礼や子どもの遊びとジュズダマの存在が確実に結びついており、そのことを下敷きに儀礼用具の復元とハンディクラフトの創作の両方がおこなわれているのである。

3　タオ

タオ（ヤミ）は、台湾島の東に位置する蘭嶼に居住し、イモ類の栽培と漁撈活動を経済的基盤にしてきた人びとである［野林2005］。タオの植物利用については、鄭と呂［2000］によって調査されており、その中にジュズダマについての記述もある。2004年12月、台東市の空港から小型飛行機に乗り、蘭嶼に渡った（写真22）。島に1台しかないというタクシーを借り、2軒の工房を訪ねる。そこではタオの女性が、ジュズダマの総苞と貝殻やパイプウニの棘など海産動物の素材を組み合せて、ネックレスやキーホルダーなどのハンディクラフトを製作し、観光客に販売していた（写真23）。値段は、一つ100～250元（330～830円）ほどであった。

その一人曽喜悦さんは、ハンディクラフトの製作販売をするほか、学校で子どもたちにその作り方の指導をしている（写真24）。ジュズダマをタオ語で「アググイ」と呼び、山の近くの潮風のあたらない場所に生える植物である。昔は子どもがネックレスを作ったりして遊んだが、いまは少なくなったという。曽さんは、農業に除草剤が使われていること、また、人びとが関心をもたなくなったことがその理由だと考えている。曽さんは20代の頃から、ジュズダマを栽培して増やしており、毎年2月か3月頃に潮風のあたらない場所に種まきし、8月か9月頃に収穫する。残った根の部分から、株が再生してくることもあり、それはそのまま生やしておく。そして、1年に1kgほどの総苞を採るという。

タオの子どもの遊びを調査した劉［1985］は、4つの空間認識である海、浜辺、山野、集落のうち、山野における少年期の子どもの遊びとして「首かざり作り」があったことを報告し、その対象となる草の実の一つに「アググイ」をあげている。タオの文化工作者たちは、このような子どもの遊びを背景に植物利用を復活させ、そのハンディクラフトを製作しているのである。

4　パイワン

最後に、パイワンのデザイナーによる総苞の利用についてとりあげたい。2004年12月、原住民文化を展示する野外博物館「台湾原住民文化園区」のミュージアムショップで、ジュズダマの総苞を縫いとめた洋服を見つけた。これをきっかけに、その製作者である陳碧恵さんを屏東市内の工房に訪ねた。

写真24　ネックレスの作り方を教わる子ども（2004年、台湾、台東県蘭嶼）。

写真25　パイワンのデザイナーが製作した衣服（2004年、台湾、屏東県）。

陳さんは、パイワンの伝統的な文様の刺繍やデザインをアレンジして、現代的な衣服を製作、販売している（写真25）。パイワンの刺繍細工は、近年、その名声が広まっている工芸である［野林2012］。陳さんの場合、女性用ブラウスが1着2千元（6600円）であった。台湾原住民の衣服を写真資料で見ると、貝殻のビーズや刺繍などで

写真26　原住民向けにハンディクラフト素材を販売する店（2004年、台湾、高雄市）。

装飾された例はあるが、ジュズダマの総苞を縫いとめた例は見あたらない〔李1998、岡野1982、野林2009〕。また、陳さんも、パイワンが衣服にジュズダマの総苞を縫いとめる習慣はないという。

では、なぜ、総苞を衣服に飾ったのか、その理由を彼女は次のように説明した。

ジュズダマをパイワン語で何と呼ぶのか忘れてしまったし、久しく植物を見たこともなかったが、1999年、ハンディクラフトの材料店で総苞が売られているのをたまたまみつけた。それで、子どもの頃にジュズダマで遊んだことを思い出して懐かしくなり、作品に取り入れることにした。それ以来、同じ店で何度も総苞を購入し、製作を続けている。

陳さんが通うというハンディクラフト材料店を、高雄市に訪ねてみた。店内には、タカラガイの貝殻、イノシシの牙の複製や木製ビーズなどとならんで、ジュズダマとステノカルパ変種の総苞が並んでいた（写真26）。一袋の値段は、いずれも100元（330円）である。店主に聞いてみると、自らタイとミャンマーの国境の町メーサイに出かけ、そこで買い付けて販売しているという。「台湾にはジュズダマがない」ので、原住民の顧客によく売れるそうである。このメーサイの市場では、タイ北部やミャンマー東部のアカが出荷したジュズダマ属の総苞が手芸素材として販売されている〔落合2014〕。これがこの材料店店主の活動によって仲介され、台湾原住民に届けられているのである。

台湾での現地調査では、サイシャット、タオ、パイワン以外にも、花蓮県光復郷のアミ（阿美）や台北市のタロコ（太魯古）によって、ジュズダマの総苞を用いたハンディクラフトが製作されていた。つまり台湾では、複数の原住民集団によって、ジュズダマが同時並行的に活用されているのである。そのおもな担い手が女性であること、新たに製作を始めた人が多いという点では、トラジャやティボリの例と共通している。だが、台湾原住民の場合、工房の名称や製作者の氏名をハンディクラフトに添えて、個々の作家としての立場や作品としてのオリジナリティを主張する、ロゴマークやパッケージ、ディスプレイに工夫をこらして商品としての差別化を図るなど、商業化のプロセスがより進んだ状況にあるといえよう。

5 「自然素材」と「手作り」をめぐって

本章では、スラウェシ島のトラジャ、ミンダナオ島のティボリ、台湾のサイシャット、タオ、パイワンによる、ジュズダマ属植物の利用についてみてきた。それぞれの場所では、人びとがジュズダマ属の総苞を用いてハンディクラフトを製作し、みやげものとして販売する動きが進行している。その状況を比較すると、製作の経緯や担い手について次のような共通点が認められる。

まず、製作の経緯について、ジュズダマ属の総苞を伝統的に利用し、儀礼や日常生活に使っていたという状況は、台湾のサイシャットを除いて、いまのところ確認できない。いいかえれば、現在製作されているハンディクラフトは、それぞれの社会に以前から存在し、承認されてきた文化を踏襲したモノではない。むしろ、外部からの働きかけ、技術の導入、文化復興の機運を受けて新たに創造されたモノ、外来者である観光客に売って金銭的利益を得る目的で製作されたモノであり、その意味では模造品にしかすぎない〔山下1996〕。だが、地域性を探し出し、地域の特徴として育て上げ、外部に主張する場が地域文化観光であるとする見方に立てば〔橋本2011〕、観光開発の中でジュズダマ属の総苞を素材として取り上げ、ハンディクラフトを製作するという行為を通じて、人里の植物をめぐる地域の文化が形成されつつあるとみることもできる。

本章でとりあげた地域では、少数民族文化を観光資源に開発が進められている。そこでは、少数民族文化の伝統が、建築や儀礼、芸能、工芸などの形で表現される。さらに、伝統的な工芸の技術やデザインに依拠したハンディクラフトが、専門、専業の職人によって製作され、販売されているが、これはみやげものとしては比較的大型である、高価である、趣味性が強いといった特徴をもつ。したがって、伝統や真正性を重視し、高い対価を支払ってもかまわないという人がその買い手となる。これに対し、ジュズダマ属のハンディクラフトでは、製作する人の多くが女性の新規参入者で、しかも、副業として実践されていることが多い。また、できあがったハンディクラフトには、小さくて持ち運びやすい、安価で買いやすいといった特徴があり、幅広い層が買い手となりうる。つまり、伝統工芸に依拠したハンディクラフトとジュズダマ属のハンディクラフトは、当該社会の中でその製作を担う人の立場、みやげもの店の品揃えのなかで商品としての特徴、そしてターゲットとなる購入者層を異にし、一種のすみ分けを実現しているのである。

では、みやげものを購入する側からみた場合、ジュズダマ属のハンディクラフトによって、どのような「ものがたり」［橋本2011］が得られるのであろうか。ここでキーワードとなるのが「自然素材」と「手作り」である。

最近、先住民や少数者が製作するハンディクラフトは、自然素材を用いた手作りであることが評価され、大量生産の工業製品に対するオルタナティブとして、一つの市場を形成している［落合2014］。とくに東南アジアで作られたハンディクラフトには、「アジアン雑貨」というカテゴリーが与えられ、メディアで情報が紹介されたり、実物が販売されたりする［中谷2005］。さらに、フェアトレードのシステムによって生産者と購入者が結ばれるシステムにおいては、製作者の権利保護や利益の公平な分配という、社会貢献的な価値が加えられる。

本章で着目したトラジャ、ティボリ、台湾原住民によるハンディクラフトの製作は、このようなグローバルな動向と無関係ではない。ジュズダマ属総苞のハンディクラフトの製作の背景には、ジュズダマ属がそれぞれの地域にもともと生えていたという事実と、子どもたちが総苞をおもちゃにして遊んだという体験がある。つまり、植物とそれにまつわる体験をもとに、地域の女性たちが総苞のビーズという自然素材を活用し、ハンディクラフトを手作りする。このようなものがたりが付与されていることが、観光客がみやげものを購入する際の動機につながっていると考えられる。

最後に、素材となる植物について立ち返ってみると、総苞の意識的な利用が、人から植物への関与のあり方を変容させつつあることが指摘できる。ハンディクラフトの製作者たちにとって、ジュズダマ属は、地域の人里の植物である。本来、野生集団から採集することによって総苞を得てきたが、野生集団が見つかりにくい、総苞が不足するなどという場合には、植物を保護したり、意識的に栽培したりする例があった。このような人から植物への意識的な関与が、それぞれの地域での集団の出現頻度の増加につながっていると推測できる。さらに、総苞が域内で売買されたり、東南アジア大陸部から輸入されたりする現象からは、ジュズダマ属総苞が一つの手芸素材として拡散していく実態が明らかになる。ジュズダマ属の総苞を用いたハンディクラフトは、東南アジアの島嶼部や大陸部のみならず、アフリカ、オセアニア、南アメリカ、日本などでも製作され、みやげものとして販売されている［落合2010］。ジュズダマ属の生態資源としての位置づけは、個々の地域における日常生活の一断面としてその思い出や経験が語られる存在から、植物素材として地域横断的に活用される存在へと、転換しつつあるのである。

［謝辞］本章は、科学研究費補助金10041071（古川久雄代表）、13371007（アビナレス・パトリシオ代表）、15710184（落合雪野代表）、18380132（末原達郎代表）、22310157（赤嶺淳代表）の成果の一部を公表したものである。現地調査にあたっては、ドロテア・アグネス・ランピセラ氏（ハサヌディン大学農学部）、石井正子氏（立教大学異文化コミュニケーション学部）、長瀬アガリン氏、游珮芸氏（国立台東大学児童文化研究所）、林麗英氏の協力を得た。それぞれの調査地で、観察や聞き取りに応じてくださったすべての方々に心より感謝を申し上げたい。

参考文献

石毛直道　1978「ハルマヘラ島、Galela 族の食生活」『国立民族学博物館研究報告』第3巻第2号、159〜270頁。
内堀基光　1996『森の食べ方』熱帯林の世界5、伊谷純一郎・大塚柳太郎（編）、東京大学出版会。
大場秀章　2002『道端植物園——都会で会える草花たちの不思議』平凡社。
岡村吉右衛門　1982「蕃布——台湾の染織」『染織の美』第19巻、89〜106頁。
長田武正　1973『人里の植物』第1巻・第2巻、保育社。
落合雪野　2003「ハトムギ——焼畑と庭畑の穀類」『イモとヒト——人類の生存を支えた根栽農耕』吉田集而・堀田満・印東道子（編）、平凡社。
——　2007a「ミャンマー周縁部における種子ビーズ利用の文化——その継承と創出をめぐって」『東南アジア研究』第45巻第3号、382〜403頁。
——　2007b「飾る植物——東南アジア大陸部山地における種子ビーズ利用の文化」『資源人類学　第6巻　自然の資源化』松井健（編）、弘文堂。

―― 2010「植物のビーズ――「ジュズダマ」と暮らす」『鹿児島大学総合研究博物館ニュースレター』第26号。
―― 2014「種子からパーツへ」『ものとくらしの植物誌――東南アジア大陸部から』落合雪野・白川千尋（編）、臨川書店。
―― 2015「地域資源をめぐる対話――タナ・トラジャにおける〈ジュズダマ研究スタジオ〉展」『展示する人類学――日本と異文化の対話』高倉浩樹（編）、昭和堂。
鹿野忠雄 1946「インドネジアに於ける穀類――特に稲粟耕作の先後の問題」『東南亜細亜民族学先史学研究 上』鹿野忠雄、南天書局有限公司。
許功明（編） 2001『「馬偕博士収蔵台湾原住民文物」――沈寂百年的海外遺珍――特展図録』順益博物館。
日本順益台湾原住民研究会（編） 2001『台湾原住民研究への招待』風響社。
合田濤 1995「民族と言語」『もっと知りたいフィリピン 第2版』綾部恒雄・石井米雄（編）、弘文堂。
近田文弘・清水建美・濱崎恭美 2006『帰化植物を楽しむ』トンボ出版。
清水展 1992「社会」『フィリピンの事典』石井米雄（監修）、鈴木達夫・早瀬晋三（編）、同朋舎出版。
鄭漢文・呂勝由 2000『蘭嶼島雅美民族植物』地景企業股份有限公司。
内藤喬 1991『鹿児島民俗植物記』青潮社。
中田幸平 1980『野の民俗――草と子どもたち』世界思想社。
中谷文美 2005「日本の中のアジア、アジアの中／外の日本――「手仕事」の文化横断的消費をめぐって」『文化共生学研究』第3号、103～118頁。
野林厚志 2005「タオ（ヤミ）――「台湾原住民」意識に悩む人びと」『講座世界の先住民族01東アジア』末成道男・曽士才（編）、綾部恒雄（監修）、明石書店。
――（編） 2009『百年の時を越えて――国立民族学博物館台湾原住民族コレクション』順益博物館。
―― 2012「工芸生産をめぐる民族間関係――台湾におけるマジョリティとマイノリティの相互作用」『生業と生産の社会的布置――グローバリゼーションの民族誌のために』松井健・野林厚志・名和克郎（編）、岩田書店。
橋本和也 2011『観光経験の人類学――みやげものとガイドの「ものがたり」をめぐって』世界思想社。
潘秋榮 2000『小米・貝珠・雷女――賽夏族祈天祭』台北縣政府文化局。
文化学園服飾博物館 2001『世界の伝統服飾――衣服が語る民族・風土・こころ』文化出版局。
古野清人 1972「数珠玉・藜・紅豆」『古野清人著作集第4巻 原始文化の探求』三一書房。
宮岡真央子 2009「博物館資料のもつ現代的意義」『百年の時を越えて――国立民族学博物館台湾原住民族コレクション』野林厚志（編）、順益博物館。
安江安宣 1977「中央高地の民族生物学」『ニューギニア中央高地――京都大学西イリアン学術探検報告1963―1964』京都大学生物誌研究会（編）、朝日新聞社。

山下晋司　１９８８『儀礼の政治学——インドネシア・トラジャの動態的民族誌』弘文堂。
——　１９９６『観光人類学』新曜社。
湯浅浩史　２０００『瀬川孝吉台湾先住民写真誌ツオウ篇』南天書局。
李莎莉　１９９８『台湾原住民衣飾文化——伝統・意義・図説』SMC Publishing Inc, Taipei.
劉斌雄　１９８５「ヤミ族の子どもの生活と遊び」『子ども文化の現像——文化人類学的視点から』岩田慶治（編著）日本放送出版会。
順益台湾原住民博物館　２０１４　http://www.museum.org.tw/symm_en/index.htm
Bor, N. L. 1960. *The Grasses of Burma, Ceylon India and Pakistan*, oxford: Pergamon Press.
Burkill, I. H. 2002. *A Dictionary of the Economic Products of the Malay Peninsula*. Kuala Limpur: Ministry of Agrialture Malaysia.
Casal, Gabriel S. 1978. *T'boli Art in its socio-cultural context*, Ayala Museum, Manila.
Madulid A. D., 2001. *A Dictionary of Philippine Plant Names Volume II*, Makai City: Bookmark.
Clayton, W. D., K. T. Harman and H. Williamson 2014. GrassBase, the Online World Grass Flora. http://www.kew.org/data/grasses-db.html.

第7章

牧畜民にとっての生態資源とその変貌
――バルカン半島ブルガリアでの乳加工技術を中心として

平田昌弘

1 乾燥地帯の生態資源

乾燥地帯という生活の場は、狩猟採集から農耕や牧畜という新しい生業を誕生させ、灌漑を大規模におこなうために社会を組織化し、文明を誕生させるなど、人類に大きな恩恵を提供し続けてきた。少なくとも紀元前8500年頃には西アジアの乾燥地帯で、ムギ類やマメ類を栽培化し［丹野2008］、人類は農耕という生業へと入っていった。そして、ヒツジ、ヤギ、ウシの家畜化もほぼ同時期の紀元前8500年頃には西アジア北部のタウルス山脈南麓で始まっており［マシュクールら2008］［Hongo *et al.* 2009］、紀元前7500年には家畜からの搾乳が開始されたであろうと報告されている［Vigne and Helmer 2007］。紀元前7500～7300年頃には西アジアの広い地域にわたって本格的にヒツジ・ヤギの動物管理が始まっていった［マシュクールら2008］。やがて、人類は乾燥地帯でコムギを大規模かつ効率的に栽培するために、灌漑の技術を発達させ、灌漑するための社会の組織化や階層化を必要とし、文明を形成することになる。これらの事象はいずれも乾燥地帯が供給した生態資源であり、「乾燥」という制限性こそが生活する上での創意工夫を必要とさせ、人類は農耕・牧畜、そして、文明を誕生させてきた。やがて、コムギとオオムギは世界中に広がり、人類の食料の根底を支える食料となる。ヒツジ・ヤギの家畜化は、ウシ、ウマ、ラクダなどの家畜化に連鎖していく。家畜は乳や肉を生産するだけでなく、農地を耕したり荷物を運んだりするための使役力、糞尿を耕地に還元する堆肥供給源、糞を調理や暖房に活用する燃料源、毛や皮革を衣料や住居に用いる生活物資供給源、広域流通のための運搬力、戦略のための機動力、交換財、宗教儀礼のためのオブジェとしての生態資源へと展開していくことになる。乾燥地で家畜を飼う民は、通行税などを徴収して地域の流通を仕切り、また、長大な交易を支える商隊キャラバンを形成し、キャラバンサライのような隊商宿を派生させる。このように、乾燥地に由来する生態資源は、人類社会に深い恩恵と貢献をもたらしてきたといいえよう。

そんな乾燥地は、実は地球の大陸上で広大な面積を占めている。乾燥地の定義と分類については、これまでに多くの研究者によって試みられてきた。ケッペン［Köppen 1936］やソーンスウェイト［Thornthwait 1948］の気候区分に始まり、最近では国連環境計画（UNEP）が発表した乾燥指数AI（Aridity Index）が定義のわかりやすさもあり、乾燥地を指し示すのに広く利用されている［United Nations Environment Programme 1992］（巻頭口絵17）。乾燥指数は、年間の降水量P（Precipitation）を可能蒸発散量PET（Potential Evapotranspiraton：そこに十分な水があったときに、そこの気候条件で最大どれだけの蒸発散が生じうるかの量）で除した値である。乾燥気候を簡潔に言い表すと、「降水量を上回る量の水を蒸発させうる気象条件」［吉川ら2004］であり、乾燥地は「降水量が少なく、その多くの部分が蒸発や植物からの蒸散によって失われ、土壌水分が少ないため、植物のほとんどない砂漠や樹木の乏しい草原などの景観を呈する地域」［篠田2009］と定義できる。このUNEPの乾燥指数AIに従うと、AIが0・5以下の極乾燥地・乾燥地・半乾燥地は陸地面積の37・3％を占め、実に世界の3分の1は乾燥地ということになる。乾燥地が人類に大きな影響を及ぼし続けてきたのは、むしろ当然なことなのかもしれない。

本章では、乾燥地帯由来の生態資源の中でも牧畜という生業、とくに「乳」の利用に焦点を当ててみたい。牧畜における乳の諸相の重要性、乳利用技術の発達史をまず概説してから、近代の社会変化（社会変容・国家規制）がどのように牧畜・乳利用を変遷させてきたか、そして、地域に根付いてきた牧畜・乳利用という文化を守る方向性について考えてみたい。

事例地域としてはバルカン半島東部のブルガリアをとりあげる。ブルガリアは、牧畜と乳文化が起原した西アジア乾燥地帯とチーズ文化が開花するヨーロッパ湿潤地帯とのちょうど地理的中間地帯に位置している。乳加工技術も、アジアで発達してきたさまざまな乳加工技術とヨーロッパのチーズ熟成技術の土台とが結集したような体系となっており、きわめて興味深い。また、ブルガリアは社会主義から自由主義への体制移行、ＥＵ経済圏への加盟と国家制度の枠組みが激変しており、近年の経済体制の変化が牧畜・乳文化に与える影響を検討するには状況を把握しやすい事例でもある。このブルガリアでの事例を基に、乳加工技術という生態資源とその変遷について考察していくことにする。

写真１　アラブ系牧畜民バッガーラの放牧。牧童がロバに乗り、先頭をいってヒツジ・ヤギ群を誘導する。バッガーラの人びとは、ヒツジ・ヤギに生活の多くを依存して、生業を成り立たせている。
出所：筆者撮影（以下同）。

2 牧畜と乳利用

１　牧畜における乳利用の意義

牧畜とは、「動物の群を管理し、その増殖を手伝い、その乳や肉を直接・間接に利用する生業」のことである［福井１９８７］。遊牧、移牧、半農半牧という語彙があるが、これらは季節的に平行移動か上下移動するか、家畜飼養に農業がともなった生業であるかどうかによって区別をしており、牧畜の下位分類である。野生動物を家畜化し、家畜を保有することで、牧畜という新しい生業が成立し、何千年の時をかけてさまざまな地域で多様に発達してきた（写真１）。家畜を飼養することにより人類は生活域を広げ、チベット高原、モンゴル高原、アンデス高原での牧畜、さらにはヨーロッパでの酪農を合わせると、世界の大部分の地域で人類は家畜に依存して生

写真2　バッガーラ牧畜民の搾乳。搾乳は、基本的に女・子供の仕事である。一人がヒツジ・ヤギを固定し、一人が家畜の後脚の間から両手で搾乳する。搾乳は、母仔分離・搾乳技術・育種・選抜といった諸技術を必要とし、単なる食料生産だけでなく、牧畜という生業の本質に大きく関わってくる項目である。

写真3　バッガーラ牧畜民の食事風景。平焼きのアラブ風パンと酸乳、バター、バターオイル、砂糖とで食事を摂る。バッガーラの人びとは、肉を食うよりも乳を食して生きぬいている。

業を成り立たせてきたのである。家畜を飼養するという生業は、乾燥地に端を発した生態資源であり、乾燥地や湿潤地に生活域を広げるという人類にとっての重要な生態資源であるといえよう。

「牧畜は搾乳や去勢の技術の発明により成立した」。この仮説は、第二次世界大戦前に内モンゴルで遊牧の研究をおこなった梅棹忠夫氏［1967］によって提出されたものである。乾燥地に適応した生活様式である牧畜を成立させた大きな要因が搾乳に関連した一連の技術群であり、乳を利用することでヒトは家畜に生活の多くを依存して生活できるようになったと梅棹は指摘するのである（写真2）。福井［1987］も、「牧畜社会が牧畜を生業として成立させたもっとも大きな要因は搾乳であったといえる。乳が全哺乳動物の子どもを育てる完全栄養であることを牧畜民が見逃すはずはなかった。家畜化の過程で、乳量の多い家畜を人為淘汰し、その結果牧畜民は、農耕民と地理的に離れ、農耕に適さないより乾燥した土地に適応していったものと思われる」と総括している。ケニアの事例［Coughenour *et al.* 1985］のトゥルカナ牧畜民が、食料の61%を乳に依存していることからも、牧畜は乳に大きく依存して成り立っていることが理解される（写真3）。紀元前7500〜7300年頃には西アジアで広い地域にわたってヒツジ・ヤギが伝播していったのも、搾乳が発見された後であり、史実としても搾乳の発明が西アジア型の牧畜を成立させたとする梅棹の仮説を支持している。

牧畜民が飼養する家畜は、ヒツジ、ヤギ、ウマ、ロバ、ラバ、ラクダ、ウシ、ヤク、トナカイなどである。新大陸では、リャマとアルパカが飼養されている。いずれの家畜も繁殖効率が低く、一年に一度、子を1頭〜2頭しか生まない。家畜を飼養するということは、飼料を通年確保し、飼料が乏しくなる秋から冬にかけては保存飼料を給与しなければならない。このようなヒツジ・ヤギ・ウシといった多産とはいえない草食反芻獣を対象とするかぎり、肉利用を主目的とした家畜の飼養というものは効率的ではなく、その乳を利用するようになってこそ牧畜としての意義が生まれたのである［三宅1999］。

乳利用は単なる食料獲得だけを意味するのではなく、牧畜民にとって家畜の群を管理する技術群の本質に関わってくる。家畜から乳を搾るためには、母子を分離し、別々の群にして放牧し、子畜への哺乳を制御する必要がある。子畜に口かせを付けたり、母畜に胸当てを付けたりすることもある。本来は自らの子のみに許容するはずの哺乳を他種動物（ヒト）が搾乳できるようになるためには、乳を横取りするだけの技術が必要となる。さらに、雌畜をより多く飼養し乳をより多く得るために、雌畜の妊娠・出産・泌乳には選ばれし少数の雄畜のみで用を成すことから、多くの雄畜は生後間もなく間引かれることとなる。このように、搾乳という生産活動には、群の構造や管理、哺乳の抑制、搾乳するための諸技術、育種・選抜が必要となる。牧畜民はより多くの乳を獲得するがために家畜を飼養していると言っても過言ではないのである。乳を利用することで、ヒトは新しい食料獲得戦略と家畜管理戦略を生み出し、家畜に生活の多くを全面的に依存できるようになり、生業の一形態としての牧畜が成熟していったのである。

2　乳文化の一元二極化

牧畜の中心には搾乳がある。牧畜民は、肉を食べるよりもむしろ乳を主に食べて生活している。ただ、乳に依存した生業を成り立たせるために、一つの大きな問題がある。牧畜民の主要な家畜であるヒツジ・ヤギは季節繁殖動物であり、搾乳には端境期があるのだ。つまり、交尾と出産に時期があり、出産にともなう搾乳にも季節的な偏りが存在する。ヒツジ・ヤギの泌乳期間は一年のあいだで5か月間のみで、個体により泌乳時期が前後しても、群としては春から秋にかけての9か月間ほどしか搾乳できない。乳に一年を通して依存するならば、乳が不足しがちとなる冬をのりきらなけれ

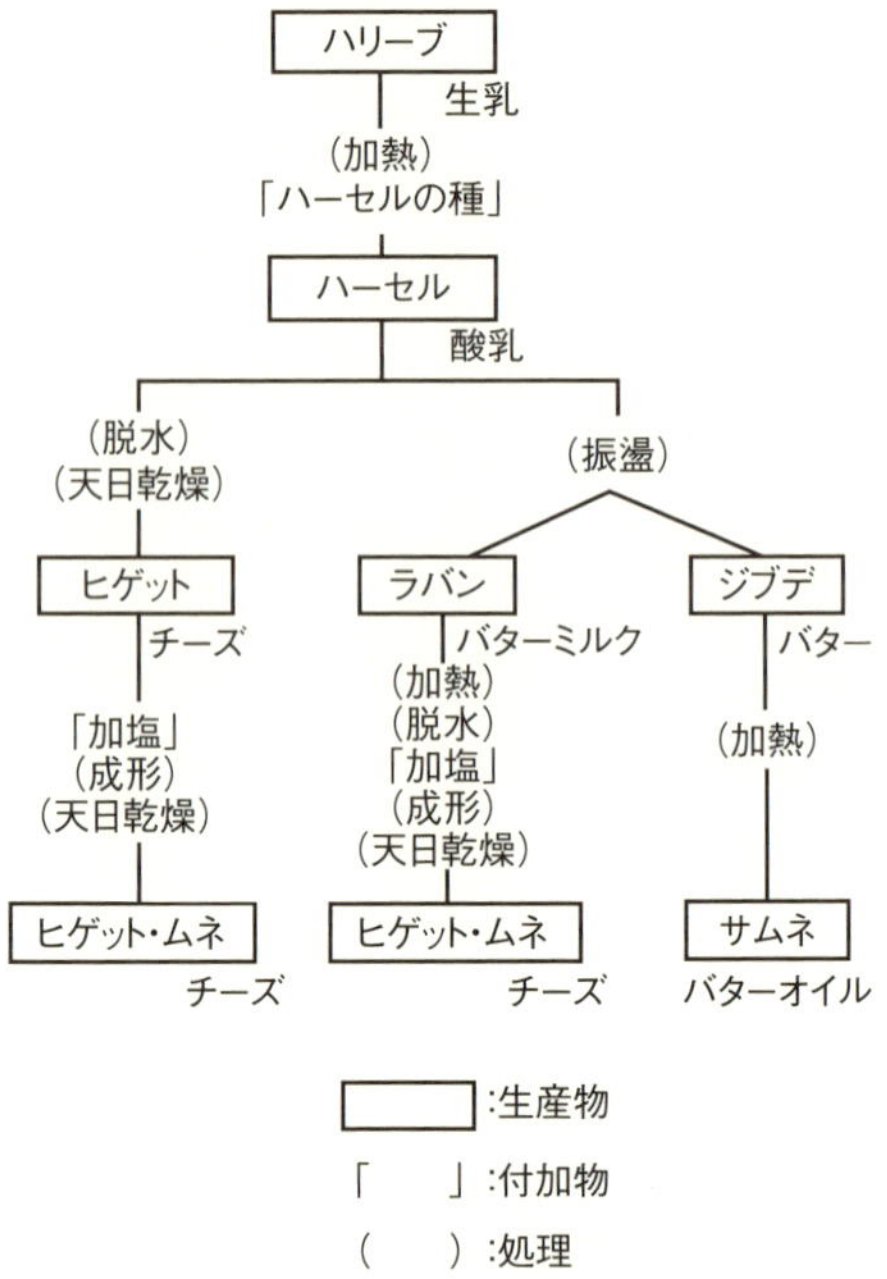

図１　シリア北東部のアラブ系牧畜民バッガーラにおける乳加工体系。かつて西アジアで、この発酵乳系列群にまで成熟して、乳加工技術が周辺に伝播していったものと考えられている。
出所：平田［1999］より改変。

ばならない。だからこそ、乳が豊富にとれる夏に乳を加工・保存するのである。乳加工の本質は保存にある。中尾［１９９２］は、「乳加工の体系はすべて貯蔵のためという目的に収斂し、貯蔵を抜きにしては食品の加工体系の中心にある原動力がなくなる」と述べる。本来、保存食である乳製品とは、嗜好風味をこらした食料ではあるが、季節的に大量生産される食糧を腐らせることなく、非生産時期にまでいかに備えておくことができるか、その試行錯誤の繰り返しの過程で生まれてきたものである。生乳を加工・保存できたからこそ、乳に一年を通じて依存することができる牧畜が成立し得たのである。このように、乳にまつわる一連の文化事項は、牧畜という生業成立の主要因であり、群管理・搾乳などの技術を発達させ、地域による多様な乳加工技術・乳製品を生み出してきた。乳文化は、人類の有形・無形の文化遺産といっても過言ではない。

搾乳は西アジアで発明され、保存のための乳加工技術が考案され、バターオイルやチーズを加工する発酵乳系列群の保存技術（図１）が発達した段階で、西アジアから周辺域へと搾乳と乳加工技術が伝播していったと考えられている［平田２０１３］。発酵乳系列群とは、中尾［１９７２］が乳加工技術を４つに類型分類した一つであり、生乳をまず発酵乳にしてから加工が展開する技術系列のことを指す。生乳を加熱殺菌し、前日の残りの酸乳（主に乳酸菌により発酵させた糊状もしくは液体状の発酵乳）を添加し、数時間静置すれば酸乳となる。酸乳にするだけでも保存性は格段に高まる。さらに、酸乳をヒツジの革袋に入れて左右に振盪《しんとう》してバターへと加工する（写真４）。バターは加熱して水分含量を落としてバターオイルとする。バターオイルは、乳からの脂肪分画（分離して成分を区分すること）の最終形態であり、バターオイルの状態で数年は保存が可能となる。バター加工の際に生じたバターミルクには、乳脂肪が豊富に含まれており、加熱によるタンパク質の変性を起こさせて凝固させ、脱水・加塩してチーズとする。この非熟成型のチーズは、乳からのタンパク質分画の最終形態であり、数年の保存が可能である。酸乳を直接に脱水・加塩しても長期保存用のチーズとなる。このような器具をほとんど使わない素朴な乳加工技術ではあるが、生乳から脂肪とタンパク質とを分画しており、その分離物としてのバターオイルとチーズとは数年の保存が可能となっている。ここに、1年を通じて乳に全面的に依存できる状況が成り立っている。この技術は、現在もシリア北東部の牧畜民でも脈々と受け継がれている乳加工技術なのである［平田1999］。

写真４　バッガーラ牧畜民の振盪法によるジブデ（バター）づくり。シャチュワと呼ばれるヒツジの革袋に、ハーセル（酸乳）と水とを入れ、そして空気を吹き込んで、左右に振盪する。

この西アジア型の発酵乳系列群の乳加工技術が周辺に伝播し、約1万年の時をかけ、地域に適応した乳加工技術と乳製品がそれぞれに発達し、複雑な乳加工技術と多様な乳製品が蓄積してきた。乳加工技術を大観すれば、ユーラシアには、北方乳文化圏と南方乳文化圏が存在し、両者の技術が相互に影響しあった北方・南方乳文化重層圏が存在している（図２）。東南アジアと東アジアには、貴族などの一部の集団を除き、大衆の間では乳利用がもともとはなかった。北方乳文化圏では、クリーム分離（クリーム分離とクリーム加熱によるバターオイル加工）を積極的におこない、乳酒をもつくり出している。南方乳文化圏では、酸乳の攪拌／振盪による乳脂肪の分画（バター加工とバターの加熱によるバターオイル加工）を積極的におこない、反芻家畜の子畜の第四胃で生成される凝乳酵素レンネットを利用してチーズを加工している［平田２０１３］。実は乳加工技術の本質は、乳からいかにして乳脂肪を取り出すか、乳タンパク質を分離するか、乳糖は排除するか乳酸発酵・アルコール発酵させて利用するかに集

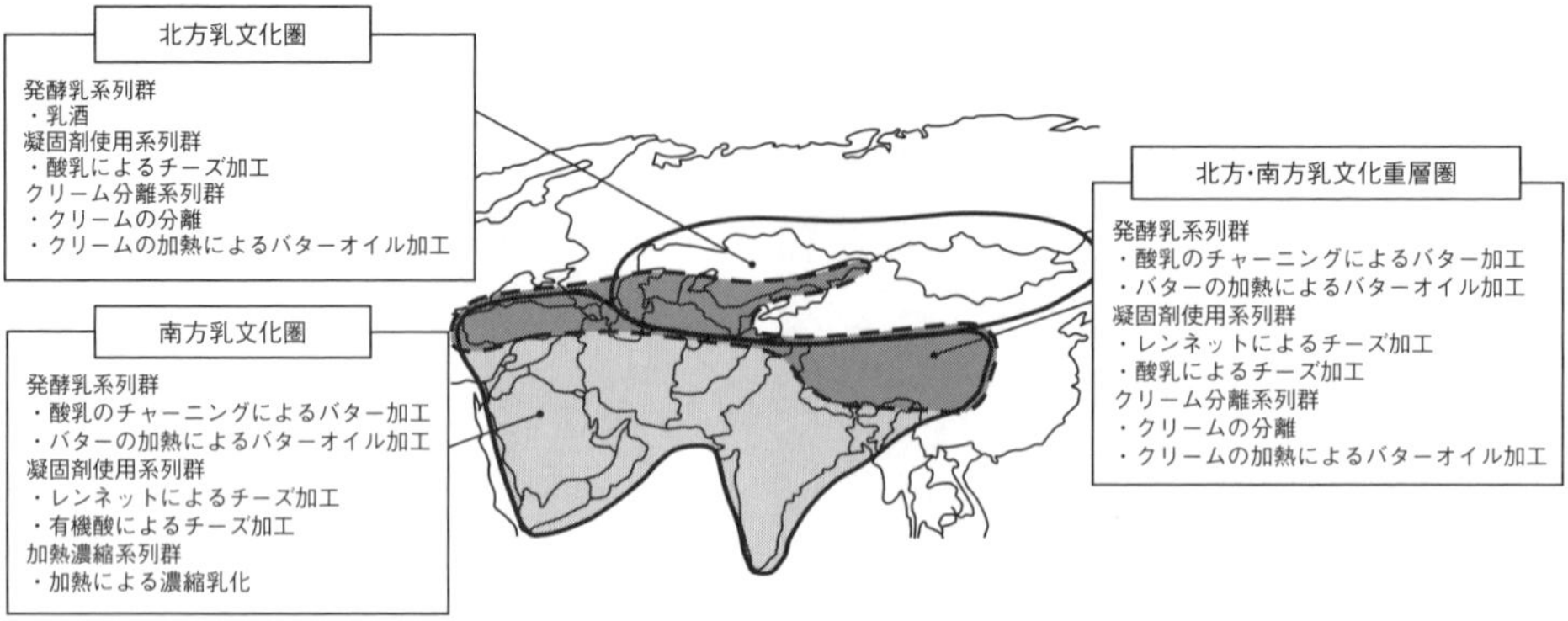

図２　ユーラシア大陸における乳文化圏の一元二極化。人類は約１万年をかけて、北方乳文化圏と南方乳文化圏を形成させてきた。

注：　発酵乳系列群とは、生乳をまず酸乳にしてから乳加工が展開する技術系列群、クリーム分離系列群とは、生乳からまずクリームを分離してから乳加工が展開する技術系列群、凝固剤使用系列群とは、生乳に何らかの凝固剤を添加して生乳を凝固させてから乳加工が展開する技術系列群、加熱濃縮系列群とは、生乳を加熱し濃縮することを基本する技術系列群のことである。この概念は、中尾［1972］が提起した４つの系列群モデルである。

出所：平田［2013］より改変。

約している。その乳加工の仕方、表現の仕方が地域により多様型を示しているということである。

3　バルカン半島・ブルガリア移牧民の事例

近年のブルガリアは、１８７８年のオスマン帝国の後退による自治公国化、ベルリン条約による領土の縮小化、１９１０年代の二度にわたるバルカン戦争、第一次世界大戦、社会主義集団化、第二次世界大戦、自由主義経済化、ＥＵ経済圏への加盟という国家・社会体制の変化を幾度も経験してきている。激変する政治・社会体制の下で、ブルガリアの移牧民の生業も深く影響を受けてきた。

ここでは、このブルガリア南部のロドピ山脈でいまもヒツジを飼養する定住移牧民の事例（写真５）［平田ら２０１０］を通じて、乳加工体系を詳しく検討し、激変する社会環境下での乳加工体系や牧畜の変遷をみていきたい。

１　ブルガリア南部ロドピ山脈の移牧民

ブルガリアは、国土の大部分に広大な平地が広がり、中央部には東西に伸びるバルカン（スターラ）山脈、南西部にはピリン山脈、リラ山脈、ロドピ山脈が散在している（図３）。山脈といってももっとも高い地点でも３０００ｍを越えることはなく、標高

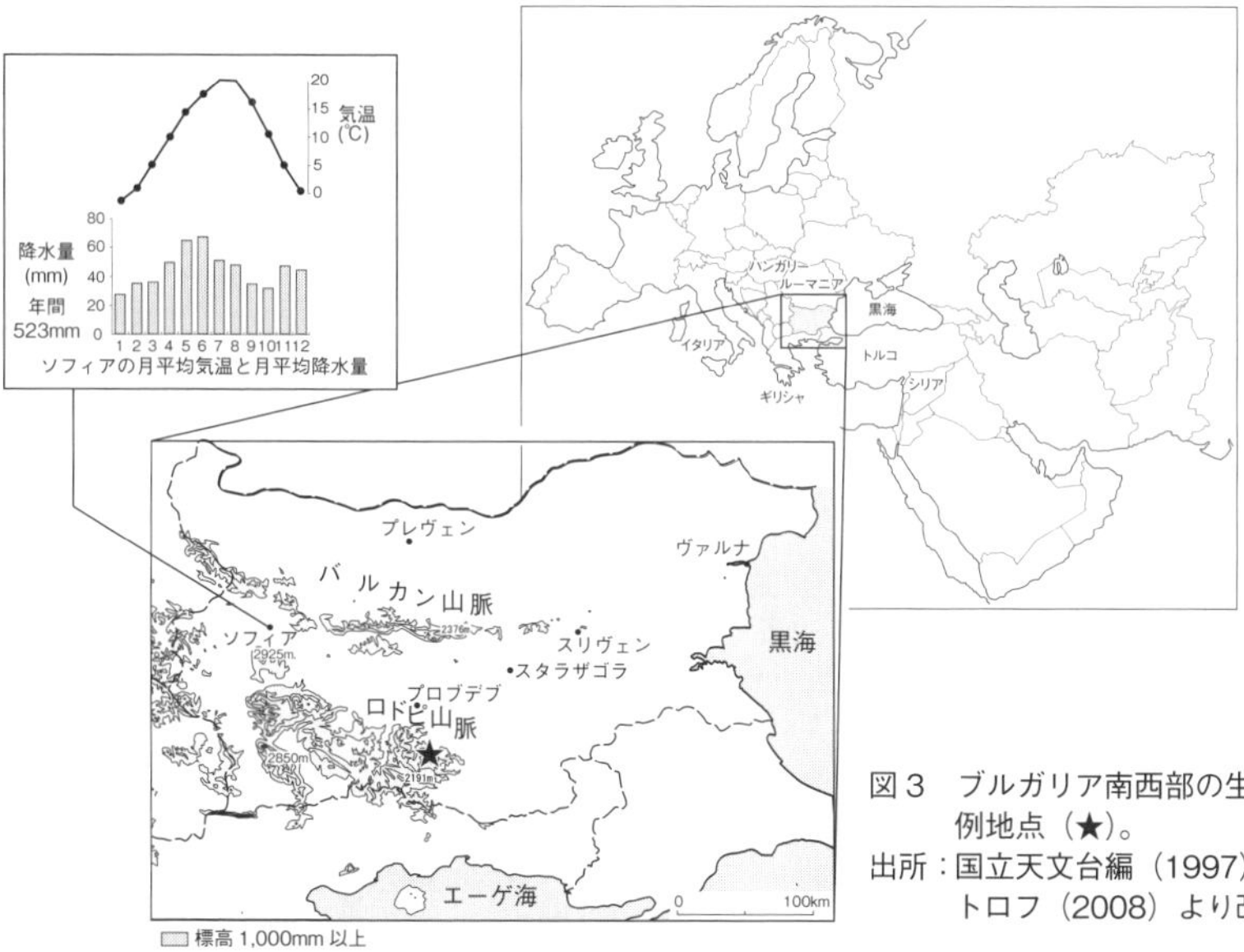

図３　ブルガリア南西部の生態環境と事例地点（★）。
出所：国立天文台編（1997）、漆原・ペトロフ（2008）より改変。

写真５　ブルガリアの定住化移牧民。第一次世界大戦までは、冬にエーゲ海沿岸、夏にはブルガリア南部のロドピ山脈の間を何千頭ものヒツジとともに移動していたという。

1000m台の比較的低い丘陵地帯が展開し、丘陵間には河川をともなった狭い低地が広がっていることが地理的特徴である。

ブルガリアの首都ソフィアでは、月平均気温が夏でも20℃前後と1年を通じて冷涼である。冬はわずかに0℃を下回る程度で、寒さもそれほどに厳しくない。丘陵地帯では、標高が高くなるにつれて気温はより低下することになる。降水は1年を通して平均的にあり、首都ソフィアでは年間降水量は523㎜に達する。対象とするロドピ山脈は、冷涼・半乾燥な自然環境にある。

ロドピ山脈などの丘陵地帯では移牧が長くおこなわれてきた。移牧の特徴は、夏期などに家畜を導いて山地へ標高差をともなった季節移動はするものの、冬期もしくは春・秋期には必ず戻ってくる居住拠点があるということである。居住拠点では野菜や穀物を栽培する。つまり、移牧民は家畜を飼うとともに野菜・穀物も栽培する半農半牧という生業形態をとっている。ロドピ山脈地域では、第一次世界大戦までは冬にはエーゲ海沿岸域まで数百頭のヒツジの群れを率い、春から夏、秋には丘陵地帯に戻ってくる季節移動をおこなっていたという［Chang 1999, Efstratiou 1999, 漆原・ペトロフ２００８］。ロドピ山脈からエーゲ海までは１００km足らずである。

現在では、ロドピ山脈の移牧民は完全に定住してしまったといってもよい。定住移牧民は、村ごとに数人いる牧夫に家畜を委託し、5月から11月まではより標高の高い地帯で放牧させているという。家畜は、乳、食肉、毛・皮革の生産のために飼養している。ロドピ山脈などの丘陵地帯では冷涼なために、コムギは栽培できず、ライムギがかろうじて生産できる。ロドピ山脈などで主食的に栽培されている農作物はジャガイモである。野菜の多くはビニールハウスで栽培されている。ブドウ、サクランボ、ベリー類などの果物は露地栽培が可能で、ワインやジャムなどにして保存食としている。現在のブルガリア南部山岳地帯の多くの世帯は、数頭の家畜を飼養しながら農作物を主に栽培するという定住の人びとといえる。

2　社会主義集団化以前の乳加工体系

ブルガリアがソ連邦体制下に組み込まれ、個人の家畜が国家所有となる社会主義集団農場化に移行する以前の乳加工体系についてまずみてみたい（図4―1）。

ロドピ山脈地帯では、発酵乳系列群と凝固剤使用系列群の乳加工技術が利用されている。凝固剤使用系列群とは、生乳に何らかの凝固剤を添加し、生乳を凝固させてから乳加工が展開する技術群のことをいう［中尾１９７２］。発酵乳系列群の乳加工技術では、搾乳して得られた生乳は、まず布でゴミを濾しとりながら大鍋に移し入れ、加熱殺菌する。生乳はムリャーコ（mlyako）と呼ぶ。加熱殺菌した生乳をそのまま静置して、40℃弱くらいまで冷却し、前回の酸乳の残りを少量加え、よくかき混ぜる。酸乳を加えたなら、布などで覆って暖かい状態にし、3～4時間ほど静置すれば酸乳となる。酸乳はキセロ・ムリャーコ（kiselomlyako）と呼ぶ。酸乳は日々の食事に重要な食材となる。

ロドピ山脈地域では、非搾乳期間（10月～5月）のための乳製品供給として、ヒツジの搾乳シーズンが終わる9月か

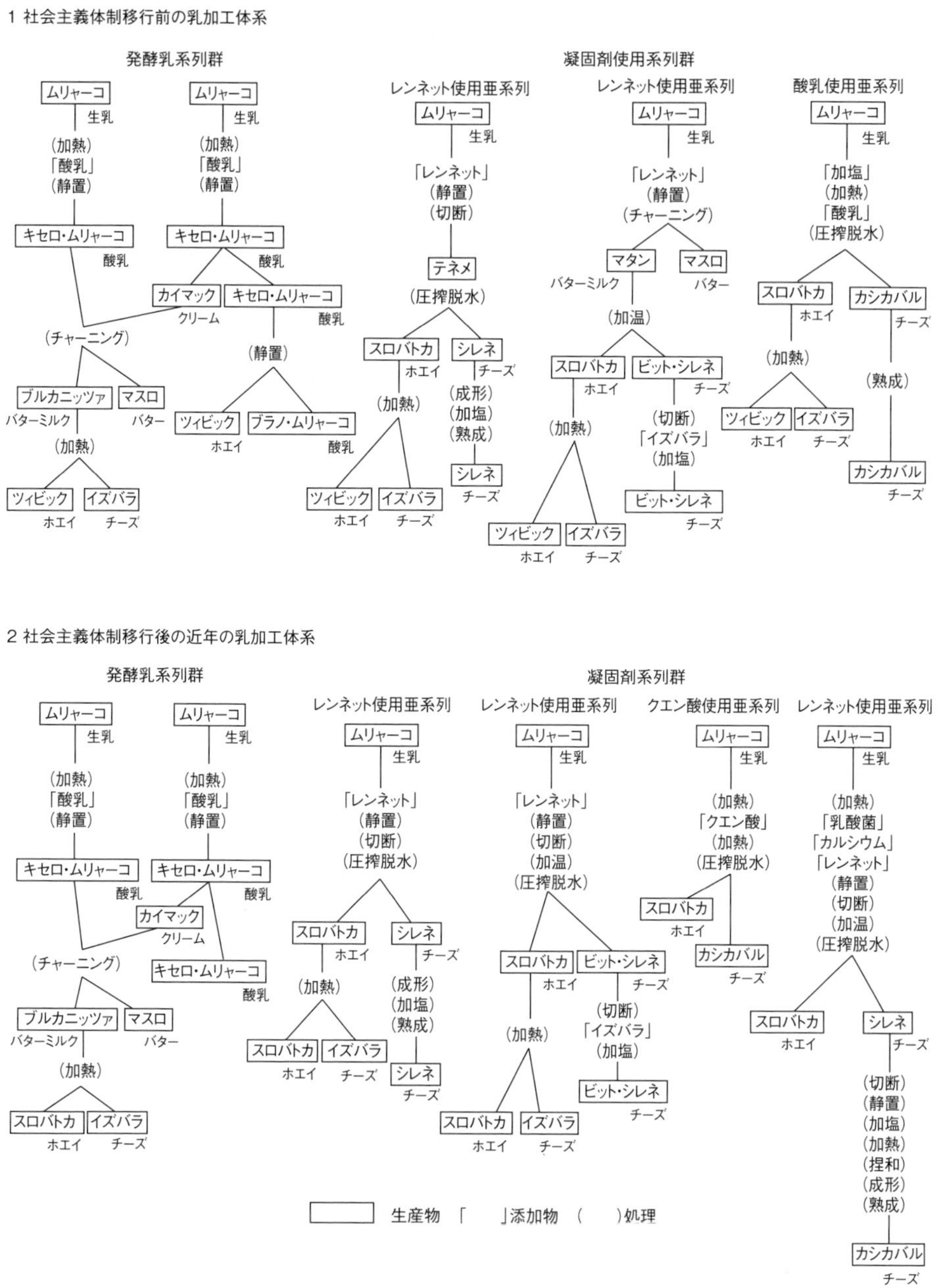

図４　ブルガリア南部ロドピ山脈における社会主義体制移行前後の乳加工体系。
出所：平田［2010a］より改変。

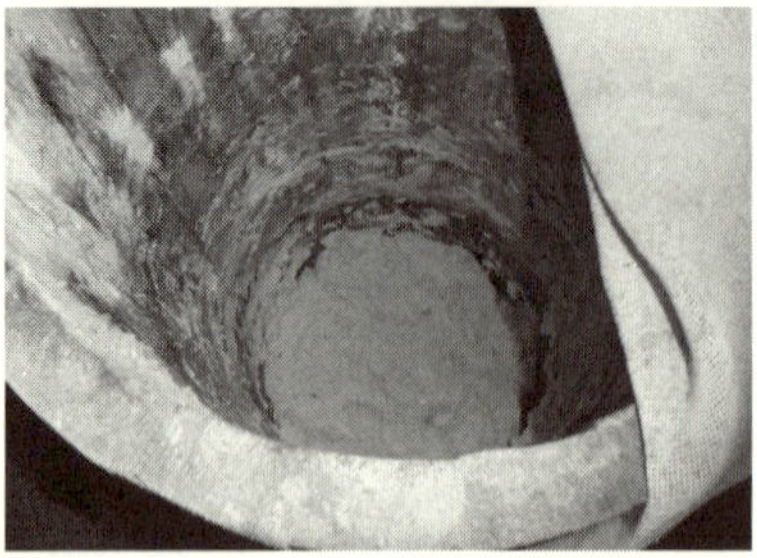

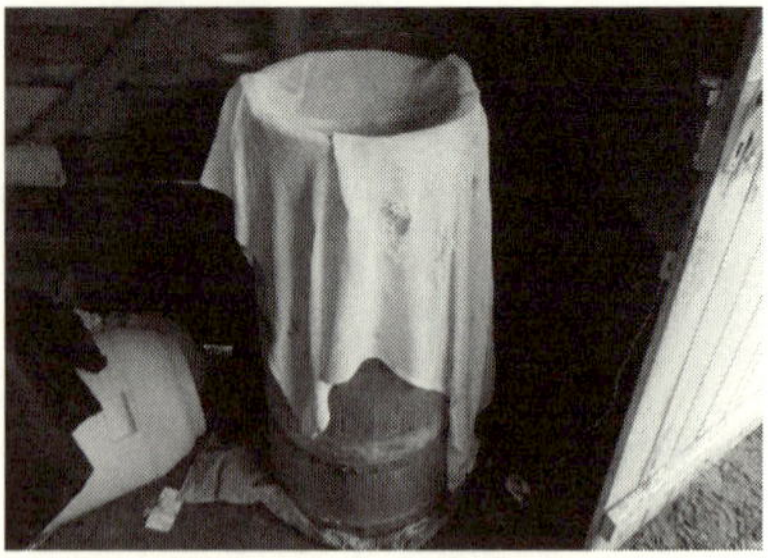

写真６　ブラノ・ムリャーコ（左）とブラノ・ムリャーコを溜める大樽カツァ（右）。

ら10月にかけて酸乳の状態での長期保存のための加工処理をおこなう。酸乳を長期にわたり保存するためには、表面に浮くクリームのカイマック（kaimak）をまず除去する。カイマックがあると「味が壊れる」のだという。乳脂肪をそのまま長期間静置しておくと、乳脂肪が酸化し、味覚上の低下を招いてしまい、この味の劣化を避けるためにクリームを除去するのである。このカイマックを除去した酸乳を、カツァ（katsa）と呼ばれる木製の大樽に注ぎ込み、大樽の上を布で覆ってゴミが混入しないようにし、板で封をしておく。カイマックを除去した酸乳を大樽に何度も何度も注ぎ込み、搾乳シーズンが終わる10月頃には大樽いっぱいになり、１２０ℓにはなるのだという。最後に、溜まった酸乳の中央に窪みをつくり、ホエイのツィビック（tsvik）をしみ出させ、ホエイを掬い取って除去する。ホエイが出てこなくなるまで繰り返し、酸乳を脱水する。この脱水し溜め込んだ酸乳をブラノ・ムリャーコ（branomlyako）と呼ぶ（写真６）。ブラノ・ムリャーコは乳酸発酵が進展し、とても酸っぱくなっている。この状態で、再び搾乳が始まる翌年5月まで保存が可能であるという。

除去したカイマックは、バター加工に利用される。ボリルカ（borilka）と呼ばれるチャーニング用の木樽にカイマック、酸乳、および、ぬるま湯を注ぎ込み、攪拌棒で上下に1時間ほど攪拌してバターへと加工する。バターをマスロ（maslo）と呼ぶ。バターは塩水に漬けておけば、バターの状態で長期保存が可能であるという。

バターを収集した後に残るバターミルクをブルカニッツァ（barkanitsa）と呼ぶ。バターミルクは、加熱することにより乳タンパク質を熱凝固させ、脱水する。ここにできたチーズをイズバラ（izvara）、ホエイをツィビックと呼ぶ。イズバラは料理に利用して直ぐ食べる他、次に説明するビット・シレネ（bitosirene）の加工に用いることが多いという。

ホエイのツィビックは、ヒツジやブタなどの家畜に与え、このツィビックを家畜に与えると家畜は肥えるという。

凝固剤使用系列群の乳加工技術では、チーズのシレネ（sirene）、カシカバル（kashkaval）、ビット・シレネへの乳加工技術が採用されていた。シレネの加工では、生乳を加熱殺菌せず、搾乳したままの生乳に胃内容物の抽出液を加える。胃はシリシテ（sirishte）と呼ばれ、ウシ、ヒツジ、ヤギの反芻動物の子畜の第四胃が用いられた。このシリシテの中には、小さい粒ヤトキィ（yadki）が数個入っているという。子畜が死亡し、第四胃が入手できた場合、この小さい粒を取り出し、紙などに挟み込んで吊り下げ、乾燥・保存しておいたという。凝固剤として利用する場合は、乾燥したヤトキィをぬるま湯に入れ、しばらく置いてから、その液体を利用した。この液体をマヤ（maya）と呼ぶ。反芻動物の子畜では、第四胃から凝乳酵素であるレンネットが生産・分泌される。マヤは、このレンネットを凝固剤として乳加工に利用した技術である。非殺菌乳にマヤを加えたならば、そのまま1時間ほど静置する。その後、よくかき混ぜて凝乳を切断してから、布袋に入れ、重石などを置いて木製の濾し器を用いて圧搾脱水させる。ここで生成したチーズをシレネ、ホエイをスロバトカ（surovatka）と呼ぶ。チーズのシレネは、適度な大きさに切断して成形した後、ヒツジの皮袋であるミャハ（myah）に塩水といっしょに詰めて保存する。味が良くなるとの理由で塩水に漬けてから40日間くらいは静置し熟成させてから食する（写真7）。ホエイのスロバトカは、加熱してホエイタンパク質を熱凝固させ、チーズを生成させる。ここに生成したチーズをイズバラ、残りのホエイをツィビックと呼ぶ。

写真７　塩漬けのシレネ。ブルガリアの人びとは、味が良くなるとの理由で、シレネを40日ほど塩漬けにしてから食す。

マンダラと呼ばれる牧夫の山小屋や一般世帯で加工されていたチーズのカシカバルは、酸乳を凝固剤として用いて加工される。搾乳した生乳に、まず塩を加える。加塩の量は、生乳1ℓに対して大匙5杯である。そして、かき混ぜながら加熱殺菌していく。生乳が沸騰してくるタイミングで酸乳キセロ・ムリャーコを、生乳に対して1割程度加え、よく混ぜる。この酸乳を凝固剤として用いてチーズを加工する技術は、酸性度が高まると乳は不安定になることを利用した加工である。凝乳を布で脱水し、重石を乗せるなどしてホエイの排除をしっかりと促す。布の中に残ったチーズがカシカバルで、排水されたホエイはスロバトカと呼ばれる。カシカバルを塊のまま木板の上に乗せ、時々反転させ、涼しい処に静置し乾燥を促し、30~40日すれば自然に外側に皮膜ができるという。カシカバルは、あまり長期保存はせず、30~40日ほど静置・熟成させてから食したという。

レンネットを使用してビット・シレネと呼ばれるチーズ加工が、ロドピ山脈地域を中心に存在していた。ビット・シレネ加工で特筆すべきは、チーズ加工の過程でバターが生成していることにある。まず地面に穴を掘り、木製チャーンのボリルカを埋めてしっかりと固定する。非殺菌の生乳40ℓを入れ、レンネットのマヤを加え、約1時間静置する。その後、温度を上げるために湯1ℓを加えてから、攪拌棒で上下に攪拌する。バターをマスロ、バターミルクはマタン（matan）と呼ぶ。バターはさらに加熱してバターオイルへと加工することなく、塩水に漬けてバターのままで長期保存した。バターミルクのマタンは、大鍋に入れ、ゆっくりとかきまぜながら40~45℃に加熱し、乳タンパク質の凝固を促す。凝乳を布に入れてホエイのスロバトカを排水し、布に入れたまま3日ほど吊るしておく。布の中に残った凝乳は、2cm角に切り、イズバラ1kg、塩25gの割合で加え合わせ、ヒツジの皮袋ミヤハに詰めて、しっかりと空気を抜いて保存する。ここにできたチーズをビット・シレネと呼ぶ。ビットは「打った」を意味するブルガリア語のビット（bit）からきており、ビット・シレネの名称はチャーニング過程で攪拌棒を上下に打ったことに由来している。ビット・シレネは、シレネよりも長期保存が可能で、ヒツジの皮袋に入れたままにしておくと2年は保存することができたという。チーズとしての長期保存は、シレネよりも、このビット・シレネに主に依っていたという。ホエイのスロバトカは、加熱してホエイタンパク質を凝固させ、チーズのイズバラへと加工する。ここで生じたホエイをツィビックと呼び、ツィビックは家畜に与える。このように、ロドピ山脈地域では凝固剤使用系列群の乳加工技術により、チーズを加工し、バターをも生成させていた。搾乳期間中の5月から8月までは、ビット・シレネおよびマスロへの加工を中心にして、かつてバター加工を主におこなっていたという。

3　乳加工史上におけるブルガリアの乳加工技術の重要性

ロドピ山脈地域でみられた発酵乳系列群の乳加工技術は、生乳の酸乳化、酸乳のチャーニングによるバター加工、バターミルクの加熱凝固・脱水によるチーズ加工と、その特徴は西アジアの発酵乳系列群とまさに一致している。つまり、ブルガリアで実践されている発酵乳系列群は、西アジアから伝わった乳加工技術である可能性がきわめて高く、この事実は西アジアに発酵乳系列群の乳加工技術が発達し、その発酵乳系列群の乳加工技術が西アジアから周辺地域へと伝播したとの仮説を支持するものである。ユーラシア大陸における乳加工技術の発達史を分析する上で、半乾燥のブルガリアの事例は大変貴重な情報を提供している。

さらに、この発酵乳系列群の乳加工技術では、乳脂肪の最終形態がバターオイルではなくバターで終わっている。ロドピ山脈は冷涼であり、バターのままでも長期保存が可能なのである。また、冷涼性故に、生乳の酸乳化の過程で表面に浮上してくるクリームを分離もしている。クリーム分離の処理は、ヨーロッパでクリームからバターを効率的・衛生的に大量に加工するという乳脂肪分画技術へと洗練されていくことになる。これらは乾燥・暑熱環境の西アジアから湿潤・冷涼環境の北方アジアやヨーロッパに乳加工技術が展開していく上で、乳加工技術に変遷することを迫った状況についての貴重な情報を提供してくれている。

ビット・シレネ加工では、レンネットを用いて生乳を凝固させ、凝乳をチャーニングしてバターとチーズのビット・シレネを加工していた。レンネットを用いてバターを加工しているのは、アジア大陸においては他には報告されていない。アフリカ大陸やヨーロッパにおいても確認されていない。西アジアやヨーロッパでは、レンネットはチーズを加工する際に凝乳酵素としてもっぱら利用されているだけで、バター加工にはまったく利用されていない。乳利用の起原地の西アジアでは、バター加工は酸乳のチャーニングのみによっている。バターとチーズの加工にレンネットを用いることは、人類の乳加工史上においてきわめてめずらしい乳加工技術であるといえる。

きわめて興味深いことは、レンネット利用によるチーズ加工の起原地の一候補地がバルカン半島である可能性があることである。バルカン半島域では凝固を促すために、レンネットが使われている。本事例のブルガリアだけでなく、バルカン半島北部に隣接するハンガリーでみられる酸乳タールホー加工では、乳酸発酵が速やかに進行しない場合、子ヒツジの第四胃内の凝固乳を加えるという［足立２００２］。本来のレンネット利用、つまり、子畜の第四胃および第四胃内凝固乳の利用は、当初はチーズ加工にではなく、生乳の凝固、さらにはバター加工のためだったのかもしれない。凝固剤としてのレンネットによるチーズ加工の技術は、当初はレンネットが生乳の凝固やバター加工に利用されていたものが、チャーニングせず、そのまま脱水することによりチーズの加工へと転用されていった可能性があるのである。このように考えると、このブルガリアにおけるバター加工のためのレンネット技術は、チーズ加工におけるレンネット利用の起原である可能性があり、注目に値する事例である。

また、ブルガリアでは、塩水に漬けた形態で「熟成」という考え方がチーズに対して確かに働いていた。チーズのシレネを塩水漬けにしてから、40日前後は静置すると味が落ち着く、旨くなるとされていた。ブルガリアでは、シレネを冷涼な塩水に漬けて酵素により有機物の分解を進めて風味を確かに良くさせているのである。乾燥地の西アジアでは、気温が高いために良好な条件に置くことができず、チーズを熟成することが難しく、天日乾燥させてすぐに酵素活性を停止させてしまう。暑熱環境下では、熟成よりも保存することが第一の目的となる。チーズの加工は、熟成という点で冷涼・湿潤なヨーロッパで見事に開花する。そんな熟成型チーズ加工の原型が、今日のブルガリアでみられるただ塩水に漬けて数か月間静置して熟成させるという塩漬けチーズであるという可能性は確かに考えられる。ブルガリアでみられるチーズ加工がヨーロッパ諸国に伝わったとすると、ブルガリアで今日も実践されるチーズ加工がヨーロッパのチーズ加工の土台を形成したことになる。レンネット利用・熟成のチーズ加工の発達史を考察する上で、バルカン半島のブルガリアの事例はきわめて有益で意義のある情報を提供しているといえよう。

４　社会主義集団化以後の乳加工体系

１９４４年に社会主義体制に移行して以降、ブルガリアの社会・経済や人びとの生活は激変してきた。それでは、社会主義集団農場化・解体、ＥＵへの加盟などの社会変動や西洋諸国の近代的乳加工技術の影響を受けた現在の乳加工体系を紹介してみよう（図4―2）。

国家の成立にともなう国境制定化、社会主義集団農場化・解体を経て、ほとんどすべての移牧民は定住化した。発酵乳系列群の乳加工技術では、定住しても、酸乳キセロ・ムリャーコを加工し、酸乳の上層からクリームのカイマックを収集し、酸乳、クリーム、ぬるま湯を混ぜてチャーニングしてバターを加工する技術は継承されている。一方、酸乳キセロ・ムリャーコからブラノ・ムリャーコを加工する技術は省略されている。これは、現在ではビン製の容器が利用でき、ビン容器をきれいに洗浄・殺菌し、その中で乳酸発酵を進行させ、空気が入らないように密封し、涼しい所に静置しておけば、再び搾乳が始まる翌年5月まで酸乳キセロ・ムリャーコの保存が可能であるため、あえてブラノ・ムリャーコを加工する必要もないのだという。住居から離れた山小屋でブラノ・ムリャーコを加工する不便さの中で、このビン容器が酸乳キセロ・ムリャーコの保存に容易に利用できるようになった便利さが、ブラノ・ムリャーコを加工しなくなった原因である。酸乳キセロ・ムリャーコからのカイマックの分離を省略する世帯もみられる。これは、飼養家畜が少なくなり、カイマックを分離・収集するだけの乳量が得られなくなったことによる。ロドピ山脈では、簡便性によりブラノ・ムリャーコが欠落し、家畜頭数および乳量の減少によりカイマックの分離が欠落するように変遷してきているといえよう。

一方、凝固剤使用系列群の乳加工技術では、忠実にシレネ加工の工程が継承されている。ただ、凝固剤が子畜の第四胃抽出物から市販のレンネットに置き換わってしまった。市販のレンネットもマヤと呼ぶ。生乳50ℓにマヤ200㎖を用いるという。このレンネットを自前で供給しなくなったのは1940年代で、家畜の国有化によって一時的に各世帯に家畜がいなくなり、マヤの製造が継続されなくなったことに起因しているという。また、シレネを保存・熟成させる容器も、簡便性の理由で、ミャハとよばれるヒツジ皮袋からアルミやプラスチックの容器に置き換わってしまった。

ビット・シレネ加工も継承しているが、その加工工程が大幅に変化している。非殺菌乳にレンネットのマヤを加えることは同じであるが、攪拌棒で打つ（チャーニング）ことはなく、55℃に加温しながら、ゆっくりとかき混ぜるのみである。この粒状になった凝乳を布の中に入れて圧搾脱水し、布の中に残ったビット・シレネを切断・イズバラ添加・加塩して仕上げる。ここにできたビット・シレネをブルンザ（braunza）とも呼ぶ。このようにビット・シレネ加工で、チャーニングによるバター加工をともなわなくなっても、語彙と断片的な加工のみが継承されている。バターの入手は、酸乳キセロ・ムリャーコの撹拌、もしくは、市販のバターを購入すれば十分であるという。かつて、バター生産の中心であったビット・シレネ加工は、工場化によるバターの大量生産と流通の発達によりすでにその役目を終えてしまっている。数世代後には、本来のビット・シレネの乳加工技術、および、本来の意味を失ったビット・シレネの語彙自体も消失してしまう可能性が高い。

凝固剤に酸乳を用いてカシカバル加工をしていた世帯では、現在では酸乳の代わりに市販のクエン酸を用いてカシカバルを加工している。クエン酸を用いてチーズを加工しても、酸乳の場合と同様にカシカバルの名称が当てられている。クエン酸は１９７０年代に流通しはじめ、その手軽さと加工のしやすさとから凝固剤としての酸乳に置きかわっていったという。クエン酸の添加量は、生乳５ℓに対して10ｇほどである。凝固剤を添加した際に加熱沸騰させること、圧搾脱水してカシカバルへと加工する工程は酸乳添加の場合と同一である。カシカバルを熟成するには涼しく清らかな場所と反転するなどの手間ひまが必要なため、とくに街中に居住する世帯ではカシカバルを熟成することはなく、すぐに食してしまうことが多い。

一般世帯や山小屋では加工せず、近代的設備の整った乳加工工場などで専門家によって加工されるカシカバルがある。生乳を65℃で20分間保持して加熱殺菌する。35℃に冷却した段階で、乳酸菌、カルシウム、マヤを加え合わせて30分〜40分静置する。生乳が凝固したならば、凝乳を切断し、混ぜながら加温して41〜42℃にまで上げる。その後、加圧して脱水し、ここにできたチーズをシレネ、ホエイをスロバトカと呼ぶ。シレネの塊を40㎝くらいに切り分け、夏だと5分〜15分静置、冬だと30分〜1時間静置しておく。さらに、約5㎝角に切り分けた後、機械で約3㎜角に粉砕する。約75℃の塩水を注いで30〜40秒間練り上げる。その形状は餅状であるという。暖かく柔らかい内に四角形に成形する。冷たくなったら、プラスチックで外側をコーティングする。かつては、蜂の巣から採取したワックスでコーティングしていたという。2か月熟成をすればカシカバルが仕上がる。凝乳を比較的高温で練ってチーズを加工する乳加工技術が、牧夫によってバルカン半島北方域のポーランドやスロバキアでもおこなわれている［Ryder 1999］。しかし、このブルガリア南西部のカシカバルの事例のように、加熱殺菌の温度や時間、凝乳からホエイを排出させるための加温温度、凝乳を練り上げるための温度など厳密に規定した工程やチーズを専用の機械で細かく切り分けることはない。このように専門化された厳密な工程を鑑みると、現在のロドピ山脈地域で実践されているカシカバルの加工技術は、在来の技術にイタリアなどの周辺諸国の近代的乳加工技術の影響を受けて成り立っている可能性がきわめて高いと考えられる。このようにしてつくられたカシカバルにも、凝固剤に酸乳やクエン酸を用いて加工したチーズと同じ名称が当てられている。少なくとも、モツァレラチーズに類似したこのカシカバル加工は、複雑で専用の機械を必要とするなど、一般世帯では決して実践できない加工法であり、専門の乳加工工場でのみ採用されている技術である。

5　バルカン半島・ブルガリアでの近年の社会変化と乳加工体系の変化

ベルリン条約による領土の縮小化とバルカン戦争により、ブルガリアとギリシャの国境をまたいだ移牧はおこなわれなくなり、多くの移牧民は定住化していった。１９４４年にブルガリアは社会主義体制に移行し、私有財産の国有化が始まった。１９４７年にテケゼセ（ＴＫ３Ｃ）と呼ばれる国営農業組合が組織され、１９５０年にはすべての農家の家畜の国有化が完了したといわれる。テケゼセには、家畜飼養部門や乳加工部門など、それぞれに特化した役割分担がなされていた。ここに乳加工は、個人の世帯ではなく、国営組織体でなされるようになる。その後、各農家での小頭数の家畜飼養が許され、乳加工も各世帯で再開されることとなった。

１９８９年、ペレストロイカの嵐がソ連邦を構成する共和国全体に吹き荒れた。ブルガリアでも国営組織が解体され、テケゼセの国有の家畜が個人に分配された。しかし、長年にわたり国営組織の一部門が特化して家畜飼養をおこなっていたため、多くの人びとは家畜の飼い方を忘れ去っていた。家畜を個人に分配しても、多くの人びとは家畜をすぐに売却してしまうことになる。このペレストロイカの際に、ブルガリアの家畜頭数は激減することになった［漆原・ピーター２００８］。

２００７年、ブルガリアはＥＵに加盟する。ＥＵに加盟すると安価な粉乳が流れ込むようになり、乳加工業者は、この粉乳を利用して市乳やヨーグルトをより安価に生産するようになる。したがって、農家の生産する牛乳の卸値価格が高くなることはなかった。一方、異常気象による穀物不作、投機資金の穀物市場への流入、新興国の穀物の需要増などで、穀物の価格が２００８年に世界的に暴騰する。農家は高い濃厚飼料を購入し、安い牛乳を生産するという構造に陥り、経営的に成り立たなくなった。また、ＥＵ加盟後は、ＥＵ諸国に乳製品を出荷できるように、政府はブルガリアの生乳生産をＥＵ基準に合わせ、家畜飼養規模がウシ10頭以上でないと、農家として登録をみとめず、補助金も出さなくしたという。数頭を飼養する個人の農家は、補助金さえも受け取れなくなり、２００８年から２００９年にかけて多くの農家が廃業したり、経営を存続しても多くの家畜を売却して自家消費用の生乳生産のみおこなうようになったといわれる。

こうして、社会主義体制に移行した際に、家畜の飼養が一時的に止まり、乳加工技術の継承が断絶し、社会主義体制の崩壊、ＥＵ加盟を通じて、ブルガリアの家畜頭数は大幅に減少してきたのである。飼養家畜頭数が減少した結果、移牧民世帯の搾乳量は減少することとなった。さらに、貯蔵ビンやプラスチック製品などの普及による利便性・簡便性の向上、乳製品工場や市場流通の発達、周辺諸国からの近代化乳加工技術の影響の理由により、ブルガリアの乳加工技術においては、子畜の第四胃を利用しなくなり、ビット・シレネ加工工程からチャーニングによるバター加工が欠落し、凝固剤の酸乳からクエン酸の利用に変遷してしまった。そして、レンネットは自ら用意しなくなり市場から購入するものとなり、バター生成をともなったビット・シレネも加工せず多くの世帯で酸乳からバターさえも加工しなくなるなど、重要な乳加工技術が実践されなくなってきている。ユーラシア大陸の乳加工技術の縮図のようなブルガリアの乳加工技術が、社会主義体制による家畜の国有化、ＥＵ加盟を契機とした農家廃業により、多くを失おうとしている。その傾向は、２００７年にＥＵ経済圏に入ってさらに加速している。家畜生産が衰退し、長年培われてきた家畜飼養や乳加工などの在来技術が急速に失われつつある危機的な状況に陥っているのが現状である。

4　これからのブルガリア定住移牧民のゆくえ

牧畜民の定住化や乳加工技術の消失は、ブルガリアだけでなく、ユーラシア大陸全域で確実に進行している。牧畜民の定住化にともなって、飼養する家畜の頭数が減少し、並行して搾乳量も低下し、乳加工は簡略化していく。カザフスタンでは、定住化した牧畜民は生乳からクリームは取るものの、パンにつけて消費してしまい、バターやバターオイルへの加工はほとんどおこなわない傾向にある。スキムミルクは酸乳までは加工するが、酸乳からのチーズ加工は省略することが多い。食生活に必要なバターやチーズは街のバザールから購入する。モンゴルでは、首都ウランバートルへの遊牧民の移住が進んでいる。都市で生活すると、生乳すら手に入らず、乳加工などおこなえるはずもない。必要な乳製品は店で購入することになる。伝統的にミルクを利用してきたモンゴルでさえ、都市に流通する乳製品は外国産が大部分を占めるのが現状である。地方の村に定住化した遊牧民も、乳加工はクリームや酸乳までで、チーズなどは遊牧を続ける親戚から貰い受けることが多い。定住化した世帯が数世代経ると、乳加工技術は子どもたちに継承されず、忘れ去られてしまうことであろう。インド北部ジャンムー・カシミール州のラダック移牧民では、軍需の拡大と教育の普及により人材が軍事関連施設や地方都市に流出していること、隣国との紛争と開発という名目によるインフラ整備などにより、移牧を止めて定住する世帯が増え、家畜を使った徒歩による移牧民の広域交易も停止してしまった。家畜飼養頭数は減少し、その結果、搾乳量も減少することとなり、自家消費分も賄えなくなっている。乳加工はせず、乳茶として生乳をそのまま利用する世帯が多くなり、バターやチーズは店から購入するようになった。シリア内陸部では、過放牧による砂漠化が進行していると国家に定められ、マツやピスタチオを植林し、家畜の放牧を一切認めず、植林保護区化するという国家側の一方的政策により、アラブ系牧畜民が放牧地から追い出される地域もみられる。追い出された牧畜民は、農耕地帯に進出せざるをえず、農作物刈跡地や畦地などで細々と放牧を続けることとなり、放牧管理や乳加工技術は必然的に変貌することとなる。多くの場合、都市民・農耕民の方が牧畜民よりも優越性があり、一方的に虐げられ、生業を劇的に変貌させられてしまうのが牧畜民側である。このように、ユーラシア大陸全体で牧畜民は定住化し、生業を変えざるをえない状況に陥ってしまい、市場に依存する傾向が強くなり、何千年かけて蓄積してきた乳加工技術の多くが消失しようとしているのである。

ブルガリアでは今後、このまま安価な乳価、高い飼料代、EU基準に見合わない小規模家畜飼養世帯への補助金カットが続けば、ブルガリアから生乳生産をおこなう小規模家畜飼養世帯はなくなり、一般世帯が飼養する家畜はほとんど消え去るだろう。乳加工史においてきわめて重要なブルガリアの乳加工技術の多くが近いうちに消え去ろうとしているのである。いま、まさにブルガリアのEU基準への追従の是非が問われている。乳価が低く、飼料代は高い状況で、小規模家畜飼養世帯への政府助成がなければ、いくら小規模家畜飼養世帯がレストランやホテルなどの副業経営をしたり、ヨーグルトやチーズとして生乳を加工し付加価値を付けて販売したりして生き残ろうとしても限度がある。それでは、このようなブルガリアの状況において、自国の家畜種・生乳生産・乳加工技術という独自の文化を保全するためには、どうしたらよいだろうか。それは、「ブルガリア独自の基準」を打ち立てることにある。自国の文化を保全するために、独自の基準を策定することは、ブルガリアだけのことではなく、他の牧畜地域にも共通したことであり、世界共通した方向性である。

フランスでは、AOCと呼ばれるフランス独自の認証制度を定め、地域ごとの乳加工技術と乳製品を保全している。AOCとは、原産地名称管理(Appelation d'Origine Contrôlée)のことで、その製品がその地方で正しく加工された高品質なものであることを保証する制度である[本間2003]。フランス産のチーズやワインに、AOCのラベルが貼ってあることが多く、日本人にとっても普段の生活でも目にすることがあり、馴染み深い。AOCチーズは2016年9月時点で45種が登録されている。フランスの酪農家は、自ら製造するチーズがAOCに認められれば、付加価値が付き、より収益性が見込めるために、AOCに認定されることをきわめて意識している。AOCの認定基準は、(1)原料乳の種類・産出地域、(2)製造地域および製造方法、(3)熟成地域および熟成期間、(4)形、外皮、重量、乳脂肪分について詳細に規定している。酪農家は、製造器具にいたる点まで細かな指定に従っている必要があり、AOC制度が逆に酪農家の自由度を拘束することにもなる。また、AOC認定制度は大規模な流通を前提としているため、小規模酪農家には利用しにくい制度であるとの批判もある。しかし、AOCの認定制度の根底には、地域に継承された伝統にもとづいてつくった製品（チーズ、ワイン、食肉、野菜など）の品質は、他のどこの場所でも真似できない価値があるものであり、その地域に根ざした伝統ある品質と製品を守るという「地域文化の保全」の考え方がある。現在では、市販の乳酸菌とカビとを利用し、製造工程をまったく同一に展開すれば、フランスのAOC認定チーズを日本で製造することが可能である。しかし、たとえばサレールというフランス中南部チーズ［平田・清田2010］を、日本でまったく同一に加工してもサレールと呼ぶことができない。つまり、AOCが認定するチーズの究極的な規制は、原料乳の産出地域、製造地域、熟成地域といった「地域性」ということになる。この「地域性」という縛りが、フランスのチーズ呼称名の流出を防ぎ、フランスのチーズの地域による多様性を維持させている。AOC認定制度に対する賛否両論はあるが、AOC認定制度がフランスのチーズ文化の多様性の保全・推奨に貢献してきた役割は確かに大きい。

さらに重要な点は、AOCを認定する組織にも工夫が凝らされていることにある。AOCの認定は、INAOと呼ばれるフランス国立原産地・品質研究所（Institut National des Appellations d'Origine）が担当している。このINAOは、生産者と消費者と行政官の三者で構成された組織であり、国側だけの機関ではないのである。認定制度の基準と認定を定めるのは、生産者の視点、消費者の視点も加わることとなり、民意を反映させた枠組みとなる。ここに、認定という法規制だけでなく、乳製品と人びととの関係をも含んだ制度が成立するのである。生産者を守り、消費者が望む制度となるのである。

もう一つ重要な点は、AOC認定制度とフランスの人びとのライフスタイルとが一致していることである。フランスの人びとの間には、生産者と消費者と行政官で構成された組織INAOによって認定されたチーズに対し、安全と安心があり、製品は美味であるとの根強い信頼感がある。また、フランスの人びとは、夏に数週間〜1か月単位で休暇・旅行をとる習慣をもつ。バカンスを求めてはるか遠方まで赴く。フランス中南部のオーヴェルニュ地方のある世帯では、冬から春にかけて加工した大量のチーズを7月と8月の2か月間で旅行客に売り切るという。フランスの人びとには自分の気に入ったチーズ工房がいくつかあり、毎年のように遠方から訪ねて、自分の好む熟成チーズを加工現場で購入する人びとが多い。フランスのこの民族移動性と味覚に対する貪欲性とが、酪農家の畜産業としての生業、地域のチーズ加工を成り立たせ、保全・推奨しているのである。フランスでのチーズの地域多様性は、フランスの人びとのライフスタイルそのものが支持しているといえよう。

フランスの事例に習うならば、ブルガリアでも地域に根付く乳加工技術と乳製品とを保全するならば、EU基準にのみ追従するのではなく、ブルガリア独自の基準を設定していく必要がある。政府は、ブルガリアの定住した移牧民を含む家畜飼養世帯のおかされた現状を真摯に受け止め、小規模家畜飼養世帯の生業と乳加工技術とを保全・推奨する制度を早急に策定し、小規模家畜飼養世帯の生産活動を支援する必要がある。この独自の基準を策定する際に重要なことは、フランスの事例から把握される通り、地域文化を保全することが大前提であり、そのために政府・生産者・消費者の合意のもと、生産者が報われる制度になっており、その独自の基準がきわめてブルガリアのライフスタイルに合致していることである。ブルガリアの人びとに受け入れられてこそ、独自の基準がその地域で息づいていくのである。制度と関係する人びとによって成り立っているという構造面、制度と関係する人びととが関係しているという機能面とが一体となったシステムが実動したとき、地域の文化は地域の人びとによって守られていくのである。

参考文献

足立達　2002『乳製品の世界外史——世界とくにアジアにおける乳業技術の史的展開』東北大学出版会。
石毛直道、吉田集而、赤坂賢、佐々木高明　1973「伝統的食事文化の世界的分布」『世界の食事文化』石毛直道（編）、148〜177頁、ドメス出版。
梅棹忠夫　1967『狩猟と遊牧の世界』講談社。
漆原和子、ペトロフ・ピーター　2008「ブルガリアにおけるEU加盟後の羊の移牧の変貌」『法政大学文学部紀要』第57巻、57〜67頁。
国立天文台（編）　1997「気象」『理科年表』308〜372頁、丸善出版。
篠田雅人　2009『乾燥地の自然』古今書院。
丹野研一　2008「西アジア先史時代の植物利用」『遺丘と女神——メソポタミア原始農村の黎明』西秋良宏（編）、64〜73頁、東京大学出版会。

中尾佐助　1972『料理の起源』日本放送出版協会。
中尾佐助　1992「乳食文化の系譜」『乳利用の民族誌』雪印乳業株式会社健康生活研究所（編）、267～293頁、中央法規出版株式会社。
平田昌弘　1999「西南アジアにおける乳加工体系」『エコソフィア』第3巻、118～135頁。
平田昌弘　2013『ユーラシア乳文化論』岩波書店。
平田昌弘、ヨトヴァ・マリア、内田健治、元島英雅　2010「ブルガリア南西部の乳加工体系」『ミルクサイエンス』第59巻第3号、237～253頁。
平田昌弘、清田麻衣　2010「フランス国中南部丘陵地帯の乳加工体系――オーヴェルニュ地域圏の酪農家の事例から」『ミルクサイエンス』第59巻第2号、103～114頁。
福井勝義　1987「牧畜社会へのアプローチと課題」『牧畜文化の原像――生態・社会・歴史』福井勝義・谷泰（編）、3～60頁、日本放送出版協会。
本間るみ子　2003『AOCのチーズたち』フェルミエ。
マシュクール・マルジャン、ヴィーニュ・ジャン＝ドニ、西秋良宏　2008「西アジアにおける動物の家畜化とその発展」『遺丘と女神――メソポタミア原始農村の黎明』西秋良宏（編）、80～93頁、東京大学出版会。
三宅裕　1999「The Walking Account: 歩く預金口座――西アジアにおける家畜と乳製品の開発」『食糧生産社会の考古学』常木晃（編）、50～71頁、朝倉書店。
吉川賢、山中典和、大手信人　2004『乾燥地の自然と緑化』共立出版。
Chang, C. 1999. The ethnoarchaeology of pastral sites in the Grevena Region of Northern Greece. Transhumant pastralism in southern Europe. In *Recent Perspectives from Archaeology History and Ethnology*.（eds. by L. Bartosiewicz and H. J. Greenfield）. ARCHAEOLINGUA ALAPÍTVÁNY, Budapest, pp.133-144.
Coughenour, M. B.; J. E. Ellis; D. M. Swift; D. L. Coppock; K. Galvin; J. T. McCabe; and T. C. Hart. 1985. Energy extraction and use in a nomadic pastoral ecosystem. *Science*, 230: 619-625.
Efstratiou, N. 1999. Pastoralism in highland Rhodope' Archaeological implications from recent observations. In *Recent Perspectives from Archaeology History and Ethnology*.（eds. by L. Bartosiewicz and H. J. Greenfield）. ARCHAEOLINGUA ALAPÍTVÁNY, Budapest, pp.145-158.
Hongo H., Pearson J., Öksüz B. and İlgezdi G., 2009. The process of Ungulate Domestication at Çayönü, Southeastern Turkey: A multidisciplinary Approach focusing on *Bos* sp. and *Cervus elaphus, ANTROPOZOOLOGICA*, 44(1): 63-78.
Köppen, W. 1936. *Das geographische System der Klimate*. Borntraeger, Berlin.
Middleton, N. J. and Thomas D.S.G., 1992. *World Atlas of Desertification*（*1st ed.*）, UNEP, London.
Ryder, M. L. 1999. Did Vlach shepherds sheep-milking customs through south-east Europe?. In *Recent Perspectives from Archaeology History and Ethnology*.（eds. by L. Bartosiewicz and H. J. Greenfield）. ARCHAEOLINGUA ALAPÍTVÁNY, Budapest, pp.189-196.

Thornthwaite, C. W. 1948. An approach toward a rational classification of climate. *Geographical Rev*, 38: 55-94.

United Nations Environment Programme (UNEP), 1992. *World Atlas of Desertification* (*1st ed.*), UNEP, Arnold.

Vigne J.-D. and Helmer D., 2007. Was milk a “secondary product” in the Old World Neolithisation processes? Its role in the domestication of cattle, sheep and goats, *ANTHROPOZOOLOGICA*, 42(2): 9-40.

第8章

山村を未来へ継ぐ
――高知県大豊町の過去と未来

市川昌広
松本美香

1　山村の暮らしのかつてと今

今日、日本の農山村では、急速に進行してきた過疎・高齢化に伴って、農地や林地の管理不足と劣化や、さらには集落や自治体の衰退といったさまざまな課題が現れ、深刻化している［大野2005、増田2014］。とくに農業や生活のための条件がより厳しい山村では、それらが顕著にみられる。過疎・高齢化の過程や背景については、すでによく知られていると考えられているかもしれない。すなわち、かつては多くの人びとが山村で生態資源を利用しつつ暮らしていた。ところが、とくに戦後の高度経済成長期以降、都市では第二、三次産業が成長し仕事が増えた一方、山村では1960年代半ばの燃料革命を一つの契機として、生態資源を活かして生計を立てることがむずかしくなっていく。このことにより多くの若者が山村から都市へ移住した。金銭がより稼げる都市へ人が移った結果、稼ぎが少ない山村での過疎・高齢化が進んだというものである。

金銭は生活を成り立たせるために重要であり、数値で表せるので認知しやすい。しかし、もちろん人は金銭だけによって生きているわけではない。近年、「幸せ」が生活の質を計るうえで、一つの指標として注目されているゆえんであろう〔枝廣ら2011〕。この点、山村ではどうだったのだろうか。かつて山村で生態資源を活かして生活していた頃、あるいはその後、金銭収入を得ることがむずかしくなってきた頃、住民はそうした状況の変化をどう思い、何を考えながら暮らしてきたのだろうか。そうした住民の思いが語られる場は意外に少ないように思う。本章では、高知県長岡郡大豊町の怒田《ぬた》という一つの集落を舞台にして、前半ではかつてから今日にかけての人びとの暮らしと思いについて記述し、結論として山村での生態資源を活かした生活は、人の生の充実を感じさせるものであることを述べていく。

山村は生きることの充実感を得られる場であるにしても、人が一人だけで生きていくには環境、とくに自然が厳しいところである。そこで住民は、集団を作ることによってよりよい生活を求めてきた。山村には集団化を促すためのさまざまな「仕掛け」がみられる。山村社会が有する機能〔大野2005〕の一部であるといってもいいだろう。今日、山村にみられる大きな流れは、周知のとおり、そこを継続させる担い手がいなくなり、仕掛けが衰退し、消えていくというものである。人が充実感を得ながら生きる場として山村の継続が望まれるにしても、山村社会の急速な変容のなかで今後どのように仕掛けづくりをしていけばいいのだろうか。本章の後半では、舞台となる怒田における仕掛けの変容・衰退と、その流れに抗おうとする動きとして再集団化のために新たに始まった仕掛けづくりの様子を紹介している。

本章の舞台となる山村は、少なくとも千年単位で継続してきた暮らしの場であるが〔萩ら2001〕、そうした場が今日消滅の危機に瀕している。一方でこうした課題の解決に向けて懸命な試みが繰り広げられている。

2 高知県の山村で著しく進む過疎・高齢化

高知県長岡郡大豊町は、四国の中央よりやや東に位置する（図1）。吉野川の上流部にあたり、標高は200mから1400m、急峻な山地地形をなし、平坦地はほとんどない。河川から急な傾斜が立ち上がるため、集落は傾斜がなだらかになる中腹に成立することが多い。町内に集落は85あるが、人口が密集する地区はほとんどなく、小規模な集落が山あいに点在する。1950年には2万2千人を超えていた人口も、2017年4月では3914人（人口密度：約12人

写真1　手前の集落が怒田。最奥に京柱峠がみえ、そこを越えると徳島県。急な斜面にぽつりぽつりと集落が点在している。
出所：筆者（市川）撮影。

図1　四国のほぼ中央に位置する大豊町怒田集落。

／㎢）となり、高齢化率は10％程度から56％に上がった。15歳未満の人口の占める割合は5％ほどである。

本章の舞台となる集落は、吉野川の支流の南小川を上っていったところにある。南小川の上流域には7集落からなる西峰地区があり、そのすぐ先の京柱峠を越すと徳島県に入る。天気が良いと下から峠まで、山肌の斜面にへばりつくように集落が点々とする景色が眺められる。中流域には13集落が分布しており、かつての小学校区の東豊永地区を構成している。本章では、そのなかの一集落である怒田を中心にして今昔の様子を描いていく（写真1）。かつては人口が多く田畑も広かったので、もっと開けていたというが、今日ではスギ・ヒノキの人工林が大きく成長し、黒々とした林に斜面の大半が覆われている。

13集落からなる東豊永地区の住民登録上（2017年4月）の世帯数は254、人口は431人で、集落あたりの平均では20世帯、33人となる。怒田では、1960年に住民登録上322人いたが、今日では47世帯81人と人口は4分の1に減った。80歳代の方がもっとも多く、ついで70歳代、60歳代と続く。平均年齢は70歳余りである。一方、20歳代の住民が3人いる。2人が3年前に、1人が今年（2017年）3月にIターン移住してきた。近年、50歳代から60歳代のUターンの方々も増えており、ここ10年ほどの間に4組、7人いる。怒田は東豊永地区13集落のなかでも人口がもっとも多い集落である。一方で、人口が10人に満たない集落も二つあり、そのうちの一つには実質1人しか住んでいない。

県外から来られた方を大豊町の集落に案内すると、高齢ながらも農作業に精

写真2　モグラがあぜに開けた穴を一つずつ土と木づちでふさぐ90歳を超えた女性の住民。
出所：筆者（市川）撮影。

を出している住民の姿をみて、当初抱いていた「限界」的な状況にある集落のイメージとは異なり、意外と皆さん明るく元気だという印象をもたれるようだ（写真2）。しかし、それは70、80歳を超えても元気で仕事ができる人しかここには住めないがゆえの風景なのだ。山村に住む高齢者は、体が不自由になったら介護施設か都会に住む子どものところへ行かなければならない。都会は住み心地が悪いし、子どもには面倒をかけたくないといって、皆さんは体をいたわり、一日でも長く集落で暮らそうと頑張っている。一見元気にみえる怒田ではあるが、確実に世帯あたりの人数は減り続け、今日では独居世帯も増えてきている。

3　山村の盛衰過程にみる住民の暮らしへの思い

本節では怒田での生活の変化にともなって、住民がどのような思いで暮らしてきたのかをみていきたい。具体的には、山村にまだ多くの人が住み、生態資源を活かしつつ暮らしていた戦後まもなくから、次第にその暮らしが立ちいかなくなる1960年代から1980年代頃までの話である。

怒田の一住民として暮らしていた氏原浅美さん（1922年〜2004年）は、集落での生活やそのなかで考えたことについて、いくつもの手記を地域の文芸誌などに投稿している。浅美さんが亡くなられた後、長男の氏原学《まなぶ》さんは手記をまとめ『氏原浅美遺稿集』［氏原（編）2005］[1]として編集し、自費出版した。手記には、日常の生活や出来事、仕事のことなどが記されている。本節では主にこれらの手記を基に、住民からの聞き取り結果を交えながら、山村での生態資源の利用と暮らしの変化の様子、そしてそのときどきの住民の思いについて描いていく。

浅美さんは、怒田から西へ直線距離で約4㎞ほど離れた大豊町永渕集落の出身である。夫となる廣好さんは、終戦後、従軍先の中国から苦労の末に怒田へ引き揚げてきた。二人は1946年に結婚し、怒田での生活を始める。廣好さんは、両親を早くに亡くしていたこともあり、山林や農地をほとんど持っていなかった。新たな生活の船出において希望に燃える廣好さんは、浅美さんに向かって、「まず山林を買って木炭を焼き、その跡地にミツマタとスギを植える。ミツマタを手入れしているうちにスギが大きくなる。（中略）譲ってくれる山となると遠くになるが、若さで乗り切っていこう（43頁）」と語った。そして、「初めて入手した山が「大星」という山であった。家をでて山までは約二時間（中略）まず運搬用のウシを飼っ（43頁）」ている。

木炭、ミツマタ、スギは現金収入源である。まさに山村らしく生態資源を利用しつつ暮らしを立てようとしている。もちろん集落まわりの棚田で米や大豆（畦畔部）を作り、畑では麦や副菜類を栽培している。当時を知る怒田の住民によれば、戦後には都市部で食糧難の苦労がある一方、山村部では戦災復興のための木材需要の高騰などがあり、都市でなく山村で暮らすことが不利だとは考えていなかった。むしろ、農家は食糧に困らないという理由で魅力のある嫁ぎ先であったようだ。

木材は、とくに朝鮮戦争後、第二次世界大戦の戦後復興が本格的になると、東豊永地区の山々からも盛んに伐出された。戦前に植えられたスギ・ヒノキを持っていた人は、この時期に大もうけをしたという。多くの男たちが、山林の買い付けや伐採・搬出などに関わる山師として働いた。当時を知る住民は、1950年代中ほどまでは値も好調で、植林地に肥料をまいたほどだったという。木炭の生産は戦前・戦中もおこなわれており、高知県は西日本の主要な木炭産地であった。とくに戦後すぐから高度成長期が始まる頃までは都市からの需要が大きく盛んであった。木炭作りの材をとった雑木林では、残った木々の枝を刈り払い、火入れした後に、ソバ、アワ、ヒエ、大根、葉菜などを2年ほど栽培した。その後、廣好さんが語っているように、そこにはミツマタやスギの苗を植えたようだ。

斧やのこぎりで伐採された木材は馬や人力で引かれて、木炭は山々から牛馬や人に担がれて落合に運ばれてきた（写真3）。落合は、東豊永地区を流れる二つの河川が出合うところに位置し、主に商業に携わる人びとからなる集落である。今日では一軒の雑貨屋のほか、さびれた数軒の店がぽつぽつと点在し、50人ほどが住むだけとなっている。しかし、

写真３　木炭を馬に背負わせて出荷。昭和20年代に東豊永地区の大平集落にて撮影。
出所：東豊永小学校記念誌「3633のありがとう」作成委員会、2004年。

１９５０年代とその前後には雑貨屋の他にも、一杯飲み屋、旅館、呉服屋などが数軒ずつあり、おおいに賑わっていたという。戦前からくらべても、とくに戦後たくさんの木材が出されていた時期がもっとも栄えていたようだ。当時でも落合から下には道路がついていたので、生産物はトラックで運びだされた。落合は人びとが農林産物を売り現金を得て、食料や日用品を購入する外の社会との結節点となっていた。

浅美さん夫婦はその後、長男の学さんを１９４８年にもうける。学さんが小学校に入学する１９５４年頃の仕事の様子についてはつぎのような記載がある。「木炭を焼いた跡へミツマタを植え、約１haの土地に杉を植えた。（中略）以来、持ち山を増やし、木炭を焼いては植林をして年は経た。（中略）苗木を食い荒らす野ウサギと幹の皮をはぐ野ネズミとの戦いは大変なもので、何回も植え替えをした。当時、国が植林を奨励して補助金をだしていたので、農閑期には木炭を焼き、造林をする人が多く、あちこちで木炭を焼く煙が立ち上り、ウシや馬の往来で道中もにぎわった（44頁）」。

苦労しながらも、結婚当初のもくろみ通りの生計の立て方で過ごしているようだ。山村の活気ある様子も伝わってくる。補助金とは、都市での住宅建材の不足と価格高騰に対応するため、１９５４年から始まる国の造林補助事業（拡大造林）であろう。一方、この頃から木材の輸入自由化が進み、輸入量は年々増えていく。１９５０年代半ばに高度経済成長が始まるなか、農山村の中学卒業生が都市での労働者として「金の卵」ともてはやされ、大量の若者が農山村から都市へ出ていくのもこの頃からである。

浅美さん夫婦は、学さんが東豊永地区の中学校を卒業後、学さんの体が小さく、働かせるのがかわいそうだという思いもあって高校に行かせている。学さんによれば、当時、同じ組の３分の１ほどが高校に進学、残りの多くは就職で他出し、一部が集落に残ったそうである。高校は大豊町にはなかったので、高知市内に出て下宿生活となる。手記には、「学が高校に進んだ昭和38年には、まだ木炭を売って学資とした。（中略）一窯あれば学の2カ月分はある。（中略）しかし学が高校3年になった春、木炭の値の暴落で苦しい状態になった。山に生き、山を愛するわたしたち夫婦は、涙をのんで砂防工事の土工として働くこととなった（45頁）」とある。

浅美さんは、木炭からの収入で学さんの高校を卒業させ、その後の妹の高校は土木からの収入で卒業させたと、学さんによく語っていたそうだ。妹さんは１９６６（昭和41年）に高校へ進学したので、このあたりで生計の立て方が大きく変わってきたのだろう。手記には「昭和40年ごろ月々1万3千円を送金しました。ちなみに当時主人の土木作業員としての賃金が1日千五十円で（57頁）」あったと記されている。土木の仕事は、１９６０年代中ごろまでは冬期の間に数日単位だったのが、その後は次第に年間を通しておこなわれるようになっていった。

浅美さんは、個人的な家計簿兼日記（以下、日記）も残していて、たとえば１９６４（昭和39年）の旧正月では、冒頭の書き出しから「年とともに農林の不況もせまる感の深まることである」とやや暗く始まる。青年団による地区の芸能会や運動会も、昭和30年代後半には若者がいなくなり取りやめになった。当年の氏原家の家計は、製炭、養蚕、稲作、植林管理、ミツマタ栽培、トロロアオイ栽培(2)など集落内での仕事によって立てられていた。同時に外で働く必要性も生じてきており、当年に浅美さんは保険の外交員を始めたと記している。これは当時の山村ではめずらしい仕事だったようだ。

仕事以外の日常生活の様子はどうだったのだろうか。「昭和30年代後半から40年代は（中略）次々に生産される電気製品や調度品、衣料品に魅せられて預金する心は忘れたかのようでした。家の改築、増築がなされ見違えるほどの生活様式に変わっ（57頁、括弧内は筆者挿入）」ていったようだ。日記によれば、氏原家にテレビが初めて入ったのも１９６４（昭和39年）である。このように、当時の日本の経済的あるいは社会的雰囲気のなか、農山村においても現金収入は必要不可欠なものになり、何か違和感を覚えながらもその雰囲気にのみ込まれていったのだろう。

こうした山村の仕事と暮らしの変化の背景には、住民の性向やその変化のほかにも、政策や国内外の経済的、社会的な動向がある。公共工事が増えた背景には、均衡ある国土発展を目指して全国総合開発計画（１９６２年）が策定され、その後もいわゆる過疎法（1970年）が施行されるなど、政策的に地方の開発に力がそそがれたことが関係する。グローバルな経済の影響も大きい。木炭の値が暴落した背景には、家庭用燃料が木炭や石炭から、輸入された石油やガスに代わっていくいわゆる燃料革命がある。輸入材に押されて国産材の値も下がり、あてにしていたスギからのもうけも期待薄になっていく。農業の中心であった稲作も、その後は役割を減らしている。作付け面積は減り、売値も落ちていった。浅美さんは「段々の田んぼを丹念に耕し収穫した米を強制的な割り当てで供出してきた時代、昭和40年代半ばになると減反政策がとられ、労働力を他の産業へと転じての内の荒廃が始まった（77頁）」と振りかえっている。この減反政策の背景には輸入食料と関係した国民の食生活の変化がある。

ただし、地元の行政や山村の住民は、こうした時代の潮流に何もせずに身を任せていたわけではない。高知県の普及所は、大豊町において昭和30年代では夏秋野菜（トマト、キュウリなど）、果物（カキ、クリ、モモ、温州ミカン）、酪農（乳牛）、昭和40年代では花卉、ユズ、クリ、トマト、肉用牛、ゼンマイの振興策を進め、少しでも山村での収入を上げようと試みた［高知県1978］。怒田では、昭和30年頃7名ほどがシイタケの生産者グループを作り、補助金を受けつつハウスを建て、乾燥機を入れて規模の大きい栽培に取り組んだ。しかし、生産を始めて3、4年もたつと次第に土木の賃金がよくなり、この活動は尻すぼみに消滅していったという。

ほかにも努力は続く。手記には、1971（昭和46年）に農協婦人部を結成し、養蚕の回転蔟《まぶし》の導入について、当時にはめずらしい婦人による陳情を大豊町にしたことが記されている（35頁）。さらに「ゼンマイ採りに大忙しです。（中略）町で基幹作目であった養蚕に代わって、今では農家収入の上位を占めるようになりました。元来野生の植物ですが、数年前から減反の地や畑に移植して……（1987年頃、76頁）」、「そして今、（中略）地域特産物と自然美の掘り起こしをテーマに研修が行われています（1987年頃、77頁）」などとある。

しかし、生活を支える中心的な仕事は、2000年に入ってしばらくはやはり土木であった。かつての盛んな土木仕事についてはちょっとしたエピソードを耳にしたことがある。わたしたちは、怒田で執りおこなわれる神祭にたまに顔を出すが、参列しているのは高齢者を中心にたいてい20名ほどである。昔、人が多かった頃はさぞ多くの参列者がいたのだろうと話を聞いたところ、意外な返事が戻ってきた。かつて土木仕事が盛んな頃は皆、土日もなく集落外で働いていたので、数人しか参列しないときもあったそうだ。少し大げさに言えば、当時は老若男女、病気以外の者はすべて土木の仕事に出ていたと振りかえる。東豊永地区では建設会社が多いときは7社あって大いに栄えていたが、今日ではすべてみられなくなった。昨今では土木の仕事も減り、住民の高齢化がさらに進み、働ける者自体も減った。

一方、今日、先に述べたとおり、U・Iターンの移住者が東豊永地区にもぽつりぽつりとみられるようになってきた。先日、Iターン移住して3年目の田畑勇太さん（28才）と立ち話をして印象に残ったことがある。彼は、ここでは生きているという実感をもてるという。夏の暑さの中で滝のような汗を流しながら一日農作業をして、ようやく陽が傾きかけ一息つける夕暮れどきを迎える。ふと顔をあげ、山あいに集落が点々とする風景を眺めるときなどに得られる実感である。自らが田や畑に刻んだその日一日の作業の成果を確認しながら、満足感と充実感とともに幸せを味わえるひとときがある。都会のビルでの机仕事では得られない感覚だろう。

この感覚は、かつての浅美さん夫婦も有していたと思う。だから先述のように「涙をのんで」山の仕事に見切りをつけ、土木の仕事へ出たのである。もちろん山村での生活に苦労は絶えず、「自分たちの苦しみを学に味わわせる事なく、自分たちだけの苦しみだけで終わらせたい（1956年、197~198頁）」と考えたときがあったのも事実であろう。全国的にもこの頃から都市での収入が増え、きらびやかな都市生活が脚光を浴びていたので、なおさら山村の生活が苦しく思えたということもあろう。しかし、前述の満足感・充実感といったものは、おそらく山村で暮らし、働くすべての人びとが共有してかみしめた感覚だと思う。さらに、今日、たとえ山村暮らしの経験がない若者でも、一定数の者が味わえる感覚であろう。昨今、増加傾向にある農山村への移住者は、この感覚に惹かれているのではないだろうか。

現実的には、これまでみてきたように、山村の暮らしは楽なことばかりではない。農作物の生産は、厳しい自然環境によりときに甚大な被害を受け、また、そこからの収入は山村をとりまく社会・経済的環境に翻弄されてきた。こうした厳しい環境に山村の人びとはどのように対応してきたのだろうか。そのことについて、次節ではみてみよう。

4　集団化を促す仕掛けとその変容・消失

山村に暮らす人びとは、常に変化し、ときに厳しい顔をみせる自然環境下で、自然を資源化し日々の糧を得てきた。資源化の過程では、自然利用についてのさまざまな知識や技術を駆使する必要がある。ただし、個々の住民それぞれが広範にわたる知識や技術を網羅的に習得するのはむずかしい。そこで人びとは集団化することにより、知識や技術を補完しあい暮らしを成り立たせ、維持させていくことになる。実際には各人は、その個性や各々が置かれた自然・社会環境に応じて、知識や技術を取捨選択あるいは部分的に特化・発達させていくことで、集団での暮らしを向上させていく。

そもそも日本では、江戸時代の幕藩体制下、村を単位としての支配や、明治政府下での一村一社制など、歴史的に村は重要な単位として扱われてきている。加えて山村には、集団化を促す多様な仕掛けがみられてきた。本節では、主に怒田の住民からの聞き取りによって、それらの仕掛けのいくつかの事例をみていこう。

1　神仏への思い

大豊町では集落ごとに神社（お宮と呼ばれる）と、仏がまつられる堂（お堂と呼ばれる）がみられる。怒田では鉾天神社があり、お堂に薬師如来がまつられている。今日、お宮では年2回（旧暦の1月16日（旧正月）と9月16日）の神祭あるいはお祭りと呼ばれる祈祷祭祀がおこなわれている（写真4）。お堂では年1回（旧暦の6月17日）のお祭りがおこなわれる。お宮では町内の近隣地区から神官（太夫とも呼ばれる）を、お堂では近隣の定福寺の住職を迎えてお祭りが執りおこなわれる。

集落でお祭りの世話役をする世帯は、当屋《とうや》と呼ばれる。当屋は、集落内の班単位で順番に回ってくる。当番になった班は当屋組と呼ばれ、そこから当屋の世帯が選ばれる。そのときの班長の世帯が当屋になることが多い。当屋が中心となり、当屋組の人びとも手伝いながらお祭りを執りおこなう世話をする。

たとえば、お宮のお祭りは、それに先立つ数日前に神殿とその周りを清掃することから始まる。神殿の外壁や小堂、庭まで敷地全体を清めるので、結構な作業量になる。お供えの用意もする。本堂に大きな鏡餅を二つ、下の小堂に小さい鏡餅を二つ、玉串、お菓子、果物、いりこや練り物、お神酒をそろえる。いりこや練り物は、かつて海の幸の入手がむずかしかった山間地ならではのお供えであるが、流通が大きく改善され入手しやすくなった今日でも慣習として残っている。当日には再度お宮の清掃をしてから、お供えを配置し、神官の受け入れやお礼の手配などをする。神事の終了後には直会《なおらい》として参拝者全員が会食するため、その用意や後片づけも仕事となる。

お堂のお祭りでの当屋の仕事もお宮の場合と似ていて、お堂を清掃して清め、お供えを用意し、お寺の住職を迎えて祭事を取り仕切り、集まった人たちをもてなすなどである。当屋の順番はお宮とお堂とでずらされており、同時に当たることはない。当屋に当たるのは、世帯数が減少した今日ですら数年に一度である。このため、どの世帯でも前回の世話の記憶は相当薄れている。また、お祭りのたびに調整しなければならないこともある。たとえば、お供えや直会の会食の用意については、当屋世帯の家計に大きくひびかぬよう、また世帯による貧富の差がみえにくいように、質や量が一定程度に収まるようにする慣習がある。このため、当屋は直前の当屋とお祭りの世話について情報交換を重ねることになる。

写真４　お宮でのお祭の様子。神官は祭壇で祝詞をあげた後、氏子１人ずつに金幣でおはらいをする。
出所：筆者（市川）撮影。

さらに、当屋の仕事には世帯の全員が関わるため、通常の集落会議に出席する家長あるいはその妻以外の若い世代などが、集落住民と顔を合わせ認識しあう場になってきた。集落の将来を担う人材が徐々に集落の公式の場に現れる機会になっていたと、かつてを知る人は指摘してくれた。

もちろん、お祭り自体も情報を交換し交流する場である。神事の前後の歓談はもとより、神事の最中にも、一人ひとりが神前に進み玉串を捧げる様子をみながら、「いよいよあの人も足が弱ってきたな」などと、高齢で出歩く機会がめっきり減った方の様子などを小声で話している。直会では、はじめに切り分けられた鏡餅とお神酒をいただき、その後は、追加される日本酒を互いに盃をやり取りしながらつぎあいつつ対話が続く。1、2時間して三々五々帰途につく頃になると、残った鏡餅を3、4片ずつビニール袋に小分けにして持ち帰る人が何人かいる。聞くと、近所に住む高齢で足腰が弱ってお祭りに来られない者に届けるという。

右記のように、神仏への思いに基づいたお祭りは、一つの仕掛けとして人びとの集団化を促し、集落社会を維持する役割を果たしてきた。しかし、今日では、過疎・高齢化により、その仕掛けは脆弱になってきている。合理化の名の下で、もうすでに止まった行事も多い。かつてお堂では、お祭りの日ではないが、お盆の時期に前の広場で盆踊りが催されていたそうである。開催される日は集落ごとに少しずつずれていたので、若者たちは近隣集落の盆踊りをはしごしたという。住民の集落間の交流の場でもあったわけである。東豊永地区では、かつては13の集落ごとにみられた盆踊りであったが、若者が減るにつれてつぎつぎと止まっていった。すべての地区でみられなくなって、すでに50年余りが経過している。お堂に関係する行事では、害虫を追い出す「虫送り」もすでに長い間おこなわれていない。お宮でも、旧暦9月のお祭りでは、境内で的に向かって弓を射る百手《ももて》や、それに先立って裃姿の住民がみこしを担ぎ、薙刀をふるいながら集落内を行列で練り歩く行事もあったが相当以前にみられなくなった。

昔にくらべれば行事は簡略化され減ってきたわけであるが、それでも近年では、当屋の仕事に負担を訴える人が出てきている。今日みられる怒田での班体制は、40年ほど前に形づくられたもので、現在でも10班が存在するが、世帯数が大きく減った現在では、2～数世帯しかみられない班もある。それでは当屋組は機能しないので、実際には小さい班をまとめた6班体制で当屋を回している。高齢の独居世帯も増えているので当屋を複数世帯で担うこともある。当屋が回ってくる間隔は年々縮まってきている。高齢で当屋の仕事をこなすのもきつくなり、ぎりぎりの年金生活のなかからお供えや直会のために経費を出す負担感が増してきている。

ここ数年の集落の総会では、どのように当屋の負担を減らすかがよく話題に上る。班体制を抜本的に改めるとか、思い切ってお祭りの回数を減らすなどの意見が出るようになってきた。そして、ついに２０１６年の年末の総会で、お祭りの回数を減らすことに決まり、それまでおこなっていたお宮のお祭り（旧6月16日）とお堂のおとうかのお祭り（旧7

月10日〕(3)の二つがとりやめとなった。継続するお祭りについても、お祭り前のお宮とお堂のまわりの清掃はとくに負担が大きいので、当屋組ではなく集落全員が出ておこなうことになった。過疎・高齢化に伴い、お祭りはやり方を工夫しつつ維持されていく。しかし、集落社会をまとめあげ維持してきた神仏への思いに基づく仕掛けは、またここにきて弱まったといえる。

2　皿鉢料理を囲むお客文化

高知県では宴会のことをお客《きゃく》と呼び、そこでは多種の品を一つの大皿に盛りつける皿鉢《さわち》料理がだされる。皿鉢は前ってお客の席に並べられているので、女は料理を運ぶ給仕の手間が減り、男女ともに座り込んで飲みあえる席となる。右で述べたお宮でも、とくに旧暦9月のお祭りは先述の百手などを含め盛大に執りおこなわれた。お祭りの後は、当屋の家でも盛大なお客があり、その他の家々でもどぶろくが用意されお客となった。お客は無礼講で、集落内外から誰がどこを訪れてもよかったが、やはり共通した関係をもつ者同士の家が訪ねやすいし、居座る時間も長くなった。たとえば、親せき、消防団員や集落の役職をもつ者同士、あるいは同じ趣味をもつ者同士などである。隣接する集落の場合は、とにかく全戸を挨拶して巡り、家に上がらずとも玄関先で酒をいただくのが習いだったという。

近隣集落のお祭りの日は数日ずつずらされているので、住民は他集落のお祭りを訪ね、家々のお客を巡り歩いた。人は入れ替わり、立ち代わりするが、中心には皿鉢があり、そこを囲んで酒が酌み交わされる。世代や集落を越えた人間関係が作られ、強化される。こうしたときの人脈は、集落を越えた問題に対処するときに役立つ。新しい農作物やその栽培についての情報などが交換される場にもなっていた。

今日では、右記のような皿鉢を構えるほどのお客は、集落ではほとんどみられなくなった。お祭りのたびに皿鉢料理を用意していた高齢の女性によると、お祭りで皿鉢料理を用意しなくなってかれこれ30年になるという。どのような理由があったのかを尋ねると、つぎのような話をしてくれた。昔はみな健脚だったので集落内はもとより近隣集落へのお客にも歩いていった。しかし、集落内の道路が整備され各世帯が自動車をもつようになると、次第に自動車に頼るようになった。高齢化による脚力の衰えとともに、近くの家や集落を訪ねるのにも自動車が使われるようになる。一方、次第に飲酒しての運転が避けられるようになると、とくに遠方への訪問が控えられるようになった。こうして住民間の集落内外の訪問交流の機会は失われていった。

さらに、集落を離れた息子や娘、孫が遠方で就学や就職をするので、集落での祝いの席も減った。かつて結婚式は、盛大な場合、三日三晩にわたって集落の花嫁や花婿の家でおこなわれた。近年では、結婚式は都会の式場で挙げられる。葬式も家ではなくＪＡの葬儀場が使われるのがふつうとなった。このように集落でのお客の機会は急速に減っていった。

やや特殊な事情ではあるが、１９８９年の昭和天皇崩御もお客の消滅の大きな契機になったという。その際は皆、喪に服してお祭りやお客を自粛した。それまでは慣習として負担を感じつつも皿鉢料理を用意しお客の準備をしてきたが、一度途切れたことを契機に復活しないところが多かったという。祭事を取りやめて皿鉢料理を用意しなかった経験は、それまで皿鉢の準備や相互訪問にかけていた時間と労力の大きさを痛感する機会となった。もうそこまで無理をして皿鉢料理を用意する必要はなかろうということになったそうだ。

このように集落内外の人びとの交流を促し、結びつきを強める働きをしていたお客、そしてその中心的役割を果たしていた皿鉢料理は近年少なくなっている。

3　共同作業の衰退と消失

道役

山村での暮らしの維持のために、住民を集団化させるより直接的な仕掛けとして共同作業がある。その一つが道役で、今日でも怒田をはじめ多くの集落でおこなわれている。集落の主な道路沿いに茂った草木を刈ったり、側溝に積もった落ち葉を除いたりなどの道路の整備をおこなう（写真５）。各世帯から少なくとも一人は出て、班単位に決められた分担個所の道の整備にとりかかる。現在では道役で作業をするのは車道に限られているが、かつては赤線道なども含めた集落の主要道を広く整備していたという。(4) 怒田では毎年７月の第一日曜日に実施され、必要に応じて12月にもおこなわれる。

道役は、集落の人びとにとって重要な行事で、参加に対する義務感も高い。足元が少々おぼつかないおばあさんでも、かまを片手にとにかく皆の後をついて作業をする。高齢で参加がむずかしい人は、高知市で暮らす子どもを呼び参加させることもある。だから、集落中の住民に加えて、集落を出た人びとが一堂に会す機会となる。

当日は午前8時前に公民館に集合し、作業の手はずや分担場所などの確認をひとしきりした後、それぞれの担当区に散っていく。集落の長である区長は、各担当区を軽トラックで回り、クーラーボックスで冷やした缶ジュースを配りながら、作業や人員配置の調整をする。一つの担当区自体に距離があるので、ひとところが終わると皆が各自の軽トラックに乗ってつぎの場所へと移動する。そのためこの日は相当数の自動車が行き来することになる。ときには軽トラック6、7台がちょっとした渋滞状態となるなど、普段のひっそりとした集落からは想像できないような様子がみられる。

写真５　道役。道路を覆う樹木の枝葉を除く。
出所：筆者（市川）撮影。

大きく育った樹木は道に日陰を作り、冬に凍結させる原因となる。道役で人がそろっている機会にこうした大木を伐採する。5、6人の男たちが集まり、伐採の段取りを決めて共同作業で倒していく。かつて林業の仕事に従事していた者が中心となり指示を出す。伐採には危険が伴い、まわりの電線や家屋などを傷つける恐れがあるため慎重に進められる。

集落の住民には、畦畔や道沿いの草は低く刈りこまれているのが美しいという共有された意識が世代を問わずあり、そうでないと心持ちが悪いらしい。共有された美しさを目指して共同作業は手際よく進められる。道役は昼休みをはさみ、3時頃までもう一作業して終了となる。このように汗を流し、ときに困難を伴う作業を無事に終わらせた後、かれらはきれいに整えられた道まわりを確認して、達成感と安堵感を得ているようだ。

この道役も過疎・高齢化の影響を大きく受けている。近隣集落のなかには、作業ができる住民数が実質数人となり、道役を実施できないところも出てきた。怒田の場合は、女性の独居世帯が増えてきたとはいえ、作業の中心となる男性の数もまだ多い。さらに近年では、草刈機やチェンソーがずいぶん軽量化され扱いやすくなったので作業が楽になった。それでなんとか道役を継続できているという。

消えた共同作業の田役

道具の普及やその性能の向上が集落の共同作業の維持に必ずしもプラスの効果をもたらすとは限らない。怒田で15年程前に失われてしまった共同作業に田役がある。4月の終わりから5月の初めの頃に、田への導水のための水路の整備をおこなう作業であった。怒田は水が豊富で、棚田を形成しやすい地滑り地帯にあり、田役は重要な共同作業であった。道役と異なるのは、田役への参加は田を作り、水路から取水している世帯に限られていたことである。

怒田の場合、奥山の集水域から水路によって相当の距離を導水している。水路の壁が土やコンクリートであった頃は、毎年少しずつ進む地滑りによりしばしば崩れるところが出た。田役では、水路の点検、補修そして清掃が田の準備を始める前におこなわれたのである。しかし、近年では、塩化ビニール製の導水パイプがコンクリートの水路に代わって使われるようになった。これは、地滑りで地面が動いても破損することはないし、枯れ葉などのごみが溜まることもない。田役は必要がなくなりおこなわれなくなったのである。

以上、怒田やその近辺において、集落社会の維持に関係し今日みられる、あるいは近年まではみられたいくつかの仕掛けの例について述べてきた。これら以外にも、たとえば、作った農作物を近所の家々に配るおすそ分けなど、まだ数多くの仕掛けがみられるだろう。こういった仕掛けのあり方は、ときどきの社会背景に応じて変容していく。過疎・高齢化により、近年では仕掛けは全般的に衰退し、消えていく傾向にある。しかし、これらなくして暮らしを支える社会の維持はできない。では、今後の集落はどのような人びとが担い、どのような仕掛けによって継続されていくのだろうか。

5 山村社会の継続に向けた新たな仕掛けづくりの模索

これまで怒田を主な事例地としてみてきたように、住民は徐々に高齢化し、その数を減らすとともに、集落を維持・継続していく仕掛けは衰退し、消えていっている。だが、それらはただ一方的に衰退・消失していくだけではない。新たな人びとによる暮らしや新たな仕掛けを創出しようとする動きもみられる。

本節では、近年、怒田へ移住してきた方々のうち、二人の動きを中心に追ってみる。一人はUターンした氏原学《まなぶ》さんで、もう一人はIターンしてきた田畑勇太さんである。

学さんは、本章で取り上げた氏原浅美さんの手記のなかですでに登場しているように、浅美さんのお子さんである。1948年生まれで、高知市内の高校を卒業し、高知大学の事務職員として40年ほど勤めた後2006年に早期退職され、怒田にUターンした。あらためて生まれ故郷の怒田で暮らすなかで、過疎・高齢化がもたらす集落の厳しい現実、悲壮感に沈みつつ人生の終焉をまつ住民の姿を目の当たりにして、高知大学の教員に相談をもちかけたという。そこから怒田と高知大学との交流が始まった。

当時から今日までの約10年間、人文社会科学部、理工学部、農林海洋科学部[5]、そしてここ3年ほどは新設の地域協働学部も加わって、複数の学部の教員や学生が、実習や研究（卒業研究、大学院での研究、教員各自の研究）でかかわってきた[6]。学さんは、なんとか地域を継続させたいと、荒れていく田畑の再耕作、生産物の商品化と販売、集落を埋める勢いで成長するスギ・ヒノキや竹の伐採、害獣対策のための長大なネットの設置などの活動を、学生の協力を得つつおこなってきた。高知大学との交流にとどまらず、集落出身者へ向けた地元情報の発信など、集落外の力をとり込む試みもしてきた。そうした熱意は伝搬する。授業でかかわった学生のなかには、活動に興味をもち、自ら団体を組織し自主的にかかわり始める者も出てきた。

学生ばかりではない。学さんの活動に惹かれるように、最近では集落へのUターン者が増えてきた。都市で働いてきた怒田出身者のなかには、定年近くなりUターンを希望する者が以前からいたようだ。これに対して怒田に住むかれらの親が、生活の厳しさから子のUターンを押しとどめるという話をわたしたち自身よく聞いていた。ところが近年、親たちは、学さんと学生の活動やUターンで戻ってくる懐かしい顔ぶれ、あるいはIターンの若い田畑さんらの頑張りをみて、若いかれらが今後も住み続けられる未来ある怒田についても思いをめぐらせるようになってきた。その結果、どうやら自分の子らのUターンを認めるようになってきたようだ。完全に移り住まなくとも、高知市で働きながらも休みにはたびたび怒田へ戻り、家周りの草刈りや田畑での農作業をする出身者も増えてきた。住民や集落外に住む出身者のなかに、怒田は住める場所である、あるいは長く住める場所として守っていこうという意識が少しずつ出てきたようだ。

学さん自身の意識も変化してきたという。Uターン当初は、自らが生まれた集落である怒田に少しでも元気がもどればと考えていた。大学生がときどき怒田を訪ね、集落の高齢者との交流が生まれることで、少しでも楽しんでもらえればよいぐらいに思っていた。しかし、大学との連携が次第に本格的になり、田畑さんら若いIターン移住者らを受け入れるようになると、より真剣に怒田の将来と存続を考えるようになった。そして自ずと地域をみる視点も変化してきた。怒田をとりまく集落の様子にも目が向くようになり、より広い範囲での維持・存続を目指す必要を感じるようになったという。先述のように、怒田を含む13集落からなる東豊永地区には、すでに住民の数が10を切った集落が二つある。怒田はまだ人が多く元気のある方だが、今後、まわりの集落が衰退していくなかで、怒田だけが生き残ることはありえない。怒田の生活を継続させるには、東豊永地区の中心的存在で商店やガソリンスタンドがある落合集落も存続させていく必要がある。逆に、周辺集落がなくなれば落合も存続できない。少なくとも東豊永地区と川上側に隣接する西峰地区（7集落からなる）をあわせた南小川流域を単位として、今後のことを検討する必要があると学さんはいう。

学さんは、目下、これまでの活動単位であった集落を越えた集団化のあり方を模索している。具体的には、集落活動センター（以下、センター）の設置である。高知県は、一つひとつの集落が衰退していくなか、いくつかの集落を含む地区〔たとえば（旧）小学校区〕内の集落同士が協力して、生活の質の維持と向上を目指すセンターの設置を県下で進めている。まず地域の集落間で話し合いを進めて、設置や活動内容の合意がえられ、センター設置の運びになれば、県から補助金が交付される。平成24年度から始まった施策で、平成29年6月時点で県下に39か所のセンターが設置され、地区ごとに特徴のある活動がなされている（高知県）。

学さんを中心に、さしあたり東豊永地区でのセンター設置に向けて、3年ほど前から地区内の有志の住民が集まり定期的な話し合いをしてきた。こうして怒田内外の住民が集まってくれるのは、学さんの親の評判が地域でよかったことに加え、学さん自身の評判も子どもの頃からよく、信頼されるタイプだったという地元出身ならではの有利な面があるようだ。ここ1年ほどでは、参加に賛同する集落の代表からなる「センターの設置を考える会」に発展させ、県や町を交えて議論を重ねてきた。センターを設置するには、地区内の集落の合意が必要である。集落同士が助けあって生活をよくしようというのだから、容易に賛同を得られそうに思えるが、そう簡単に話は進まなかった。集落ごとの総会でセンター設置への最終的な賛同についてはかると、趣旨には賛成だが、なにぶん高齢で活動にはかかわれないという意見が多く出る。だから多くの住民は参画することを躊躇し、総意として反対あるいは意見保留となった集落が半分近く出てきた。

センターの運営にやる気のある住民が少数ながら地区内に点在していても、かれらが属する集落の総意が反対となれば、センターが設置されてもかれらは個人的に参加しにくくなってしまう。集落を越える仕掛けをつくりたいのだが、センターは集落を参画の単位としている。旧来からの集落の枠組みを尊重すると、センター設置の本来の狙いである集落を越えたコミュニティの形成が円滑に進まなくなる。センター設置を強引に進めると、地区や集落、住民同士の分裂を招くことさえあるかもしれない。従来からの住民にとって、集落という枠組みへの帰属意識は容易に変えがたく、集落を越えた協働の求めには簡単には応じがたい。

このセンター設置についての議論は、現在進行中である。先日の「センター設置を考える会」において学さんは、地区にひびが入るようならば設置を見送るという発案をした。これに対して他の多くのメンバーは、高齢化が進むなかここでやめればこの先こうした話は二度と起こらない。ここは地区を前に動かすために賛同を得た集落だけでとにかくセンター設置を進めるべきだと主張した。この先のさらなる人口減少・高齢化の進行が手にとるようにみえているなか、

写真6　50余年ぶりに復活した盆踊り。150人を超える人びとが集まった。
出所：筆者（市川）撮影。

山村をどのように継続していくのか、苦悩を伴うやりとりが続いている。

もう一人の田畑勇太さんの動きを紹介しよう。田畑さんは、高知大学人文学部の学生の頃から怒田に関わっていた。大学卒業後に1年ほど有機農業を勉強した後、同級生で同じく怒田に関わってきた女性と結婚して、２０１３年に二人で怒田へ移住した。先に述べたように、田畑さんは怒田での農の暮らしに生の充実を感じている。彼にとって怒田は、ちょうど多くの若者が自分を試す意味を含めて地方から東京へ出ていくように、さまざまな未活用の山村資源を使って暮らしを立てようとする挑戦の場であるという。今後、農業を中心にして生計を立てていくつもりだ。

今は精力的に動きまわっている田畑さんであるが、移住して最初の1、2年は自身のなかで悩みが多かったという。大学の元同級生が会社などで活躍している話を聞く一方で、田畑さんの方はハウス施設の基礎造りなど地味な作業が続いたこともあり、怒田で生きることの社会的な意味はなんなのか、自分は社会に貢献できているのかという迷いを生じていた。日々、悩み考えるなか得た答えは、多様な暮らし方を将来世代に残していく意義である。都市型だけではない、山村型の暮らしができる場を存続させることで、社会に多様な暮らしの可能性を提供する。それを怒田のように厳しい山村で実践する。こうした難問に挑戦するという誰もができることでない生き方には大きな意義がある。こう考えると草引き作業一つでも社会とつながっていることになる。自分の仕事や活動を積極的に肯定できるようになったという。

田畑さんは、さっそく集落を継続させるための仕掛けづくりに動き出している。２０１５年の夏には、怒田で途絶えて50年余りになる盆踊りを復活させた（写真6）。かつて馴染みのあった盆踊りであるから住民はその復活を大歓迎し、帰省してきた子や孫あるいはひ孫も参加した。当日は、学生や近隣集落の住民を含め１５０人を超える参加があり、大盛況であった。

田畑さんは、住民の皆さんにはもちろん楽しんでもらいたいが、盆踊りの本当の狙いは別にあるという。外に住む怒田出身者との交流や連携である。現状では、集落に住む高齢の親が亡くなった場合、その人の農林地は外に住む子どもらが相続することがほとんどである。相続手続きがなされない土地も少なくない(7)。集落との縁が薄ければ、土地を代ってみてもらう者とのつてもなく、どうしても管理がおろそかになる。そうなって困るのは、土地の所有者ではなく、荒れた土地とつきあっていかねばならない怒田で実際に暮らしている住民である。外に住む出身者とうまく連携をとり、怒田の土地を上手に使って美しい景観を維持していきたい。盆踊りは、そう願う住民ともう一方の当事者である集落外の土地相続者あるいは相続者候補の住民とが交流し、怒田が有する課題をともに考えていくきっかけの場なのである。

さらに田畑さんは、2017年3月にNPO法人「ぬた守る会」を立ちあげた（写真7）。盆踊りのようにハレの場ばかりでなく、日常的に集落を継続させるための活動を展開させていく仕掛けである。さしあたりの活動体制として、草花を植え集落を美化する「花会」、復活させた盆踊りを継続企画する「盆会」、クラウドファンディングで資金を集め、傷んで使われていない公民館をNPOの活動拠点に改修しようとする「雲会」をつくり、さっそく活発に動き始めている。会員は2017年4月の時点で31名。7、8名のU・Iターン者の男女が中核メンバーとして集結し、田畑さんが中心となり船出した。集落外に住む多くの怒田出身者が賛助会員になっている。かれらへは、定期的にニューズレターや季節ごとの怒田の写真を送って、怒田への関心をつなげ、強めようとしている。

写真7　NPOの役員会議の1コマ。
出所：筆者（市川）撮影。

「ぬた守る会」では、Iターンの田畑さんと従来からの住民の間で、Uターン者が橋渡し役としてうまく働いているようにみえる。また、60歳代の「若者」ばかりでなく、中核メンバーには80歳前後の長老格の方も入っている。話し合いで決まった企画や活動について、どのように集落内で合意を取り実現していくかといった道筋づくりを、これまでの経験や情報の蓄積を活かしてその方が指南する。これまでの怒田での会議といえば、総会でみられるように、長年暮らしてきた80歳代の男性の長老たちが中心となって進められる印象が強かった。それに対してこのNPOは、20歳代の新住民とここ数年の間に戻ってきた60歳代の女性を含めたUターン者を中心とする、いままでになかった新たな集団化の仕掛けなのである。

これまでみてきた学さんと田畑さんの動きには、従来から踏襲されてきた怒田の考え方の枠を越えたところがある。学さんが集落の枠を越えて地続きの生活圏での集団化を試みていることや、田畑さんがI・Uターン者あるいは外に住む怒田出身者を巻きこみつつ縁の糸を紡ぐようなNPOづくりをしている点である。二人に共通するのは、怒田を客観的にみることができ、地域のしがらみにさほど縛られていない点であろう。学さんは40年ほど怒田の日常生活から離れており、田畑さんには怒田は初めての居住地である。だからこそ従来からの考え方ややり方に縛られない動きができる。一方、二人それぞれの特性も現れている。学さんは怒田集落内外の古くからの人脈を生かし、東豊永地区内の集落の枠組みを内側から変えていく仕掛けづくりを、田畑さんは外からの移住者らしく外の社会を強く意識した仕掛けづくりを進めている。

6　山村の未来を拓く「さきやり」

今日、生態資源を活かしつつ、生きることへの充実感を得られる暮らしを多くの人びとが求めている。浅美さんご夫婦が実践し、得ていた感覚であり、今日増えている農山村へのIターン移住者の多くが求めている感覚でもある。この充実感は、かつても今日も多くの人びとが求めかつ得ることのできる、人が有する普遍性のある感覚なのかもしれない。そうであれば山村は、人が生を燃焼させ本当の意味で生きるためにかけがえのない場ということになる。

その山村で人びとがよりよく暮らしていくために集団化は不可欠であり、そのための数多くの仕掛けがこれまでみられてきた。しかし、本章で述べてきたように、過疎・高齢化に伴い、従来からの仕掛けは全般的に衰退し消滅していく傾向にある。この大きな流れに逆らって山村を継続させていくことにはこの上ない困難を伴うが、人が生きる暮らしの場として山村の維持とそのための再形成が望まれる。

この再形成について、わたしたちはここ10年近く怒田とつきあってきて、地域を引っぱっていくリーダーの大切さをさまざまな場面で目のあたりにしてきた。世のなかの一歩先がみえ、前進していくリーダーのことを土佐の言葉で「さきやり」という。学さんや田畑さんのような人物を指すのであろう。さきやりは、旧来から続いてきた社会やそのなかの仕掛けにそこここでぶつかり、行く手を阻まれながら、それを乗り越えて進んでいく。今日、山村は、過疎・高齢化に対峙しながら現代社会の未来のあり方を模索していく最前線である。

注

（1）本書からの引用には鍵括弧をつけ、末尾の括弧内に引用先のページを記した。必要な場合、引用内容のみられた年あるいは年代を記した。とくに断りがなければその出所は同書からである。
（2）紙漉きの際、繊維をむらなくかく拌するために、根からとれる粘液が利用された。
（3）お堂では、旧暦7月10日に前日夕刻より始まるお通夜から続いて、おとうか（十日）と呼ばれるお祭りが執りおこなわれていた。
（4）今日、赤線道はその周辺に住む世帯によって自主的に管理されている。
（5）これらの3学部は、2015年および2016年の改組前にはそれぞれ人文学部、理学部、農学部であった。
（6）高知大学の怒田での活動については、市川・松本編（2016）を参照。
（7）筆者（松本）の調査によれば、怒田に属する森林において、2008年時点での登記簿に登録されている所有者334名のうちの30％を占める99名は故人であり、かれらの所有面積は2890haで全体の37％を占めた。

参考文献

市川昌広・松本美香（編）2016『「ニューズレターぬたた」の歩み』高知大学。

氏原学（編）2005『氏原浅美遺稿集』南の風社。

枝廣淳子・草郷孝好・平山修一 2011『GNH（国民総幸福）――みんなでつくる幸せ社会へ』海象社。

大野晃 2005『山村環境社会学序説』農山漁村文化協会。

高知県 1978『普及、植防の30年』。

高知県「集落活動センターの取り組み」http://www.pref.kochi.lg.jp/soshiki/070101/2016031700183.html（2017年7月25日参照）

荻慎一郎・森公章・市村高男・下村公彦・田村安興 2001『高知県の歴史』山川出版社。

東豊永小学校記念誌「３６３３のありがとう」作成委員会　２００４『３６３３のありがとう』大豊町立東豊永小学校ＰＴＡ。
増田寛也　２０１４『地方消滅――東京一極集中が招く人口急減』中央公論新社。

第4部

生態資源の未来

第9章

ヴァナキュラーな地球環境問題

阿部健一

後の席から、北欧の出身だろうか、若い女性に声をかけられた。「20年前も、こんな感じだったのでしょうか」。リオデジャネイロで開催された国連持続可能な開発会議の会場でのことだ。

この会議場のどこかで、エリノア・オストロムさんと会うことになっていた。２００９年にコモンズの理論的・実証的研究でノーベル経済学賞を受賞した彼女は、国際コモンズ学会の初代の会長でもある。学会の二年に一度の大会を日本で開催することになり、僕はその事務局長を務めることになった。数か月前にロンドンで初めて会ったときに「あなたもリオに行くの？　だったらそこで打ち合わせをしましょう」ということになったのだ。しかしそのオストロムさんが、会議の始まる数日前に亡くなったことを知ったのは会場についてからだった。

「国連持続可能な開発会議」は、関係者の間では「リオ＋20」と呼ばれる。同じリオデジャネイロで開かれた国連環境開発会議いわゆる地球サミットからちょうど20年経つからだ。地球サミットは、各国の首脳が集まる国際会議のなかで環境問題を取り上げた画期的な会議だった。

声をかけた若い人からすれば、前の会議にも参加したベテランにみえるのだろう。しかし僕は、楽しみにしていたオストロムさんとの再会がかなわないと知った会場で、途方に暮れたまま、壇上の誰か知らない人のスピーチを聞くともなしに聞いているだけだった。そしてぼんやりと考えていたのは同じようなことだった。「この20年間で何が変わったのだろう」。

＊

本章では、地球環境問題が、この20年間で新たな位相に入ったことを示したいと思っている。それはゆるやかな坂を越えるようなゆっくりとした変化である。しかし明らかにこれまでとは異なる地景におかれることになった。環境問題の新時代の到来である。

環境問題を国際的な枠組みで議論することが、最優先課題として脚光を浴びていた時代があった。いまでもそうだと思っている人もいるかもしれない。環境問題は地球規模の大きな課題であり、個人の意識の高さ、善意あるいは使命感だけでは解決できない面がある。実際一人の個人としてできることは限られているため、国際的な議論の場で、国を代表する人の参画を得て、「みんなで」問題にあたらなければならないと思われていた。その思いが実現し、問題解決への象徴的役割を担ったのがリオ・サミットである。参加した多くの人が新しい国際協調の場にいたことを誇りに思ったはずだ。その結果、その後二つの国際的条約が誕生することになる。悪くない成果だと思う。

しかしそれだけでは不十分である。国際的枠組みで問題を話し合う場はこれからも必要だが、同時に、一人ひとりが日常生活の中で具体的な行動を起こすことも必要となってきた。地球環境問題が迎えた新しい位相とは、このことである。小さな個人の日常生活が、大きな地球の環境を、よい方向にも悪い方向にも変えるということを再認識したうえで、これから何をすべきか一人ひとりが考えなければならない時代となった。これを僕はヴァナキュラー（varnacular）な地球環境問題と呼ぼうと思う。

ヴァナキュラーとは、「地域に根差した」あるいは「地域固有の」と訳されることが多い。語源のラテン語は「家で育て、家で紡いだ、自家産、自家製のもの」［イリイチ１９８２］だという。ここでは、地域に根差した、という意味でグローバルに対峙するものとして、また語源から商業的なものでなく、金銭に還元できないものという点を含意させて使いたいと思っている。グローバルに対してはローカルという言葉があてられることが多いが、ヴァナキュラーという言葉を使うことで、より豊かに環境問題にアプローチできると考えている。

*

新しい位相がどのようなものなのか明らかにするために、まず環境問題がグローバル化していったいきさつとその後の国際的枠組みの進展について概説する。先に述べたリオ・サミットがその象徴的役割を担うにいたったいきさつであり、環境問題が、国際政治の最優先課題となった背景についてである。リオ・サミットでの議論は、二つの国際的条約、気候変動枠組条約と生物多様性条約として結実する。と同時に環境問題は、安全保障つまり政治的課題から、次第に経済的な側面に重心が移ってゆく。このことは二つの国際条約を後押しした報告書を読めば明らかになる。リオ・サミットから20年、大きく変わったことの一つが、環境問題が、経済の問題として各国の政策の中にしっかりと位置付けられるようになったことだろう。

強調しておきたいのは、こうした国際条約の限界についてである。国際条約ができたことは大きな成果だが、だからといって地球環境問題がただちに解決するわけではない。国家間の話し合いの枠組みができただけである。万能なものなどない。条約のどこが限界なのか、知っておくことが大切である。基盤となった報告書の背景にある考え方を知ることで、二つの条約の限界が明確になってくる。

最後に、地球環境問題の解決のために、いまわれわれがおこなわなければならないことは何かを明らかにしておきたい。それは一言でいえば、環境問題を国際的な枠組みで考えることではなく、いよいよ自らの日常生活のなかで考えるということである。逆に、そうすることによって国際的な二つの条約が意味をもってくるのだ。

1 環境問題のグローバル化

環境問題が、国際的な課題となる過程を、環境問題のグローバル化と呼んでおこう。ただこの言い方は、字義反復でないかと思われるかもしれない。地球環境問題は、オゾン層の破壊であれ地球温暖化であれ、問題の影響が一つの国・地域にとどまらず国境を越えてゆくもの、と定義されるのが一般的であり、地球環境問題はそもそも、グローバルなもの、地球規模のもの、と考えられているからだ。そのためグローバリゼーションという言葉自体も、ギデンスが紹介するように「環境主義者が使い始めた新語」と誤解されることもあるくらいである。

しかし、ここで地球環境問題のグローバル化と言っているのは、地球環境問題が国際的な共通の課題として認識されていく過程のことである。とりわけ留意したいのはその時代背景、国際社会の状況の変化である。取り巻く状況の変化を理解することで、変化することのない地球環境問題の本質に迫ることもできる。最後に述べることになるが、地球環境問題の本質は、実のところ問題の影響が地球規模なこと、つまりグローバルなことにあるのではないのだ。

1 リオ以前

リオ・サミット以前に、環境問題に国際的な関心が寄せられたことがなかったわけではない。むしろ地球の環境の劣化は、すでに多くの人の憂慮するところであり、世界的にも話題になっていた。たとえばレイチェル・カーソンの『沈黙の春』はすでに1962年に出版されている。

そのなかで環境問題が国際的な議論の場にもちだされたのは1972年の国連人間環境会議（ストックホルム会議）が最初だろう。114か国が参加し、「人間環境宣言」が採択された。「かけがえのない地球（Only One Earth）」はそのときのスローガンである。「かけがえのない地球」というフレーズもそうだが、人間環境宣言で表明されたことは、いまでも少しも色褪せていない。一つだけ例を挙げれば、第二項には、次のように高らかにうたわれている。「人間環境を保護し、改善させることは、世界中の人びとの福祉と経済発展に影響を及ぼす主要な課題である。これは、全世界の人びとが緊急に望むところであり、すべての政府の義務である」。

ローマ・クラブはこの会議にあわせて『成長の限界』［メドウズ1972］を発表した。プロジェクトリーダーだった経済学者デニス・メドウスは、経済学の視点から報告書をまとめたが、その後環境学者として行き過ぎた経済を批判し、自然と共生する持続可能な経済の必要性を説き続けている。同じように経済学によりつつ、エネルギー危機を予見し、今日の議論されている持続可能な社会を先取りしたのがシューマッハである。彼の『*Small is Beautiful*（日本語訳タイトルは『人間復興の経済』）』は翌1973年に出版されている［Shumacher 1973］。

さらに付け加えれば、人間環境宣言を受けて、1972年に国連環境計画がナイロビに設置され、1975年には、世界最初の環境に関する国際条約であるラムサール条約が発効している。

このようにもう50年近く前に、世界は環境が劣化している事実を認識していた。このままでは豊かな暮らしが望めなくなる恐れがあることは、すでに広く知られていたのである。ただそれはすぐには、具体的な対策を各国が協調してとることに結びつかなかった。国際社会は、ほかに重要課題を抱えていた。戦争が起こる危険性である。東西冷戦のさなか、それぞれの陣営では軍備拡張に余念がなかった。世界の国々にとって、脅威なのは環境劣化ではなく核兵器であった。

2　環境問題の顕在化

環境問題が最優先すべき共通課題と認識されるようになった転機は、東西冷戦の終結である。1989年に冷戦が終結し、国際政治の場での最優先課題は、軍事を中心とした国家の安全保障ではなくなった。正確にいえば、安全保障はいまもって国家にとって最優先課題であるが、その概念が変わったのである。

そのことを的確に予想・指摘したのが、ジェシカ・マシューズの「安全保障の再定義」である［Matthews 1989］。マシューズはこう主張する。「1970年代に国際経済が国家の安全保障に取り入れられたように、資源や環境、人口問題も安全保障のなかに取り入れられるべきである」。そして続ける。「核兵器が軍事的、地政学的、心理学的にも世界を支配する力になったように、今後数十年間は、気候変動が世界を動かす力になるだろう」。

気候変動が、世界を支配する力になる。環境問題の中でまず注目されたのが、地球温暖化である。原因を探ればすぐわかることだが、温暖化対策には、エネルギーの問題、化石燃料といった資源の問題が直接・間接に大きくかかわるためだ。産業活動と密接にかかわってくるのである。

このことにいち早く関心をもったのはヨーロッパの政治家である。軍事力でヘゲモニーを握るのと同等に、あるいはそれ以上に環境問題が世界を支配する力になる可能性がある。そうとわかれば、国を挙げて環境問題に取り組むことが最優先戦略となってくる。そのなかで誕生したのが気候変動枠組条約である。

当時の国際政治の動向、とりわけ欧州諸国の駆け引きについては米本の優れた著作がある〔米本1994〕。解体を目前にしたソ連の思惑、冷戦後の欧州に受け入れられるために環境対策に国力を挙げて取り組んだ統一ドイツの努力、そして強大なドイツの復活に対するイギリスの懸念など、世界が一つの課題に立ち向かうという理想主義の裏側の、国益を重視した各国の動きを明らかにしている。こうしたなかで開催されたのがリオ・サミットなのだ。

ちなみに日本は、地球環境問題を、自国の自然保護の延長と考えていたようだ。その後京都議定書で、国会で十分な議論もしないままきわめて不利な温室効果ガスの削減割り当てを受け入れた。国際政治の中で国益をまもるという意識は乏しく、地球環境問題を外交政策と切り離してしまった〔米本1994〕。

米本が、リオ・サミットの気候変動枠組条約が画期的だったこととして「予防原則」を挙げているのも注目したい。核の脅威に変わって、気候変動が世界の脅威となった。この脅威が現実のものとならないために、事前に対策を考えなければならない。この予防原則という考えが、条約の成立に大きく寄与した。

3　二つの報告書――経済を巻き込む

締約国会議が毎年開催される気候変動枠組条約は、各国が国益をめぐってしのぎを削る国際政治の舞台である。この舞台は、環境問題を経済と結びつけることでより強固なものになる。

むろん温室効果ガスの削減は産業構造を変えるため、もともと経済活動と無縁ではない。だからこそ、よく知られているように、リオ・サミットでは開発を重視する途上国と環境保全に力点を置く先進国が対立したのである。先進国のなかでも、たとえばアメリカがそうであるように、国内の企業からの圧力を受け、気候変動枠組条約に消極的な国もでてくる。

そのため、温暖化対策が経済活動を妨げるものではないことを主張する必要があった。その役割を果たしたのが、スターン報告として知られる報告書である。取りまとめたのはニコラス・スターン卿。世界銀行チーフエコノミストであり上級副総裁を務めた。報告書は、イギリス政府の要請を受けて2006年に作成された。正式タイトルは「気候変動の経済学」。タイトルに示されるように、そしてスターン卿の履歴でわかるように、報告書は一貫して経済学のロジックと用語にあふれている。コスト・ベネフィットの考えが報告書の基調である。

報告書の主張を要約すれば、温暖化は、世界の各国、とくに途上国にとって、生活基盤を脅かすだけでなく大きな経済的脅威であること、しかしその脅威はできるだけ早く強固な処置をおこなうことによって安いコストで取り除くことができるということである。つまりいま手を打てば、経済的損失を安く抑えられる、というわけだ。さらに報告書では、温暖化対策は投資であるとまでいう。引用しておく。

「緩和策――温室効果ガスの排出量を削減する対策――は投資と見なすべきである。現在から今後数十年間に支払われる対策コストは、将来ひき起されるであろう深刻な温暖化影響のリスクを回避するために有効だからである。もし、このような投資が賢明におこなわれるのならば、対処できる範囲のコストに抑えることができるだけでなく、さらに、成長と発展の幅広い機会を得るチャンスとなる」。

報告書が一貫して強調しているのは、温暖化対策は経済成長を損ねないということである。温室効果ガスの排出は経済の成長によって進むが、その対策は新たな経済の発展をもたらすことになる可能性があるのだ。つまり「大気中の温室効果ガス濃度の安定化は実現可能であり、経済成長の継続と矛盾しない」のである。

スターン報告は、温暖化対策はビジネスチャンスだ、とまでいい切り、国家の経済担当者や企業も巻き込むことを狙ったものである。そして意図したように、気候変動枠組条約は重要な国際政治の舞台となった。マシューズがかつて予見したように、冷戦時代の軍事力と同様に、気候変動は「世界を動かす力」になったのである。

リオ・サミットで誕生したもう一つの国際条約である生物多様性条約も、気候変動枠組条約の方向性を踏襲している。経済を巻き込むことによって、より強固な基盤を国際政治の中で築き上げようとした。そのための報告書が、「生物多様性と生態系の経済学」。生物多様性条約におけるスターン報告である。

報告書を取りまとめたのは、パヴァン・スクデフ氏。ドイツ銀行グローバル・マーケティング部門ディレクターであり、インドの環境会計プロジェクトを手掛けたこともある。中間報告書では「生物多様性のために、長年の銀行家としての経験を最大限に活かした」と自負している。

この報告書も、スターン報告と同じように、生物多様性の経済価値についてまとめたものだ。ここでも、このままにしておけば将来こうむるであろう経済的損失は、いま手を打てば安いコストで抑えることができると主張している。

スターン報告で強調されていた「市場」にかわり、焦点があてられているのは自然の価値である。温室効果ガスにのみ要因を定め対策を講じることのできる単純な図式の気候変動枠組条約に比べ、人との関係もはるかに複雑な生態系や生物多様性は、単純な市場原理はなじまない。そのためより包括的な「価値」を全面に置くことになった。報告書は（1）自然の価値があることを、関係者が共有すること、（2）具体的な評価基準をもとに可視化すること、そして（3）具体的に政策や制度に反映させること、を軸に書かれている。その根底にある考えは、「自然を大切にするためには、自然に値札をつけなければならない」ということだ。

最終報告書は、第〇部から第四部までの五部構成の分厚いもので、第〇部の基礎編のほか、第一部は国の政策決定者、第二部は地方の政策決定者、第三部は企業家・ビジネス関係者と、それぞれ明確にターゲットを定めている。生物多様性に経済的価値があること、そしてそれをどのように評価し、さらに経済的「豊かさ」につなげていけばよいのか、具体的な方策を述べている。最終の第四部は市民向けであるが、「報告書」の形式ではなく、ウェブサイトなどを通じて広報・公開されている。スターン報告が目的とし、そのためにひいた路線をさらに周到になぞっている。

と同時に、気候変動枠組条約に比べ、いっそう鮮明になったところがある。経済との結びつきである。生物多様性と生態系の保全は、人間の生活の豊かさや福祉と直接かかわることが強調されるようになった。経済学と生態学の知識は、そのために援用されている。余談だが、あらためて生物の「経済学」である生態学と経済学の親和性が示されることになっている。生態学(Ecology)も経済学(Economy)も、ギリシア語の「Oikos(家)」を共通の語源としている。環境と生物の相互作用を研究する学問を生態学と命名したヘッケルによれば、生態学は「自然の経済学」でもある。

4　緑の経済

リオ・サミットから20年後のリオ+20の会議は、気候変動枠組条約から生物多様性条約へと受け継がれた潮流を再確認する場であった。会議で打ち出されたのは「緑の経済(グリーン経済)」。環境保全と経済成長は、対立する概念ではなくむしろ相補的であるということである。環境に配慮した経済活動は、成長の妨げではなく、むしろ推進力であることを確認したのがこの会議だ。

このことは、会議に先立ち立ち上げられた国連環境計画の「緑の経済イニシアティブ」プロジェクトのリーダーが、「生態系と生物多様性の経済学」のスクデフ氏であったことで如実に示されている。プロジェクト報告書は２０１１年に「緑の経済に向けて」と題して出版されているが、広く先進国にも途上国にも受け入れられた。

地球環境問題をめぐる途上国と先進国の対立、つまり環境保全か経済開発かという二項対立は、20年間の間に周到な準備を経てすくなくとも理念の上では解消した。リオ+20は、利害を明確にしたうえで新しいものを生み出そうとした20年前の熱い議論ではなく、方向性の定まった予定調和的な会議であり、この20年間の「成果」を確認しあう同窓会的な落ち着きに満ちていた(写真1)。

2　地球の将来とわれわれの将来

地球環境問題は国家間の最重要課題の一つとなった。緑の経済は新たな標語である。二つの環境問題に関する条約は、参加国が国益を守りながら共通の課題にあたる国際的議題として、順調に地歩を固めた。

しかし、それと具体的な環境問題の解決は、別のことである。国家レベルの合意はできたが、具体的な地域の具体的な環境問題に、具体的にどのよう対処してゆくのかは、むしろこれからである。

別の言い方をすれば、国家レベルの制度・ルールを一人ひとりの市民がどのように受け止め、どのように自分たちの行動に移すのかが問われることになった。これが環境問題の新しい位相である。

地球環境問題は、地球の問題ではなくわれわれ一人ひとりの人間の問題なのである。

写真1　2012 年のリオ＋ 20 の会議。
出所：筆者撮影（以下同）。

1　人新世――人が地球を変える

地球と人間との関係については、注目すべき考えが最近提供されている。「人新世」あるいは「人類世」と呼ばれる新たな地質学的年代に入ったというのである。

最終氷期の終わった1万年前から今日まで、地球は完新世とよばれる地質学的年代に入っていた。気候が安定した年代であり、人類が定住し農業を始め、現代にいたる高度な文明を築いてきた時代である。この完新世はもうすでに終わった、というのが主張である。

その根拠としているのが近年の地球の温暖化、そして気候変動である。完新世の安定した気候はあと数千年続くと考えられていたが、それが疑わしくなった。地球の気候がこれから大きく変動する可能性がある。そしてその原因は、人間活動による温室効果ガスの放出であるため、完新世の後の新しい地質学的年代を「人間の」という意味の「Anthro」を冠してAnthropocene（人新世）と名付けよう、という提案である。地球の環境を人類が変え、その痕跡が地質にも残るかもしれない時代になったというのだ［Crutzen and Stoermer 2000］。

人新世という地質学的年代は、たぶんに概念的なものである。人新世のはじまりを、古くは産業革命とする研究者もいるが、それもせいぜい数百年前である。人間活動が、地球という巨大なシステムの地質学的な百万年単位の時間単位にわたって影響するのかどうか実証するのは、現実には困難だろう。しかしそうなる可能性を否定的できない点が重要である。人新世という概念は、一つの予防原則でもある。

何よりも重要なのは、地球の環境に不可逆的な影響を与える可能性は、気候変動にとどまらないということだ。人間活動の集積が、さまざまな地球環境のあらゆる側面に影響を与える可能性があるのだ。

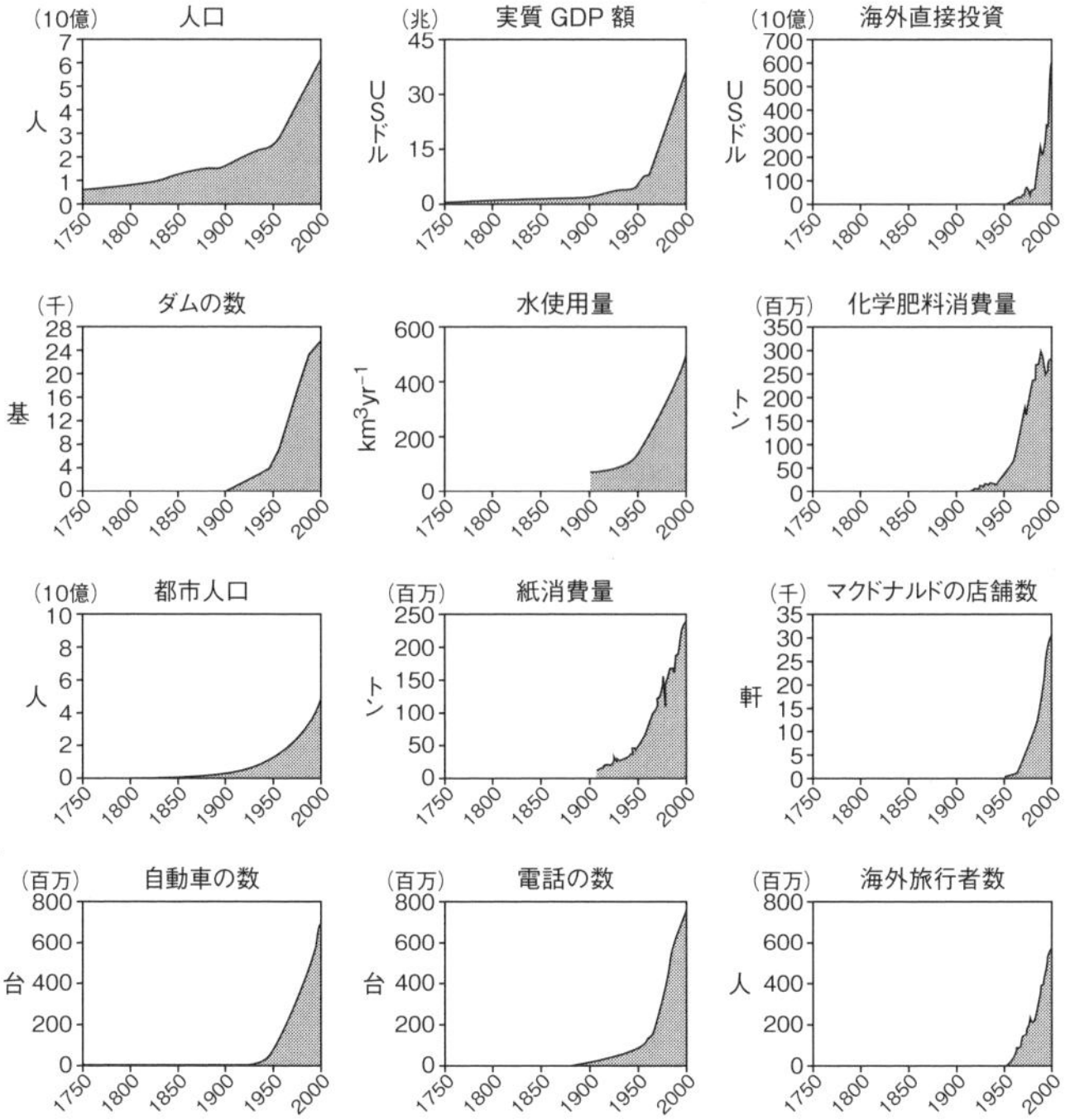

図1　急速に増加する人間活動を示す事例。
注：　横軸は年をあらわす。
出所：Steffen. W *et. al.* 2011.

そのことを想起させるのが図1である。複数の図が含まれているが、どれも同主題である。横軸は共通の時間軸。1750年から50年単位で2000年まで目盛が刻まれている。縦軸はそれぞれの「量」だ。こちらは、それぞれの図で取り上げた「モノ」「人」「こと」によって単位が異なっている。しかしそれぞれの図が示す傾向は同じだ。１９５０年頃を境に、水や紙の消費量からマクドナルドの店舗数まで、人間そのものの数も含めて、人間生活にかかわるさまざまな「モノ」「こと」の量が、幾何級数的に増加している。同じような図を、われわれの生活の中のさまざまなモノや活動に対して描くことができるだろう。われわれの生活にかかわるモノやことが急速に増加し、地球へさまざまな影響を与えることになった。それが積み重なってきて、人類が、われわれ一人ひとりの生活が、地球を変える時代になったのである。それが人新世である。

２　自然の価値——経済偏重を超える

人新世の時代だからこそ、ヴァナキュラーな考えが必要となってくる。地球環境問題を国際政治の場ではなく地に足をつけ、一人ひとりの生活に身近なものとしてとらえることで解決に向かってゆくことが求められている。

地球環境問題は一個人の行動や考えでなんとかできるものではない、と思ってきた。地球規模の課題であり、国家や企業が主体的に動かないとどうしようもない、と思ってきた。このことはかつては正しくて、今は間違っている。

国家や企業を巻き込むことは、必要条件だった。だから研究者も市民も、リオ・サミットに参加し、国家を動かした。時機もよかった。戦争の危機がひとまず遠のいた国際社会が、安全保障の新たな課題を求めていた時だ。環境問題は、軍事的な危機に比べて切迫感が乏しかったが、重要な地球規模の課題であり、国際社会で対処しなければならないことを国家も深く認識していた。

その成果が二つの国際条約である。

この国際条約では、次に、経済界を巻き込むことを目指した。二つの報告書がその役割を担う。環境問題はビジネスになるということを訴えた。「生態系と生物多様性の経済学」ではとくに企業を対象とした一冊が編まれている。

これも効果があった。リオ・サミットから20年後、国際社会は「グリーン経済」を標語として掲げるようになった。だれの目にも、地球環境問題が、大きな課題であり解決しなければならないことは明らかである。大きな流れは、すでに定まっていたので、報告書はそれを論理的に追認する作業だったのかもしれない。

国際条約はしかし、必要条件であり大きな枠組みにしかすぎない。重要なのは成立したその後である。これからは一人ひとりの行動と意識が問われることになる。解決への主体は国家や企業から個人に移った。

繰り返すが、二つの報告書は、環境問題の経済的側面を意図的に強調している。国家や企業を動かすためである。地球環境問題の解決が、国益にかなうビジネスチャンスであることを示さなければならなかった。たとえば経済学者であるスクデフは「生態系と生物多様性の経済学」の中間報告で、「自然を守るためには自然に値札をつけなければならない」と主張し続けた。自然の価値を可視化するためには、価格をつけよということである。多くの研究者がその作業に「確信犯」的に協力した。「生態系サービス」という概念も、そのために考え出されたものである。物質的でない目に見えない価値の評価しようと試みている。さらに自然の価値を金銭的に評価する方法も提案されている。

しかし、自然との関係性を問い直すという本当の問題は残されたままだ。それにヴァンダナ・シヴァが怒りをこめていっているように、「自然の価値を認めることと、自然に価格をつけることは違う」のである。経済的価値の偏重は、自然の大切なものを見失ってしまうことにつながりかねない。彼女が糾弾し続けているのは、水や生物多様性などの本来は共有物である自然をグローバルな企業が営利目的で占有しようとしていることである。「緑の経済」と営利だけを目的とするグローバルな経済システムは、厳密に区別しなければならない。しかしそのことは、国際条約には決して記されることはない。人と自然の関係性について考えることもふくめて、個人の責任に帰されることになる。

ヴァナキュラーな考えとは、まさにこの個人の責任のことでもある。大きな動きに惑わされずに、自分で何が大切なのかを考えてゆくことだ。価格をつけるのは市場だが、価値を決めるのは個人だからだ。一人ひとりの価値観にもとづいた行動や生活様式が、大きな地球をよい方向にも悪い方向にも変えることができる。

3　世の中かわってきている——楽しい環境問題

ヴァナキュラーな考えについて最後にもう少し説明しておいた方がよいだろう。

残された課題は、人と自然の関係を問い直すことだといった。問い直すのは誰かといえば、国家でも企業でもない、一人ひとりの個人ということである。

それは大変なことだ、と思うかもしれない。たしかにそうだ。この問題を、自分一人だけで考えるとしんどいし、日々の生活で忙しいなか、なぜそんな面倒なことに頭を使わなければならないのか、とつい思ってしまう。

しかし心配することはない。

まずみんなで一緒に考えればいい。一人では大変でもみんなで一緒にやれば楽しくなることはたくさんある。みんなと一緒に考えることは苦手だという人もいるだろう。仲間と仕事をするのが好きな人でも、人と話をするのが億劫な時がある。そんなときは自然を相手にすればいい。何もせずにぼんやりと、たとえば春先の山の木々の微妙な違いの緑の織りなす美しさを眺める。忙しくてそんなところに行く暇がないときには、少し仕事の手を休めて空を見上げるだけでいい。いつもとは違う道を歩くだけでもちょっとした発見がある。

いま挙げたのは、何か考えたいときに、僕がいつもしているやり方である。同じようなことを、だれもがやっているはずである。特別なことを、あるいは大命題を深刻に考える哲学者のようなことが要求されているのではない。日常生活の中で、自分自身の将来のことをふと思うだけだ。「何を大切にしたらいいのか」。そのときには地球の将来にも、少しだけ想像力を使って思いをはせる。それが地球環境問題のヴァナキュラーな解決方法である。人から教わったのではない、自分自身が自然に身につけたそれぞれの人の考えと価値観。それがヴァナキュラーということだ。グローバルな思考が必要なこともあるが、それと同じほどヴァナキュラーな考えも重要である。

それでも地球環境問題よりももっと楽しいことを考えたいという人はいるかもしれない。地球のために、自分の生活を我慢しなければならないと思ってしまっている。声を大きくして言いたいのだが、地球環境問題を考えることは楽しいことだ。地球環境問題の解決を考えることは、自分の生活の質を上げることだからである。

面白い統計がある。気候変動枠組条約が各国の国民におこなったアンケートの結果である。温暖化対策はあなたの生活の質を向上させますか、という質問に「はい」と答えた日本人はわずか17％。ほとんどの人は生活が脅かされると考えている。しかし世界平均では66％の人が、生活がよくなると考えていると思っているのだ。

実際、地球環境問題の解決は、われわれの生活をよりよい方向に変えてゆくことだ。豊かな生活とは何かを考え、それを実行することが、そのまま地球環境問題の解決なのだ。日本の場合問題なのは、まだ多くの人が、豊かな生活とは、単に物質的豊かさとか利便性だけを豊かな生活だと思っていること。経済的な豊かさが、そのまま人びとの幸福と結びついているのではない。

日本でも、新しい豊かさに気付いている人が多くなった。かつての価値観がよい方向に揺らいでいる。ヴァナキュラーな考えだから、つまり地に根差しているから、そうした人や活動は他の地域からは見えにくい。しかし日本のあちこちを訪れると、その地域の中でいままでとは違った価値観に基づいて、生活を送っている人と出会う。

たとえば林業。かつて3K「きたない、きつい、カッコ悪い」と呼ばれ、いまは5K「稼げない、結婚できない」と呼ばれる林業だが、「こんな楽しいことはない」と仲間を集めて山仕事をおこなっている若い林業家がいる。同じように農業に魅力を感じる若い人は急速に増えている。山村に移住してきた若い女性は地元のおじさんたちのアイドルである。収穫が終わったビニールハウスをライブ会場にして楽しんでいる。子供を都会ではなく田舎の学校で学ばせたいと思う人も多くなった。全校生徒が10名に満たない山村の小学校は、先生にも人気だった。「生徒と長い時間一緒にいられる」のが先生方にとって無上の喜びである。

地球環境問題とどう関係するのか、と思われるかもしれないが、自然のなかで自然を相手に暮らすことに価値があると考える人が増えている。社会は変わりつつある。そしてもう一度言っておこうと思うが、価値観を変えること、人と自然の関係性を問い直すことが地球環境問題の解決の根源である。

＊

リオ＋20、正式には「国連持続可能な会議」では、並行してNGOや市民による別の集まり「ピープルズ・サミット」が開催された。政府の要人も多く出席した郊外の国際会議場と違って、街中の海岸で開催されたピープルズ・サミット

写真２　自由に参加できる、オープンな雰囲気の「ピープルズ・サミット」。

写真３　リオのファベーラ。右の写真の奥には、お金持ちの高層マンションがそびえ、対照的な景色となっている。

は、参加登録の必要もなければ、厳重な警備もなかった。砂浜に椅子を並べ、草で葺いた屋根の建物が並ぶ。明るい陽光のなか、海の家がならんでいるようだった（写真2）。

二つの会場を行き来した参加者も多い。ヴァンダナ・シヴァさんもその一人だった。彼女には2015年に京都に来てもらった。いろいろな人と会うことができるのも、こうした集まりのいいところだ。

他にも関連する会議がいくつか開催される。その一つが国際学術会議の主催による「Future Earth（地球の未来）」。もともとエリノア・オストロムさんが議長を務める予定だった会議である。遅れそうになったので、タクシーで会場の大学に向かう。「また何の会議かね」と運転手。ファベーラと呼ばれるスラム街に住んでいるそうだ（写真3）。行き先とともに会議名を伝えると「地球の未来だって？　それよりも俺たちの未来を気にかけて欲しいね」とのことだった。たしかにそうだ。

でも心配はいらない。オストロムさんなら「俺たちの未来」を考えることと「地球の未来」を考えることは結局は同じなのです、と言ったに違いない。地球の未来のためには、一人ひとりの生活を、いまとは違うものに変えてゆくことである。それは必ずいまより「豊かな」生活になるはずである。

そういえば思い出したことがある。

オストロムさんと最初に会ったロンドンでの会議。環境問題に関心のある研究者や企業・行政の担当者が２０００人ほど集まった大規模な国際会議だった。その科学委員長を務めていたのがオストロムさんだ。彼女は会場の人たちに「楽観的になりなさい」と言った。誤解されやすいが、地球の将来は何も問題がないから楽観しなさいということではない。地球の将来は問題だらけで楽観視などできない。

彼女が言いたかったのは、悲観してはだめだ、ということである。地球という大きなシステムを、小さな人間一人ひとりに変えることなどできない、と悲観しあきらめてはだめだ。とてつもなく大変なことのようだが、みんなでやれば変えることはできる。そのためには、変えようという強い意志と、もう一度大地にしっかり足を踏ん張り、自分の暮らしと自然を見直してみるヴァナキュラーな視点が必要となる。僕はそれをヴァナキュラーなグローバリズムと呼びたいと思っている。

参考文献

イリイチ、イヴァン　１９８２『シャドウ・ワーク』玉野井芳郎・栗原彬（訳）、岩波書店。

シュマッハー、Ｅ・Ｆ　１９７６『人間復興の経済』斎藤志郎（訳）、佑学社。

米本昌平　１９９４『地球環境問題とは何か』岩波新書。

Crutzen, Paul J. & Stoermer, Eugene F. 2000. The 'Anthropocene'. *Global Change Newsletter* (International Geosphere-Biosphere Program), 41: 17-18.

Mathews, Jessica. 1989. Redefining Security, *Foreign Affairs*, 68 (2), 162-177.

Schumacher, E. F. 1973. *Small Is Beautiful: Economics As If People Mattered*. Blond & Briggs.

Steffen, W et. al. 2011. The Anthropocene: From Global Change to Planetary Stewardship. *Ambio Published on line*: 12 Oct 2011.

環境省　２００６「スターン・レビュー——気候変動の経済学」Executive summary 日本語版　http://www.env.go.jp/press/files/jp/9176.pdf

あとがき

フィールドワーカーの一つの特徴は、外へ出ることが好きで、机に座るのが不得意な点である。フィールドが面白ければ面白いほど、外へ出る時間は多くなり、その分書く時間は少なくなる。むろん両方ともこなす立派な人もいるが、それはむしろ少数派である。

そんな人間が集まって、一冊の共著を出すのは至難の業でもある。これまで何度となく失敗してきたことから、この本のもととなった科研費プロジェクトを始めるとき、わたしは、共著は出さない、各自単著を出すべしと決めた。その結果、単著が出版できたのは二人だけであった。しかし、赤嶺淳の『ナマコを歩く』と平田昌弘の『ユーラシア乳文化論』は実にすばらしい本であった。わたしはほかのメンバーにも単著を促したが、残念なら皆忙しく、いまだに果たせず、ついに本書を出すことになった。

この過程も長かった。時間がたちすぎて、つまり、原稿の集まりが遅れすぎて、新しい原稿に書き直してくれた人もいた。しかしどうしても最後まで出てこなかった分をあきらめることによって、やっと出版にこぎつけた。

ここに載せられた論考は、熱帯アジアとユーラシア辺境域の生態資源変容を比較するものである。われわれは、この旗印を掲げて、熱帯海域アジア世界とユーラシアの山中を調査し続けた。

これは楽しい調査であった。わたしの個人的なことでいえば、沈香を中心に幅広い地域をまわり、さらに牧畜や森林資源を訪ねて、ユーラシアのパミール高原から、黒海周辺のバルカン半島までヨーロッパにも接近していった。そして、現在進行中の科研費プロジェクトでは、東欧から中欧にかけての山地も視野に入れ、いよいよ、ユーラシア大陸全域をカバーすることができそうである。メンバーの調査と、それに関連する実践的活動も見事であった。ここに載せられた課題だけではなく、それぞれが気にかけている分野の未知の場を、次々とおさえようとしている。新たな発見の連続を味わえる喜びが続いているのである。

しかし、今、世界の現状は深刻である。どこへ行ってもかつての豊かな森や海はなくなり、荒れた景観が広がる。ところが、資源の少ないユーラシアの辺境域へ行くと、その少ない資源を地道に育み、無茶なとり方をせずに、生活し続けている人びとがいる。

とりわけ、先住民の人びとの自然への対応は、どこでも次の世代を見据えた静かな姿であった。生きるためにぎりぎりの線を維持していくことが普通であり、かつてのバブル時代のようにやりすぎたことはまさに自らの命を縮めることであった。

ある意味で人類は行きつくところまで行きつき、今その反省の上にたって、2016年11月4日には画期的といわれるパリ協定も発効された。一方でテロや戦争という泥沼の紛争が続くなか、大多数の人びとが、衣食住の安全をもとめて、次世代への配慮をもとに動いている。そこにわれわれの希望が見出せると思う。

フィールドワークをおこなう人間にとって、大きな喜びの一つは、人里離れた貧村などで、地道に黙々と生きている人びとに接することである。都会では失われた人間の生き方の原点に接し、改めて自分の周りを見直すことになり、そのことが出版しなければならないという意欲につながる。

この本におさめられた論文の背景には、それぞれの場で温かく迎え入れてくれた人びとの厚意がある。フィールドワークは、現場の人びとの受け入れなくして、われわれの勝手だけでは実行できない作業である。フィールドワーカーは、こういった失われつつある人びとの原初的生き方に出会いに行くのを楽しみに、野を分け、峠を越えて、歩み続けるのかもしれない。

この本のもとになったのは、2007年~2010年の科学研究費助成事業基盤研究（A）「アジアにおける稀少生態資源の攪乱動態と伝統技術保全へのエコポリティクス」と、2011年~2014年の基盤研究（A）「ユーラシア大陸辺境域とアジア海域の生態資源をめぐるエコポリティクスの地域間比較」に集まったメンバーの研究とそのメンバー自身が手掛けている多くのプロジェクトによるものである。その後２０１６年からは基盤研究（A）「アジア海域からユーラシア内陸部にかけての生態資源の撹乱と保全をめぐる地域動態比較」につながっている。この次には全員が単著を出してくれることを願っている。

出版に際し、昭和堂の越道京子さんに、また原稿のとりまとめなど煩雑な処理は飯塚宜子さんにお世話になった。記して感謝したい。

２０１８年３月

春めく京都鴨川荒神橋のたもとにて

山田　勇

◆編　者

山田《やまだ》　勇《いさむ》

学歴：京都大学農学研究科卒業（農学博士）
現職：京都大学名誉教授
専門：森林生態学
主要業績：1995年日本林学会賞、2003年大同生命奨励賞。『世界の森大図鑑――耳をすませ、地球の声に』新樹社、2012年。『世界森林報告』岩波書店、2006年。『アジア・アメリカ生態資源紀行』岩波書店、2000年。
Tropical Rain Forests of Southeast Asia, University of Hawai'i Press, 1997.

赤嶺《あかみね》　淳《じゅん》

学歴：フィリピン大学大学院人文学研究科（Ph.D.、フィリピン学）
現職：一橋大学大学院社会学研究科教授
専門：食生活誌学、フィールドワーク教育論
主要業績：『鯨を生きる――鯨人の個人史・鯨食の同時代史』吉川弘文館、2017年。『グローバル社会を歩く――かかわりの人間文化学』編著、新泉社、2013年。『ナマコを歩く――現場から考える生物多様性と文化多様性』新泉社、2010年。
Conserving Biodiversity for Cultural Diversity: A Multi-sited Ethnography of Sea Cucumber Wars, Tokai University Press, 2013.

平田《ひらた》　昌弘《まさひろ》

学歴：京都大学大学院農学研究科（博士、農学）
現職：帯広畜産大学教授
専門：文化人類学、牧野生態学
主要業績：2009年日本沙漠学会学術論文賞、2012年日本酪農科学会賞。『デーリィマンのご馳走』デーリィマン社、2017年。『家畜化と乳利用 その地域的特質をふまえて――搾乳の開始をめぐる谷仮説を手がかりにして』編著、2015年5月16日・17日公開シンポジウム事務局、2016年。『人とミルクの1万年』岩波書店、2014年。『ユーラシア乳文化論』岩波書店、2013年。「ユーラシア大陸における乳文化の一元二極化論」『ミルクサイエンス』第61巻第3号、2012年。
Milk Culture in Eurasia, Springer, 2018.

◆ 執筆者（執筆順）

長津《ながつ》　一史《かずふみ》

学歴：京都大学大学院人間・環境学研究科（博士、地域研究）
現職：東洋大学社会学部准教授
専門：東南アジア研究・文化人類学
主要業績：『小さな民のグローバル学――共生の思想と実践をもとめて』共編著、上智大学出版会、2016年。『開発の社会史――東南アジアにおけるジェンダー・マイノリティ・境域の動態』共編著、風響社、2010年。
“Social Space of the Sea Peoples: A Study on the Arts of Syncretism and Symbiosis in the Southeast Asian Maritime World,” *The Journal of Sophia Asian Studies,* vol. 33, 2015.

内藤《ないとう》　大輔《だいすけ》

学歴：京都大学大学院アジア・アフリカ地域研究研究科（博士、地域研究）
現職：京都大学東南アジア研究所特定研究員、国際林業研究センター、サイエンティスト
専門：ポリティカル・エコロジー、東南アジア地域研究
主要業績：『熱帯アジアの人々と森林管理制度――現場からのガバナンス論』共編著、人文書院、2010年。「FSC森林認証制度の運用における先住民への影響――マレーシア・サバ州FSC認証林の審査結果の分析から」『林業経済研究』第56巻第2号、2010年。

鈴木《すずき》　伸二《しんじ》

学歴：京都大学大学院アジア・アフリカ地域研究研究科（博士、地域研究）
現職：近畿大学総合社会学部准教授
専門：東南アジア地域研究、政治生態学
主要業績：「マングローブ湿地のシンプリフィケーション」『近畿大学総合社会学部紀要』第4巻第1号、2015年。「土地利用とガバナンス――ベトナム・カマウ省のマングローブ湿地の事例から」『近畿大学大学院総合文化研究科紀要』第12号、2015年。「開発フロンティアにおける資源管理とコンフリクト」共著、『紛争解決――グローバル化・地域・文化』ミネルヴァ書房、2010年。

落合《おちあい》　雪野《ゆきの》

学歴：京都大学大学院農学研究科（博士、農学）
現職：龍谷大学農学部教授
専門：民族植物学、東南アジア研究
主要業績：2013年松下幸之助花の万博記念賞記念奨励賞。『国境と少数民族』編著、めこん、2014年。『ものとくらしの植物誌――東南アジア大陸部から』共編著、臨川書店、2014年。『ラオス農山村地域研究』共編著、めこん、2008年。『アオバナと青花紙――近江特産の植物をめぐって』共著、サンライズ出版、1998年。

市川《いちかわ》　昌広《まさひろ》

学歴：京都大学大学院人間・環境学研究科（博士、人間・環境学）

現職：高知大学地域協働学部教授

専門：東南アジア地域研究

主要業績：2004年日本熱帯生態学会第８回吉良賞「奨励賞」、2005年（財）尾瀬保護財団第８回尾瀬賞。『ボルネオの〈里〉の環境学――変貌する熱帯林と先住民の知』共著、昭和堂、2013年。『熱帯アジアの人々と森林管理制度――現場からのガバナンス論』共著、人文書院、2010年。

"Factors behind differences in depopulation between rural villages in Sarawak, Malaysia," *Borneo Research Bulletin* vol.42, 2011.

松本《まつもと》　美香《みか》

学歴：愛媛大学大学院連合農学研究科（博士、農学）

現職：高知大学教育研究部自然科学系農学部門講師

専門：森林政策学、森林経営学

主要業績：「モンスーン・アジアにおける土地所有権問題の展望」共著、『地域資源活用による農村振興――条件不利地域を中心に』編著、農林統計出版、2014年。「持続可能な森林経営のための施業シナリオ――森林資源予測モデルを用いた全国民有林での検討」共著、『愛媛大学農学部演習林報告』第45号、2009年。「持続可能な森林経営のための施業シナリオ――森林資源予測モデルを用いた愛媛県久万町での検証」共著、『日本森林学会誌』日本森林学会、第89巻第１号、2007年。

阿部《あべ》　健一《けんいち》

学歴：京都大学大学院農学研究科（農学修士）

現職：総合地球環境学研究所教授

専門：環境人類学、相関地域研究

主要業績：『五感／五環――文化が生まれるとき』監修、昭和堂、2015年。『生物多様性　子どもたちにどう伝えるか』編著、昭和堂、2012年。

Good Earths: Regional and Historical Insights into China's Environment. eds., Kyoto University Press, 2009.

索　引

モノ

場

ヒト

経済活動

人間集団

生業

居住

加工

生態資源――モノ・場・ヒトを生かす世界

2018年5月30日　初版第1刷発行

編　者　山田　勇
赤嶺　淳
平田昌弘

発行者　杉田啓三

〒607-8494　京都市山科区日ノ岡堤谷町3-1
発行所　株式会社　昭和堂
振替口座　01060-5-9347
TEL（075）502-7500/FAX（075）502-7501

印刷 モリモト印刷

ISBN978-4-8122-1703-0

＊落丁本・乱丁本はお取り替えいたします

Printed in Japan